「我々は」から「私は」の時代へ

個別的労使関係での分権的組合活動が生み出す新たな労使関係

西尾 力 著

日本評論社

はじめに

　本稿は、これまで労使関係研究の世界において着目されることのなかった、企業内での個別的労使関係での分権的組合活動に注目し、そこで形成されている新たな労使関係を明らかにするものである。また、その労使関係にこそ、長年問い続けられた課題である、労働組合の組織率の低下と組合員・労働者の組合離れはなぜ進むのか、またそれを、労働組合はなぜ防げなかったのか、どうすべきだったのかに対する解決策があるとするものである。

　よって、本調査研究の目的と問題意識および仮説（第1章）は下記の通りである。

　まず目的であるが、近年の企業が、成果主義型の賃金・人事制度への改革によって、労使関係を企業と労働組合という集団的労使関係から、職場における上司と部下間の個別的労使関係へとウエイトを移してきた。そのことに対抗して、先進的な労働組合では、集団的労使関係のみならず個別的労使関係において、新たな労使関係を生み出している。それはどのような組合活動であり、どのように組合員を参画させ、どのような可能性を切り拓こうとするものであるのか、A労働組合の事例を通して、明らかにしようとするものである。

　問題意識は、19世紀英国のウェッブ夫妻の『労働組合運動の歴史』（初版1894）や『産業民主制論』（初版1897）以来、労働組合とは「賃金労働者が、その労働生活の条件を維持または改善するための恒常的な団体である」*とされ、労組の方法論は、集団的労使関係での「団体交渉」であると教科書化された。労使関係とは経営側と労働者側の労働力の集合的取り引きであるとされ、集団的労使関係での団体交渉もしくは労使協議という領域でのみ捉えられていた。そのため、組合員・労働者の多様化・個別化志向に対応した組合活動が不在となり、組織率の低下とパラレルな関係にある組合員の組合離れが生まれたのではない

か、というものである。

　また、成果主義的な人事管理制度への改革によって、個別的労使関係に問題が多発しており、職場に労使関係を必要とする空間領域が生まれている。どんなに雇用管理、人事制度、賃金管理、昇進管理、労働時間管理、能力開発などの制度が体系的に整備されていたとしても、その制度通りに運用されることはまずない。小さな不平不満をはじめとして、人権無視やコンプライアンス違反などの大問題を生み出す運用が多々見られる。そしてそこに労働組合および組合活動が必要とされる部面が存在する、という問題意識である。

　ただし、本調査研究は、近年よく見聞する「労組機能不全論」や「労使関係終焉論」にとらわれて、産業（資本）の民主化と生活水準の向上（付加価値の分配）への貢献、労使関係におけるルール作りという集団的労使関係での重要性とその役割を否定するものではない。それは今後も変わらないものであると考えている。しかし、職場の中にこそ組合活動を必要とする空間領域があり、またその空間領域から生まれている新たな組合活動（労使関係）をリサーチする必要があるというものである。その一番の方法が、目標管理・人事考課制度の各面談を逆活用して労使交渉・協議になっていることであり、職場リーダーを中心にした職場での自主管理活動を創出していることが、労働組合活動の再活性化を可能にしている、という仮説を立証することである。

　またその仮説立証によって、本稿は、集団的労使関係での集権的組合活動は蘇生され、逆に、個別的労使関係での分権的組合活動は、集団的労使関係での集権的組合活動によって保証・補完されることで活発になる、ということを主張せんとするものである。どのような時代の企業経営であろうとも、職場には労使関係を必要とする空間領域が生まれている。それゆえ、組合員一人ひとりが「職場の主人公」となって、個別的労使関係に発生する問題を解決する組合活動の機会や場を用意する必要がある、というものである。

　本調査研究にあたっての先行研究レビュー（第2章）では、第1節において、元来、日本の労働運動の創成期（明治・大正期）から、運動の底流に「労働者の地位改善」という個別的労使関係における分権的組合活動があったことに着目する。戦後も、その「労働者の地位改善」の精神から、企業別組合と工職混合組合を必然とした。にもかかわらず、イデオロギー的な階級闘争論へと引き

回されて、1950年代に労働運動は敗北の歴史を積み重ねることで、日本の労働者はしだいにそのような労働運動に距離をとり、離れていった。そして、日本の労働運動は企業外の集団的労使関係（春闘）に活路を見いださざるを得なくなったという経過を明らかにする。そして、1990年代以降、経済成長という条件が失われると、その春闘も機能しなくなり、昨今では人的資源管理論や労働問題研究者から「労組機能不全論」や「労使関係終焉論」が言われるまでに至った経過を明らかにする。

　第2節では、これまでの先行研究の中で注目すべきものとして、個別的労使関係に着目し、そこに労働組合が果たす役割・課題があることを明らかにしたが、ただそこに着目するのみであったUI（ユニオン・アイデンティティ）運動論を取り上げる。

　第3節では石田光男らの仕事論からの労使関係論に言及する。労働力取引における集団性と個別性の併存を指摘し、個別的取引において発言と合意の営み（目標管理を規定する部門業績管理の運営にあたり労使間で合意しておくべき項目）が必要であるとし、職場における労使関係を記述し、その実態を明らかにする必要性を説いた先行研究である。

　第4節では、日本の労働者および労働組合が「能力主義管理」を受け入れたことで、管理者と労働者間の個別労使交渉・協議が必要となっていることに着目した黒田兼一と鈴木良治の先行研究をレビューする。

　第5〜6節では、職場での自主管理活動に着目した先行研究を見ていく。第5節では、日本の労使関係研究史上重大な小池和男─熊沢誠論争を取り上げる。そして、その論争で問われた日本の労働者の価値観と行動様式が、職場での経営参加と自治体制の確立をもたらし、個別的労使関係での分権的組合活動に結びついていることを明らかにする。第6節では、心理的契約論や労働協約の不完備論、さらに栗田健の労働社会論などをレビューしながら、職場での自主管理活動の必要性とその根拠に言及していく。

　本調査研究の対象事例（第3〜7章）では、A労働組合を取り上げる。当該労組は、経営環境の変化に直面し、その環境変化に対応した事業構造や組織体制の大転換によって、導入された成果主義的賃金・人事制度への対抗策としての被評価者セミナー（被考課者訓練）を実施し、個別的労使関係での分権的組

合活動を生み出した。

　分析枠組みおよび作業仮説として、A労働組合の組合役員（分会役員・部会役員・職場委員）と管理職位にあたる担当課長（組合員）と、A労働組合を構成する15分会の中で関東甲信越をエリアとするk分会の組合員を対象にしたWebアンケート調査にて、被評価者セミナー（被考課者訓練）で解説された面談のやり方が職場で活かされているか、またそれによってどのような職場運営となっているのか、その実態を追いかける。

　具体的には、目標管理・人事考課制度の各面談を通じて、個別労使交渉やその環境を整え、支える職場自律集団としての自主管理活動、すなわち個別的労使関係での分権的組合活動が存在することを数量的に明らかにする。組合役員・管理職・組合員へのメール・インタビュー調査では、目標管理・人事考課制度の面談を通じて、個別労使交渉・協議に直面する管理職や、個別労使交渉・協議を職場で実践し、かつそれを補完する自主管理活動の実態を、質的に明らかにする。

　その結果、労働組合として、PDCAサイクルの各面談（期首・中間・期末・フィードバック面談）を逆活用して、個別労使交渉の場にしたり、経営参加の場にしたりしていくことが出来る、ということが明らかになる。つまりそれは、動態的に課業設定される自己の仕事を、自律的に規制していくことが可能になる、ということである。

　またそれは、被評価者セミナー（被考課者訓練）が生み出す個別労使交渉・協議と職場集団の自律性が、全く新しい労働組合としての規制力（競争主義への対抗性と労働者間連帯）となっていることを明らかにすることでもある。そしてそれは、昨今の労働組合としてすべきこととして、個別労使交渉・協議の実態をしっかりと把握し、かつ個別労使交渉・協議に臨む組合員一人ひとりをバックアップすることを主張するものでもある。評価制度運用上の問題点を管理職個々人の対処にまかせるのではなく、システム的に改善していく取り組みが不可欠であることを示すものである。

　本調査研究のまとめ（第8章）では、近年、賃金決定が産業レベルでは行われなくなって、企業レベルからさらに個人レベルにまで大きくシフトしたことが、労使関係においてマイナス要因だけではないことを示す。つまり、目標管

理・人事考課制度が確立されていく過程は、仕事が労働者主導で行われていくようになることを意味するものでもある。敗戦後の日本の労働組合運動の再出発にあたり、展開された労働者自主管理闘争や職場闘争での思想を、ある意味復刻させるものとして、被評価者セミナー（被考課者訓練）及び目標管理・人事考課制度は役割を果たす（起爆剤となる）ものでもある。被評価者セミナー（被考課者訓練）及び目標管理・人事考課制度が呼び覚ます思想は、労働者は企業の歯車ではなく、企業の主体であり、現場の労働者が企業経営に参画できるのだという自覚を促すものであることを示唆する。

　本稿の見解は、集団的労使関係の「土俵」が、今後も堅持されるべきものであることに変わりはない。しかし、労使関係においては、仏を作って魂を入れるのは職場であり、個々人の個別労使交渉・協議にかかっている。組合活動を組合役員が担うべきものと、組合員一人ひとりが担うべきものとを明確に役割分担する必要がある。組合役員がすべての組合活動を担うことなどできるものではない。誤解を恐れず述べるならば、いかに一人でも多くの組合員を組合活動に巻き込み、主体性を発揮して組合活動を担ってもらう状況を生み出すか、ということである。

　あわせて、本稿が提示せんとすることは、労働組合運動も、「我々は」の時代から「私は」の時代にシフトしたということの示唆である。それはまた、集団的労使関係だけではなく個別的労使関係での「土俵」においての「闘い方」を模索しない労働組合に未来はないことを示すものである。「労組機能不全論」は集団的労使関係で見た場合にいえることであり、個別的労使関係での春闘はこれから始まっていくのである。個別的労使関係で「労使関係終焉論」など、ありうるはずもない、という新たな知見の提示である。

＊　シドニー・ウエッブ、ビアトリス・ウエッブ（1979）荒畑寒村監訳、飯田鼎・高橋洸訳『労働組合運動の歴史（上巻）』日本労働協会、p.4。

　2023年1月

西尾　力

「我々は」から「私は」の時代へ
――個別的労使関係での分権的組合活動が生み出す新たな労使関係
目次

第1章

本調査研究の目的と問題意識および仮説

　近年の企業は、労働組合が存在する企業でも、労使関係を企業と労働組合という集団的労使関係から、職場における上司と部下間の個別的労使関係へとウエイトを移している。それは、1990年代に、多くの企業で構造改革が進行し、賃金・人事制度の成果主義への改革や、個別化を促進させる人的資源管理によってもたらされている現象である。多様な就業機会の広がりに応じて、労働者の就業への意識や欲求が多様化したからである。

　一方、労働組合の側もそのような変化に直面して、賃金・人事制度の成果主義的改革への対応が求められた。しかし、なかには、人事制度、特に評価制度の変更・改定は、経営の専権事項であるとして、交渉・協議の対象にすらしないという経営側の態度に直面した労働組合もあったと聞く。交渉・協議のテーブルに着いたとしても、労使協議的なものであれば、就業規則の改定と同じレベルで、会社側から改定案を説明して、労働組合の意見を聴取したことで済ませられるケースも多かったのではないか。たしかに、三吉（2014）が示すように、労働組合が「制度改定の議論の中で職場から出てきた声に対して、要求機能、協議・調整機能、説明機能という3種類の機能を使い分け、最終的な制度およびその運用が職場の納得が得られるものとすることに努めていた」（p.115）としても、多くの民間企業では、改定案の骨子は変わることなく、経営側のペースで賃金・人事制度の成果主義的改定は進んだと見てよいであろう。その最大の理由は、能力主義を是とする日本の労働者の国民的特質と共に、労働組合内

1）成果主義による人事考課・査定重視や個別化の促進は正社員層だけではない。本田（2005）は「1980年代後半から急速に個別的賃金決定…資格や等級、査定、年齢・勤続、職種・職務・技能などの個別の属性や能力によってパートタイマーの賃金を決定したり昇給させたりする方式」（p.63）が、パートタイマーの基幹化の進展にともない、広まっているとしている。

部において、管理職を含む中高年層の働き方とそれに対する賃金水準が、若・中堅層の組合員から見れば不合理的なものと見えていた、労労間対立があったからである。

　したがって、成果主義型の賃金・人事制度への改革に直面した日本の労働組合の大勢は、経営側のねらい[4]がどこにあったのかについて深く考察して、それへの対処策を労働組合活動として検討・準備することはなかった。ましてや、その制度変更への対処策によっては、労働組合の存在価値を高めることになることなど考えることもなく、制度の変更はやむを得ないものとして合意しただけで交渉・協議を終え、その後も含めて時を無為に経過させてしまっていたといってよいだろう。しかし、先進的な労働組合では、成果主義型の賃金・人事制度への改革に主体的に取り組み、集団的労使関係のみならず個別的労使関係において、新たな労使関係を生み出していた。それを筆者は、組合員一人ひとりから職場集団までの領域において、自律・当事者型の分権的組合活動、と呼ぶ。

　本調査研究の目的は、上記の自律・当事者型の分権的組合活動とはどのようなものだったのか、どのような可能性を労働組合は切り拓こうとしたのか、また、実際に切り拓いたのか、実態を明らかにしようとするものである。その活動領域のイメージを図示すると、図表1-1に示した領域Aにあたる、企業内に

2）このような状況は、司法の側から見てもやりすぎと見受けられたのか、みちのく銀行事件の就業規則の不利益変更に関する最高裁の2000年9月7日判決では、就業規則の変更にあたり、従業員の多数派組合の同意は得て実施したものでも、変更に同意していない少数組合の従業員には、就業規則の変更の効力は及ばないとの判決を下しており、経営側をいさめる判決となっている。

3）二村（1987）によれば、「戦後労働組合運動の『成果』は、当初の平等主義的性格を弱め、企業内での従業員相互の競争を重視する能力主義的性格を強めていった。この際、日本の労働者が能力に応じた処遇を正当とする考え方が強いことが、こうした制度の導入を容易にした」（pp.93-94）と指摘している。栗田（1994）においても、「労働者の行動様式は、企業内での公平な競争を原理に形成されており、それに従って努力することが労働者としての生涯を充実させるものであるという組織志向的な価値観は、従業員相互の間に共通のルールを形成していた」（pp.57-58）と述べている。

4）石田（2002）によれば、成果主義導入の経営側のねらいは、「成果主義が経営にとって持つ意義は人件費であれ労務費であれ、これらの費用の固定費化を防ぐことにあった。…成果主義の第一層は『符号』に基づく部門業績管理を通じて人員数を絶えず適正化し、第二層は人事管理を通じて適正化された人員相互の処遇格差を部門業績への貢献度に応じて設ける。このように人事管理が部門業績管理を下支えしていくのが成果主義の経営活動である」（pp.219-220）としている。

図表1-1　労働組合の活動領域

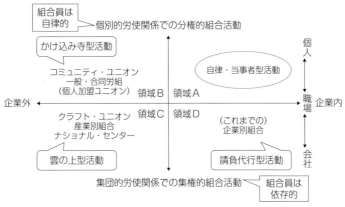

出所：筆者作成

おける個別的労使関係での分権的組合活動である。

　なぜ、労働組合の活動領域を、図表1-1のように、企業外と企業内の横軸、個別的労使関係での分権的組合活動と集団的労使関係での集権的組合活動の縦軸で、4象限[5]に分けて、労働組合活動のあり方を見ていくことが必要なのか。それは、この4象限に分けて見ることで、本調査研究の問題意識である、組織率の低下とパラレルな関係にある「組合員の組合離れ」の問題が、どこにあったのかが明確になるからである。組合員・労働者の多様化・個別化志向に対応した、領域Aにおける労働組合および活動が不在であったことが、原因であることが明らかになるからである。

　また、個別的労使関係での分権的組合活動とは、どのような組合活動を指すのか、図化してイメージを共有しただけでは、まだまだ漠然としたものでしかないであろう。そこで最初に、本稿で「個別的労使関係での分権的組合活動」という場合の、言葉の定義を明らかにしておきたい。狭義的には、組合員・労働者一人ひとりが、半年ないしは1年単位での目標管理や人事考課制度での面談（交渉・協議）によって、個人単位に、処遇の大部分を自律・当事者的に決

　5）領域Aを「自律・当事者型活動」、領域Bを「かけ込み寺型活動」、領域Cを「雲の上型活動」、領域Dを「請負代行型活動」と名称化すると、この4領域の違いが理解しやすいであろう。

める行為（個別労使交渉・協議）の総体をいう。広義的には、日々の職場での上司と部下たちとの関係において、仕事の内容や方法の決定、仕事の分担や目標の決定、能率増進策の立案、職場規律の設定、配置転換や有給休暇に関する決定にかかわる上司と部下との1対1の相談（交渉・協議）から、職場集団内での上司と部下たちとの会議（職場懇談会等）によって、自律・当事者的に職場が運営されていく行為（職場での自主管理活動）の総体、と定義づける。[6]

　したがって、本稿において、「個別的労使関係での分権的組合活動」と表現しているのは、個別的労使関係とだけ記してしまうと、上司・部下間における1対1の関係に限定した解釈となってしまうことを避けたいがためである。分権的組合活動という言葉を続けているのは、職場委員等を中心としたところの職場での集団的な自主管理活動が含まれる、との意味合いを込めているためである。

　また仮に、上司・部下間の1対1の関係になったとしても、個人として個別労使交渉・協議力（発言力）を発揮するところに、労使関係が消滅している、とはいえないはずだとの解釈からである。言い換えるならば、労使関係とは、労働組合が存在し、組合役員を選出しての、彼・彼女らによる労使交渉・協議力（集団的労使関係における集権的組合活動）のあるところにのみ存在するのではなく、労働組合が存在しなくても、労働法を活用した個々人による労使交渉・協議を展開するところに労使関係は存在する、との解釈である。

　もう一方の、「集団的労使関係での集権的組合活動」とは、労使関係を労働組合と企業という組織（集団）間の関係でとらえて、その組織（集団）間の交渉・協議が代理人（労働組合側は執行部、会社側は人事部など）によっておこなわれる

6）本稿で「職場での自主管理活動」とか「職場自主管理活動」と述べる場合、敗戦直後の日本の労働組合が展開した「生産管理闘争」や、倒産企業における労働組合による「自主管理活動」のように、経営権への蚕食を意味するものではない。小池和男が指摘している「準自律的職場集団」に近く、職場での組合リーダーによって担われている、かつ管理職が容認・期待する部下たちの自治的（自律・当事者的）な仕事運営を指している。

　なお、「準自律的職場集団」について小池（1975）は、「職長をリーダーとした職場集団の慣行にもとづく、いわば『自律的』な働き…そして『自律的集団』―自分たちの仕事のやり方やわりふりは自分たちできめる―こそ、『参加』の最も高度の段階」（p.117）としている。本稿においては、成果主義がもたらした目標管理・人事考課制度の各面談が、まだ一部ではあるが個別労使交渉・協議となっていて、かつ職場・個人レベルの経営参加になっていることを明らかにするものである。

ことを指す。交渉・協議にあたって、組合員の声や要求は、執行部に集約されて、執行部等の組合役員が請負代行的に問題解決にあたることになる。そして、組合員側は、それらの組合役員側の代行言動を「観客的」に見つめるだけとなる。

　もちろん、組合活動は労使関係に限らない。組合内部での活動（レク活動など）もある。しかし、それらの組織内部での取り組みも、執行部の指導（活動方針）に基づいて、組織的にブレークダウンされて、活動が展開されていく。このような集団優先体制（主義）の活動を「集権的組合活動」と呼ぶものである。

　つぎに、これまでの労働組合は、どこの領域にて活動をしていたのか、それを見ていくことにしよう。そうすることで、本調査研究の目的と問題意識がより鮮明になると考えるからである。

　企業外での個別的労使関係での分権的組合活動（図表1-1の領域B）にポジショニングされる労働組合は、コミュニティ・ユニオンや一般・合同労組である。これらの労組の特徴は個人加盟であるから、一般的に個人加盟ユニオンと呼ばれている。そのため、企業内で発生した問題を取り扱うので、領域Aに位置されるべきではないかと思われるかもしれない。しかし、個人加盟ユニオンの労使関係の構築の仕方は、外部から集団的労使関係を利用する、団体交渉権を行使しての個別的権利等の救済の取り組みとなっている。職場内での組合活動として展開されるものではないので、領域Aとは区別して領域Bに位置づける。

　また、1980年代後半以降の個人加盟ユニオン運動は、グローバル市場経済で復活した専制的企業経営の犠牲になった労働者の社会的救済として、存在価値や必要性を発揮している。それは、筆者も認めるところであるが、残念ながら、企業別組合を超える新たな労働組合活動の潮流とはなりきれず、組織的にも伸び悩んでいる。組織率低下や組合員の組合離れに対する歯止め策とはなり切れていない。[7]したがって、本調査研究においては、領域Bの労働組合および活動は調査対象から除外している。

　企業外での集団的労使関係での集権的組合活動の領域Cには、クラフト・ユニオンや産業別組合、ナショナルセンターが該当する。これらの労働組合がここに位置づけられる理由については、これ以上述べる必要はないであろう。ただし、組織名称は産別組織の支部となっているが、単組的な活動をする組織も

ありうる。活動のヘゲモニーが産別側にあれば領域Cに、支部側にあれば領域Dと見なせよう。そして、企業内での集団的労使関係での集権的組合活動の領域Dには、これまでの企業別組合が位置づけられる。このこともこれ以上説明するまでもないであろう。

　このような視座で労働界を見た場合、問題なのは領域A、すなわち、企業内での個別的労使関係での分権的組合活動の領域に位置づけられる労働組合および活動が、すぐには思い浮かばないということである。もちろん、昨今の組合員・労働者のニーズの多様化・個別化に対応して、個別的対処や職場での組合活動の必要性が認識され、各労組（企業別組合）においても取り組まれていることは重々承知している。しかし、それらの取り組みは、階層の違いはあるものの、あくまでも組合役員によって問題解決が図られる。

　この構図（職場での労使関係）で、問題解決を図る労働組合の役割を主張するのが村杉（2013）である。個別化に対応する今日的労使関係課題と労働組合の役割として、(1)業績・成果主義人事制度へのチェック・提言活動強化、(2)人材育成視点の対応強化、(3)職場人間関係秩序の点検と対応強化、(4)健康（特にメンタルヘルス）問題の点検と対応、(5)ライフ・キャリア支援活動の推進、(6)両立支援の推進の取り組み、を組合役員が世話役活動として担うべき役割だと説くものである。しかしこの構図では、集団的労使関係（経営・管理者と組合役員の関係）に持ち込まれて請負代行的な集権的組合活動へと肩代わりされていき、当事者が個別的労使関係において問題解決にかかわることはまずない。つまり、領域Aにおける労働組合および組合活動こそが、労働者にとって最も身近で、見える化・自覚化されるもの（古臭い言い方をすると「労働者意識と権利」を醸成

7）遠藤（2011）にて、「個人加盟ユニオンの全国的組織状況については、信頼できる調査はまだない。しかし、全国でおよそ300程度のユニオン数であり、3〜5万人の組合員」(p.9)と推測しつつ、「組合員の趨勢としては、明らかに増加である」(p.9)が、「もっとも、組合員の増加スピードは速くない」(p.9)と指摘している。あわせて、組織化にあたっての問題点として、「組合員の定着率が低い」(p.12)、「活動費と人手が不足しがち」(p.13)、「労働相談の状況が変化して、ユニオン役員の対応能力を超えつつある」(p.13)の3点をあげ、「現状のままでは、個人加盟ユニオンとその組合員が大幅に増加するとは考えられない」(p.14)ことを指摘している。私見と断りつつ、増加の可能性として「民間大企業の正規労働者の企業内組合が個人加盟ユニオンに実質ある資金援助をすること」(p.14)と「税金を財源とする公的な資金援助が、個人加盟ユニオンに与えられること」(p.14)としている。

する機会）であるはずなのに、しかも、一人ひとりが「職場の主人公[8]」となって問題解決する絶好の組合活動の機会や場であるのに、それが用意されていないということなのである。

　筆者の経験によるものだが[9]、今もなお、職場での組合員の声をアンケートや対話活動を通じて集め、それらを分類すれば、組合で何とかしてほしいと要請される問題は、その職場独自の問題であることも含めて職場内で解決できることが7割以上を占める。そのことは、どこの労働組合でも同じであろう。そのため、村杉（2013）が指摘する"個別化に対応する今日的労使関係課題と労働組合の役割"の担い方をすると、組合役員が請負代行するスタイルとなってしまい、組合員を依存的にしてしまう。そして、組合員を観客化させて、「メリットが得られない」との発言を誘発させてしまう。その結果、組合離れを起こさせてしまっているのではないか、ということが本調査研究の問題意識である。

　換言すれば、成果主義的な人事管理制度への改革によって、領域Aにおける個別的労使関係に問題が多発しており、職場に労使関係を必要とする空間領域が生まれている。かつ、その出来事に組合員の関心やニーズが移動している、といえる。そして、この労使関係を必要とする空間領域とは、どんなに雇用管

　8）「職場の主人公」との言葉は、1950年代における労働運動において明らかとなった企業別組合の弱さやもろさを克服するために構想された、1958年の「総評組織綱領草案」の前文の中に初見される。「職場要求を掘り起して職場闘争を展開するなかで、日本資本主義の構造に根をもつ職場の民主主義抑圧と労務管理による職制の個別労働者掌握という根幹をなす搾取形態と激突し、厚い壁をはじめて意識すると共に体当たりの中から先進的な組合の手で幾多の部分的成果を蓄積するに至った。三池炭鉱労働組合はその成果を更に前進させて『職場の主人公』への道を探求しはじめてさえいる」（労働教育センター1979：41-42）とある。したがって、1950年代の北陸鉄道労組や三池炭鉱労組に代表される職場闘争が、「新労法をテコとして、企業が現場職制をあらためて末端の管理者として位置づけ、企業秩序の再編成を進めつつあるなかで、職場からの組織づくりによって、職制に対抗しうる力を組合の中に培おうと…足腰を鍛え、企業別組合を下から作り直していこう」（兵藤1997：113）としたものであることから、当時の「職場の主人公」とは、「社会主義への下部構造の日本的原型に成長」（労働教育センター1979：42）させるための階級闘争を志向して用いていることは明らかである。
　　しかし本稿では、領域Aでの個別的労使関係での分権的組合活動における「職場の主人公」との表現は、企業（職場）内で労働の価値・働きがい・自律性を実感できるようにする、という意味で使用している。「総評組織綱領草案」で用いられた「職場の主人公」とは異質のものである。
　9）筆者の組合役員（非専従〜専従16年間）時代と、その後の労働組合支援事業会社（現 j.union 株式会社）との約30年間、組合員アンケートや組合員と組合役員の対話活動を協働してきた経験である。

理・人事制度・賃金管理・昇進管理・労働時間管理・能力開発などの制度が体系的に整備されていたとしても、その制度どおりに運用されることはまずなく、小さな不平不満から人権無視やコンプライアンス違反などの大問題を生み出す運用が多々見られる。そしてそこに、労働組合および組合活動が必要とされる部面が存在することをいい表すものである。にもかかわらず、いまだ労働界指導部は領域B、C、Dでの集団的労使関係での問題解決に執着している[10]。そのようなことでは、「極北の地」の労働組合として、ふさわしい居場所を確保することはできないのではないか[11]、ということを問題意識に持って本調査研究を進めるものである。

　ただし、ここであらかじめ述べておきたいことが3つある。

　その1つめは、労働組合が個別的労使関係での問題解決に取り組む必要性を指摘することは、労働組合が集団的労使関係での問題解決に取り組むことを否定するものではない、ということである。労働組合がなぜ必要なのかについて、野川（2021）において、取り上げる以下の3つの理由、

(1)「労働力」という商品は「売り惜しみができない」という不利な性質を持っているので、労働者は確かに使用者より弱い立場にある。

(2)労働契約というものは、使用者の指揮命令に従って働くものだということが労働者側の契約上の義務になるので、どうしてもそこでは人的な上下関係ができやすい。

(3)労働契約は、売買などの他の一般的な契約と違って、労働者になる側が常に「生身の個人」でしかありえないという特質がある。よって法人、会社と個人が契約を結ぶとなれば、本質的に個人が弱くなるのは当然である。

---

10)　近年ひさしく無かった労働組合のガイドブック本の仁田・中村・野川編（2021）が上梓されたが、やはりその著書の中でも個別的労使関係における組合員自身の当事者としての組合活動や、それに対する労働組合の役割や活動が紹介されている章や節はない。

11)　石田（2009b）において、「賃金は企業が決める、あるいは賃金は企業の採算性によって決まる、このことに何の疑いも持たない私たちは分権化の**極北の地**（ゴシック化は筆者、以下も同様）の住人なのだ」(p.66)、「個別化は同じ組織に働いていて、同様の職種に従事していても個々人の働きぶりが賃金に反映されるという意味だが、頑張る人もそうでない人も同じ賃金なら『張り合いがない』と考える私たちは個別化の**極北の地**の住民にふさわしい」(p.66)、「雇用関係の分権化と個別化の**極北の地**にふさわしく賃金も仕事も職場も、それも詰めて言うと上司部下の間で決定される」(p.85)、としていることによる引用である。

―ということから、「労働契約は本質的に労働者の側に立つ側が不利になるという特質がある」（pp.60-61）ことは百も承知である。だからといって、日本の労働組合は領域Bを含めて領域C〜Dでの集団的労使関係の領域での組合活動に取り組んでいれば、それで労働組合としての責任を果たせるというものではない、ということを述べたいのである。それは、なぜかについては、もうお分かりのように、日本の労働組合は石田（2009b）が指摘した「極北の地」の労働組合であるからである。だから、日本の労働組合は、集団的労使関係での組合活動とともに個別的労使関係での組合活動を創出して、車の両輪として駆動させていくことが求められる、ということなのである。

　2つめは、労働組合が個別的労使関係に踏み込む必要性を述べることは、経営学における人的資源管理論に代表される「労組機能不全論」に加担し、ノンユニオニズムを述べるものでもないということである。昨今、平野・江夏（2018）に代表されるように、HRM（Human Resource Management）のテキストに「労使関係管理」の章立てが見られないものが増加している。ただし、厳密にいえば平野・江夏（2018）でも、第9章が「労使関係―従業員尊重のための人事管理」と題されていて、その章の最後の第5節に「従業員が勝ち取る権利」として労働三権が憲法で保障されていることを述べ、「経営者と労働組合の間では、じつに幅広い事柄が議論・交渉されている」（p.175）と労使関係に言及をしている。しかし、最近の労働組合の影響力の低下にふれて、時代の流れは集団的労使関係から個別的労使関係への変化を示唆しつつ、労働問題の課題解決に労働組合が関わらない個別労働紛争解決システムの機構が整備されていることに言及する。そして、「労働組合が存在しないにもかかわらず、労使間の関係が安定的で、職場に活気がある会社の事例に着目し、それを可能にするために経営者と従業員に求められることを、それぞれ述べましょう」（p.179）と読者に諭すものとなっている。もはや、集団的労使関係での労働組合の交渉力の必要性は消滅したとまでは言わないものの、労働組合の「影響力の縮小」を指摘し、「労使関係管理」や人事管理の諸制度や機能として、実務的に取り扱わなくてもよいことを示唆する著書となっている[12]。その意図するところは、推測するに、「労働組合の存在価値・役割が見られない」という「労組機能不全論」からであろう。いかに日本全体の労働組合の組織率が低下しているといえども、

HRMのテキストが大企業の労使関係を想定して書かれていることに間違いはないはずである。いかに労働組合の影響力が薄れているとしても、日本の民間大企業（1,000人以上）における労働組合の推定組織率は39.2％[13]（組合員数：580万人）である。年々減少してはいるものの、「労使関係管理」の視野を欠落させて、企業経営を語れる割合（人数）ではないはずである。

　3つめは、遠藤（2014）が指摘する「労組機能不全論」と「労使関係終焉論」に同調してギブアップ宣言を発出しようとするものでもない、ということである。遠藤（2014）は、「『団体交渉』を中心とした労働組合は、現在、機能不全となっている」（p.67）として、その理由を「労働組合ではないが、労働者の雇用上の権利を擁護する組織…これらの活用によって、しばしば労働組合の機能以上に、労働者の権利擁護が可能になった」（p.68）こと。それらの組織として、「労働NPO」「協同組合や社会的企業」「能力開発・雇用紹介・就労支援の諸組織」をあげている。さらに、遠藤は「2013年現在、理論としての労使関係論はほぼ終焉したと考えてよい」（p.59）としている。その理由を、

変化(1)：産業構造が変化し、産業の中心が、製造業からサービス産業へ移行した。

変化(2)：雇用の比重が、常用の典型雇用から不安定な非典型雇用へ変化した（職場への定着度が低い労働者の増加）。

変化(3)：女性労働者が増加し、それが大きな要因となって、家族形態が多様化した（「男性稼ぎ主型家族」が消滅ないし揺らいだ）。

変化(4)：国際競争において企業が優位にあるか劣位にあるかによって、その企業に働く労働者の雇用労働条件が大きく左右されるようになった。

変化(5)：外国人労働者が不安定な非典型雇用の供給源になった。

—と説明している（遠藤2014：60-62）。遠藤（2014）での「労組機能不全論」と「労使関係終焉論」も、集団的労使関係においての労働組合の構造と機能の今日的限界を指摘したものと思われるが、筆者はこれにも賛同できない。なぜならば、労使関係を集団的労使関係でとらえることの重要性とその役割は、産業（資本）

12）石田（2021）によれば、「① HRMには人事管理の実際への関心が曖昧であること、②それと表裏の関係で、規範的概念に傾く傾向がそれである」（p.2）としている。

13）厚生労働省令和3年（2021年）労働組合基礎調査での企業規模別（民営企業）の状況より。

の民主化と生活水準の向上（付加価値の分配）への貢献、労使関係におけるルール作りであり、それは今後も変わらないものであると考えているからである。

　以上3つの前提に立って、本調査研究の目的と問題意識をまとめると、次のような仮説の提起となる。

　どんなに企業経営が人的資源管理論への移行によって、労使関係が個別化したとしても、たとえ労働組合が組織されていない企業であっても、いやむしろ労働組合が組織されていない企業の方こそと言うべきかもしれないが、資本主義下の企業における上司と部下との関係の中に、労使関係を必要とする空間領域は存在し、消滅することはない。そこには未来永劫、人間関係である以上問題が生まれ続ける。上司と部下との関係において生まれる問題が、マネジメント（人的資源管理）の枠内（制度）で解決されしまうことなどあり得ない。前述した平野・江夏（2018）のような読者への楽観的な教示は、筆者にはとてもできない。したがって、筆者の立てる仮説は、どんなに個別的労使関係の領域に踏み込んだとしても、そこで人的資源管理と活動領域が重なったとしても、人的資源管理に取り込まれてしまい墓穴を掘ること（ノンユニオニズム）にはならない。むしろ、個別的労使関係にこそ、もはや集団的労使関係では失われてしまった労働組合の存在価値や、緊張感を持った新たな労使関係（新たなユニオニズム）を作り出していく労働組合活動発展の可能性がある、というものである。

　領域Aにおける個別的労使関係での分権的組合活動を探求する大切さは、言い換えるならば、労使関係とは企業と労働組合との間にだけ存在する関係だけではなく、資本主義社会である以上、1対1の上司と部下との間に、労使関係を必要とする空間領域が存在し、労働組合の存在価値や機能は、その空間領域に新たに生まれるものも含めて存在し続ける、ということである。したがって、筆者のスタンスは、遠藤（2014）のように、昨今の集団的労使関係のありようを見て早々と諦めてしまうのではなく、平野・江夏（2018）ように資本主義を楽観視して労働組合の必要性を忘れてしまうものでもない。そして、野川（2021）が指摘する3点での労使関係性の確立は、個別的労働力取引を当然とする「極北の地」の住人が、個別的労使関係においてこそ確立しなければならないと考えるものである。「極北の地」の日本の労働組合の役割は、職場の中

にこそ組合活動を必要とする空間領域があり、またすでにその空間領域から生まれている新たな組合活動（労使関係）をリサーチする必要があるというものである。つまり、どのような時代の企業経営になろうとも、職場には労使関係の調整を必要とする空間領域が生まれているから、組合員一人ひとりが「職場の主人公」となって、領域Aにおける個別的労使関係に発生する問題を解決する組合活動の機会や場を用意する必要がある、ということである。そして、その機会や場として、目標管理・人事考課制度の各面談を逆活用して労使交渉・協議にすることや、職場リーダーを中心にした職場での自主管理活動が用意されていけば、労働組合活動の再活性化は可能となる。集団的労使関係での集権的組合活動は、個別的労使関係での分権的組合活動が活発化することで蘇生され、逆に、その個別的労使関係での分権的組合活動は、集団的労使関係での集権的組合活動によって保証・補完されることで活発になる、と仮説化されよう。

　以上の本調査研究の目的と問題意識、そして、そこから導かれた仮説をしっかり持って、次章では、これまで労働組合運動や労使関係研究史において個別的労使関係がどのように取り扱われてきたのか、先行研究を見ていくことにする。

第2章

先行研究レビュー

　本章の目的は、日本の労使関係研究において、領域Aにおける個別的労使関係での分権的組合活動に着目することを可能にさせる先行研究を、管見の限り追跡することにある。そして、それらの研究が、どのような視野から個別的労使関係での分権的組合活動をとらえようとしたのか、また、その知見のどこに成果と限界があったのか、集団的労使関係との関係性を踏まえながら明らかにしていく。

　第1節では、日本の労働運動の創成期（明治・大正期）から、運動の底流には「労働者の地位改善」という、個別的労使関係における分権的組合活動があったことを紹介する。戦後も、その「労働者の地位改善」の精神から、企業別組合と工職混合組合を必然としたものの、イデオロギー的な階級闘争論へと引き回されて、日本の労働運動は、1950年代は敗北の歴史の積み重ねとなる。そして、日本の労働者はしだいにそのような労働運動に距離をとり、離れていく。そればかりか、労働者が遊離した日本の労働組合は、企業別組合の特色を活かせず、経営側の経営権の独占的支配に道を譲らざるをえなくなる。[14] そして、日本の労働運動は企業外の集団的労使関係（春闘）に活路を見いださざるを得なくなっていく。さらに、1990年代以降、経済成長という条件が失われると、その春闘も機能しなくなる。そのような社会的背景と、社会全体が個別化・多様化していくなかから、個別的労使関係での分権的組合活動にもどったほうが企業別組合の特徴を生かせるのではないかとのUI（ユニオン・アイディンティティ）運動および研究が始まる。第2節では、1990年代に展開されたUI運動に関連

14）その最初の一歩が1949年の労働組合法の改定である。組合員の範囲の限定、専従職員への経営者による経費補助禁止、労働協約の自動延長条項排除などが規定され（法政大学大原社会問題研究所 1999：253）、労働組合はその後、企業内の労使関係において力を失っていった。

する研究を中心に、組織率低下の防止と組合活動の活性化のために、個別的労使関係で発生する組合員のニーズに着目していた佐藤（1999a、1999b）、稲上・井出（1995）、藤村（1999）、仁田（2002）、久本（1999、2004）らの研究を追いかける。第3節では、企業内での集団的労使関係の限界と、それゆえに、個別的労使関係での分権的組合活動（領域A）のありようにまで目を向けた、石田（2003、2012b、2014）を中心に、中村・石田（2005）、三吉（2013）らの研究を探る。第4節では、黒田（1988、1992）と鈴木（1994）の問いと結論、すなわち、「能力主義管理」をどうして日本の労働者と労働組合が受容したのかを問い、そこから個別的労使関係での個別労使交渉・協議を必要とするとの結論に至っていることを述べる。第5節では、個別的労使関係での分権的組合活動がなぜ必要なのか、また、個別的労使関係での個別労使交渉・協議を保証し、かつ補完する職場自主管理活動に言及・関連する先行研究を、小池（1974、1975、1976、1977a、1977b）、石田（2009a）、服部（2013a）、佐藤厚（2011）、仁田（1988）、佐野（2002）、栗田（1994）らの研究から考察する。

第1節　日本の労働運動の底流にある「地位改善」

　下記3点は、友愛会[15]の創設時（大正元年、1912年）に掲げられた綱領である。
一、我等はお互いに親睦し、一致協力して、相愛扶助の目的を貫徹せんとすることを期す。
一、我等は公共の理想に従い、識見の開発、徳性の滋養、技術の進歩を図らんことを期す。

15）鈴木文治（東京帝国大学出身の法学士、統一基督教協会の伝道団体である統一基督教弘道会の社会事業部長）を中心に、機械工5人、撒水夫3人、電気工2人、畳職人1人、塗物職1人、牛乳配達1人、巡査1人の15人が集まり、東京市三田四国町にあるユニテリアン統一基督教協会の惟一館の図書室にて、1912年8月1日夜7時からの会議で、友愛会が結成された。事務所は惟一館の中に設置された。顧問には安部磯雄早稲田大学教授、桑田熊蔵東京帝大教授や、評議員として高野岩三郎東京帝大教授、堀江帰一慶應義塾大学教授などを揃えていた。会員は年末までに260人と急増し、その中で東京電気104人、日本電気56人、芝浦製作所33人と、大工場に勤務する労働者が多数を占めるようになり、その後友愛会は、労働者組織として実質が備わっていった（法政大学大原社会問題研究所1999：58-59）。

一、我等は協同の力に依り、着実なる方法を以て、我等の地位の改善を図らん
ことを期す。

　綱領の1つめは、今なお労働組合活動として続けられている共済活動による
相互扶助の取り組みである。2つめは、今風の言葉で言えば「キャリア自律」
の活動である。そして、3つめの地位改善こそ、日本の労働者のもっている価
値判断の基本をなすものであり、その自覚は、個別的労使関係での分権的組合
活動に関わるものである。それをこれから述べていくことにする。

　友愛会創設時の綱領が、なぜこのような内容になったのかについて、嵯峨
(2002) は、「明治・大正期の大企業には、事務職・技術職の層、そして職工と
いうおよそ三つの階層があったが、特に前二者と職工との間には身分格差とも
いうべきほどの溝があり、賃金体系や労働条件はもちろんのこと、服装、使用
する食堂や便所、工場への入退門なども別々になっていた。しかも職工たちは
社会的にも『落伍者』とみなされ、軽蔑されることが多かった。実際、当時の
父親が息子に向かって、『そんなに不勉強だと職工にするぞ』と脅した、とい
うエピソードがあるくらいである」(pp.125-126) と紹介している。二村 (1987)
も、「日本の戦前の労働争議は単なる経済問題をめぐる争いではなく、道徳的
あるいは感情的な争いと思われるものが少なくない。とくに大規模な激化した
争議では、労働者の日頃の憤懣が爆発し、それだけ彼等の本音が表面化しやす
い。その本音とは何かといえば、『不当な差別に対する怒り』とでもいうほか
ないものである。技師や職制が労働者を馬鹿にした言動を示したこと、資本
家・経営者の誠意のなさ、人情を無視した行為といったことが争議激化の大き
な要素となっている。労働運動の理念でも、労働条件の改善といった経済的な
問題より、社会的地位の向上、人間解放といった呼びかけに強い共感を寄せて
いる」(pp.86-87) と指摘している。仁田 (2021) においても、「当時の日本社会
において、労働者がひとしなみに下層社会の構成員として扱われ、単に経済的
に恵まれないだけでなく、その社会的地位は無きにひとしかった現状を否定し、
労働者が社会で重要な役割を果たしていること、そして、それを誇りとして、
自らの地位改善を要求していく根拠としていこうと呼びかける意図が込められ
ていたと考えられる」(p.2) と述べている。

　以上の指摘から、労働組合法第2条の条文に今も残る「社会的地位の向上」

とは、このような日本の労働運動の創成期（明治・大正期）からの、労働者の遺訓であると解釈できるだろう。戦後日本の労働組合が企業別組合となり、「工職身分格差撤廃」に取り組み、労働者による「生産管理闘争[16]」を展開し得たのは、敗戦によって民主主義が支配的価値となったためだけではなく、創成期以来の労働者の地位改善が、悲願であったからである。そして、この労働者の地位改善を労働者一人ひとりが実感するには、個別的労使関係や職場での処遇のされ方、すなわち経営のパートナーとして見なされていくことがカギとなるものであろう。それを栗田（1994）は、「労働者にとって自己の位置を確認する基準は技能や職種ではなく企業という組織体の中で自分が占めている地位であり、他の労働者との上下関係が最大の関心となる。当然それを引き上げることに努力が集中され、努力の成果は地位の上昇によって確認されることになる」（p.26）と指摘している。

　しかし、戦後の日本の労働組合運動は、1945年の「10月闘争[17]」から1947年2.1ゼネスト[18]に象徴されるように、経営のパートナーとしての道を歩むのではなく、労使を敵対させて階級闘争化していくことになる。その後一時期、産別会議が主導した、行き過ぎた政治闘争化した労働組合運動への反省が生まれる

---

16) 敗戦直後の労働争議で、労働者側は生産管理という特徴的な争議を展開した。1945年12月から46年8月までの間は、ストライキやサボタージュに比べて、この生産管理が争議の形態の中で最も多く、業務管理とも呼ばれていた。これらの争議における要求は、賃金増額や労働組合承認、経営協議機関の設置など、経済的要求と企業経営の民主化であった。名高いのは45年の第1次読売争議、46年1月の日本鋼管鶴見製作所や第1次東芝争議などで、社会的広がりを見せた。こうした事態に政府は、46年2月に、内務・司法・商工・厚生の4大臣の「四相声明」を発して生産管理を違法としたが、労働側の抵抗で撤回を余儀なくされた。その後6月に、政府はGHQの支持を取り付け「社会秩序保持声明」を発して禁止を命じた。以後こうした生産管理争議は激減し、労働側は9月からストライキを主な争議行為としていくようになった（法政大学大原社会問題研究所1999：226）。

17)「産別10月闘争」とも言われ、馘首反対・最低賃金確保・経営民主化の3要求を掲げて、産別会議は民間企業労働組合の共同闘争を展開した。この「10月攻勢」のなかで、電気産業労働組合（電産）が要求し、確立した賃金体系が「電産型賃金」である（法政大学大原社会問題研究所1999：227-228）。

18) 産別10月闘争に遅れて官公労の労働組合が年末から労働条件の改善を求める動きを活発化させ、46年11月に全官公庁共同闘争委員会（議長：伊井弥四郎）を結成し、12月に吉田内閣に統一要求を提出。47年1月には全国労働組合共同闘争委員会（全闘、600万人）を結成し、47年の2.1ゼネスト計画を発展させていく。2.1ゼネストは占領軍の禁止命令によって挫折する。経済闘争を民主人民政府樹立のための闘争に発展させようとした産別会議に対して、共産党の政治的な引き回しであったとの批判が高まり、その後の産別民主化運動のきっかけともなった（法政大学大原社会問題研究所1999：233-234）。

ものの、1951年に総評は「ニワトリからアヒル」[19]への転身を遂げる。さらにそ
こから、高野実路線[20]が新たに敷き詰めた階級闘争としての職場闘争は、途中
1955年から太田春闘が始まるものの[21]、その精神は1960年の三井三池闘争の敗北
まで、命脈を保つことになる。1955年からの太田春闘の開始は、そのような
「家族ぐるみ・地域ぐるみ」の「職場闘争」路線への批判として生み出された
だけでなく、栗田が、春闘は企業内での労働組合の発言力が徹底的に抑制され
た1953~1955年の闘争敗北を前提に、競争企業労組間の連携を武器とする産業
別統一闘争として組織され、企業内で労使が対立する局面を縮小して、産業の
成果を労働者に配分する賃金相場の形成を目標に運動が進められたためであっ
た（栗田1979：8）[22]と指摘するように、労働組合活動を、企業外の集団的労使
関係における集権的組合活動に移行させざるを得なくなったことを示していた。
　ただし、栗田（1979）が、その指摘のあとに、「しかしその結果が労働組合
を春闘時だけの組織とし、不況の深化とともにその領域を次第に狭めてきたの
である。いま要求されていることは、労働組合活動が労働者のより日常的な領
域に拡大していくことである」（p.8）と述べたことは、春闘が機能不全となり、
労使関係終焉論が叫ばれる今日において、その克服策は、個別的労使関係での
分権的な組合活動を生み出していくことである、と示唆するものと思われる。
なぜ栗田の指摘をこのように解釈するかというと、栗田（1990）において、高
橋祐吉・河西宏祐・熊沢誠3氏の日本的労使関係論を批判して、「いま求めら

19）産別民主化運動の総仕上げとして、占領軍からも期待されて結成された総評であったが、総評の
　第2回大会で平和4原則を採択し、国際自由労連への一括加盟を否決して高野実を新事務局長に選
　出した。親米的な労働組合（ニワトリ）だと思って育てた総評（卵）が孵化したら、反米的・反
　GHQ的な労働組合（アヒル）になってしまったと、高野実自身が使った言葉だとされている（法
　政大学大原社会問題研究所1999：260）。
20）1951年3月から55年7月までの総評事務局長として、MSA（日米相互防衛援助協定）にもとづ
　く再軍備経済への再編に反対し、農民、商人、さらには中小企業者を巻き込んで、平和経済への転
　換を求める国民運動を組織することなしには、賃金ストップの巻き返しも、解雇の防止もなしえな
　いとして、平和経済国民会議運動を提起（兵藤ツトム1997：114）して「家族ぐるみ・地域ぐるみ」
　の「職場闘争」を指導した。この間に展開された電産争議、日産争議では、それが原因で組織が解
　体されていくという深刻な事態へと至る（法政大学大原社会問題研究所1999：269-277）。
21）総評指導部が高野から太田・岩井路線に移り、経済闘争重視に転じて、1955年8単産共闘によっ
　て春闘がはじまり、同時に生産性向上を目指して日本生産性本部が発足した（法政大学大原社会問
　題研究所1999：284）。
22）1953年の日産争議、1954年の尼崎製鋼所争議、日鋼室蘭争議等での敗北を指す。

れているのは、『企業社会』と『労働社会』が重なり合う日本的条件のもとで、労働を通じて生きていこうとする人々の『日本的労働社会』と符合する論理的成果を構築することであり、その構築に必要な理論の素材は、しばしば『企業社会』と一括して否定される、現実の労使関係の中に発見するしかない」(p.24)と指摘しているからである。また、栗田 (2005) では「企業を一つの共同体として日々の営みをそれに収斂させている日本の労働者の生き方…日本の労働者は人生の充実の展望を労働組合よりは企業の発展に見出していたのではないか」(p.29) と述べているからである。

　しかし、論考をあまりにも先走りすぎた。もとに戻そう。

　翻って考えると、高野実路線下で展開された「職場闘争」も、昨今言われる春闘の機能不全論や労使関係終焉論の克服策として、個別的労使関係で分権的組合活動に関わることなので、高野実路線の「職場闘争」と、筆者の語らんとする「個別的労使関係での分権的組合活動」の違いについて、見ていく必要があろう。

　法政大学大原社会問題研究所 (1999) では、この時代の「職場闘争」の広がりを、経営者が労働運動の弱体化を利用して経営権を再確立し、合理化を一方的に進めようとしたことに対して、一般組合員が不満・反発を持ったことにより職場闘争が活性化したところが大きい。さらに、もう１つの要因としては、職場組織の確立によって「幹部請負主義」を克服し、企業別組合を下から強化しようと試みたことで、「職場闘争」は、一般組合員の職場組織への参加を前提として、労働条件、昇格・昇進基準などを職場での交渉で規制して職制支配を弱めることをめざしていた (法政大学大原社会問題研究所1999：272) と解説する。

　さらに、この職場闘争路線は命脈を保ち、皮肉にも高野実路線を批判して誕生した太田薫総評議長・岩井章事務局長時代の、1958年の総評第10回大会に「組織綱領草案」として提起されることとなった。しかし、その草案の「職場闘争論」は、もはや現実の労働組合活動の実態とマッチするものではなく、２年間継続議論の名目で棚上げされて、草案はもはや議論の対象とされなくなり、「組織綱領草案」は草案のまま終わった。それは、太田議長も草案内に記述されている、企業の末端の管理職を、組合員を支配する役割から企業経営者と対決する方向に向けていくことを意味する「あっち向け闘争」とかの表現を危惧

し、こうした表現が企業の経営権や命令権を組合が奪ってしまう方向をもっており、現実の日本では実行は不可能である、と考えていた（ものがたり戦後労働運動史刊行委員会Ⅴ1998：196）からである。

　しかしその後、1960年以降、生産性向上運動の浸透、同盟会議の結成などを[23)]背景に、組織分裂、第二組合づくりが執拗にすすめられた。このような状況をふまえ、総評は当時の労働組合の組織実態と闘争の限界を冷厳にうけとめ、実践課程における組織指導理念を整理する立場で（労働者教育センター1979：3）、1964年の大会で「第2次組織方針」として採択することになる。ただし、第2次草案では、「職場闘争」という言葉は「職場活動」という呼び方にほぼ変えられており、労働界における総評のリーダーシップは、もはや力を失っていた。民間大企業を基盤として同盟が台頭し、さらに1964年に国際金属労連日本協議会（IMF-JC）が結成されて、春闘のヘゲモニーは、太田春闘からJC春闘に移っ[24)]ていた。そのため、「第2次組織方針」の思想を受け継ぐ「職場活動」は国鉄[25)]労組などの官公労のみであったといってよいであろう。そしてその組織体質は1975年のスト権スト[26)]へと向かわせ、敗北とその後の組織的大混乱を招くことになるだけでなく、労働界全体が、その後冬の時代を迎えることになる。

　では、民間大企業では「職場活動」は雲散霧消してしまったのだろうか。兵

---

23)　総評に対抗するもう1つのナショナルセンター結成に向けて、1962年4月に結成された同盟会議（全日本労働総同盟組合会議）のこと。全労会議・総同盟・全官公3団体25組合140万人で結成された（法政大学大原社会問題研究所1999：325）。

24)　1967年IMF-JC（金属労協）が「賃金闘争連絡会議」を設置して春闘に参加し、同盟も「賃闘」という呼称で春闘に実質的に合流し、春闘の主導権は金属4業種（鉄鋼、造船重機、電機、自動車）に移った（久谷2010：85）。

25)　「第2次組織方針」が求める「職場活動」とは、「職場活動の本来の目的は次の三点に要約される。(イ)戦後の組合は丸がかえの企業別組合であるため、組合員の間に労働組合に対する関心がうすく、組合意識がとぼしい。したがって、職場闘争で職場の諸要求を打ち出し、その闘争のなかで組合員が組合を身近なものとして意識するようになる。(ロ)労働者としての当然の諸権利を認めない会社の前近代的労務管理政策を排除し、職場を民主化する。(ハ)職場の労働者が職場活動のなかでお互いの面倒をみ（原文のママ）、相互の団結心を強める」（労働者教育センター1979：275）というもので、組合員を職場闘争に巻き込んでいくものであった。

26)　当時、国鉄・電電・専売の3公社当局は世論の動向を配慮して、「条件つきスト件付与」の考えを組合側に伝えていたが、その後、関係閣僚協専門懇が提出した「スト権問題は高度の政治的判断に属する事項である」との後退姿勢となった。そのことに反発して、公労協はスト権奪還のための統一ストライキを11月26日から実施した。しかし、ゼロ回答のままで12月3日に中止するに至った（法政大学大原社会問題研究所1999：402）。

藤（1982）は、「60年代半ば以降、民間大企業において、配置・昇進管理と"自主管理活動"を軸とした"能力主義管理"がすすめられ、職場は資本の聖域と化したといわれるようになった」(p.228)との見解を示しているが、そうではなかった。新たな質を持った個別的労使関係での分権的組合活動が生まれていたのである。

それをリサーチしたのが仁田（1988）である。仁田は、「労使慣行の蓄積が、配置転換をめぐる詳細で明確な実態的規則の欠如を補完し、労働組合の実質的発言権の確保と、人事労務管理の一貫性・安定性を支える役割をはたしていることは強調されてよい」(p.23)として、

(1)個人レベルでの経営参加、すなわち、仕事のやりがいを高め、労働者の職務満足と勤労意欲の向上をめざすためには、個々の職務内容を改善するだけでなく、仕事の進め方そのもの、さらにはそれを規定する技術体系を改革する必要があるという考え方が組合員の支持を集めている。

(2)その労働の改革は、職務拡大など個々の職務改善を図るにとどまらず、多様な技術を持つ作業者の集団に仕事上の決定（生産方法や作業の配分など）に関する大幅な裁量権をあたえ、権威主義的な現場管理にかえて自律的な作業集団による生産システムを採用する必要があるとする問題意識が広がりを見せている。

(3)柔軟で変化に対応する適応力の高い作業組織への転換という生産問題の視角から、個人レベルでの経営参加の一層の深まりを見せている (pp.4-6)。
—と示唆する。そればかりか、「労働組合は、配置転換に関して、かなり程度の高い実質的発言権を行使している」(p.232)し、「長期にわたる労使協議の積み重ねの結果形成された労使慣行が大きな役割を果たしている」(p.235)と述べている。

仁田（1988）の発見は、わが国における個人的職務中心型参加[27]の代表的形態である職場小集団活動に関しては、「強制」のモメントがないわけではないが、職場小集団活動がダイナミックに展開されているところでは、労働者の積極的な発言・関与が見出される、というものである。主に要員、配置、安全衛生など、仕事、ないし労働給付に関わる領域、あるいは経営方針・設備投資計画など、経営の戦略的決定に関わる領域などにおいて、経営の行動に実質的に影響

する相当高い程度の発言権が労働組合によって行使されている、としている。
職場における小集団活動、企業・事業所・部門における団体交渉・労使協議、
企業の戦略的意思決定に対する発言など、労働者参加の各レベルにおいて、わ
が国の労働者および労働組合が、一般的に言われる以上に積極的・実質的に発
言・関与している、ということを見いだしている。そして、職場集団がそうし
た活動をダイナミックに展開するためには、労働組合が仕事に関わる発言を、
そうした活動をバックアップするような形で体系的に展開することが必要にな
る[28]（pp.281-282）、という発見である。

　1980年代の民間大企業における労使関係を、兵藤（1982）の視野で見るのか、
仁田（1988）の視野で見るのかによって、現場の記述の仕方は大きく変わって
しまう。第5節で紹介する小池―熊沢論争[29]がまさにそれである。求められる議

---

27) 経営参加の形には、個人的職務中心型参加と組織的力中心型参加の2つのタイプがあるとしたの
は氏原（1979）である。「個人的職務中心型参加は、個々の労働者または労働者の自発的グループが、
金銭的刺激や管理者の統制、制裁による強制などによらず、仕事の達成、品質の向上、欠陥の除去、
作業方法、機械設備、安全衛生措置の改善などを追求し、人間に本来的な労働の満足感を得ようと
する自発的意識的運動である」（p.184）としている。一方、「組織的力中心型参加は、事業場、企
業において、そこに雇用されている従業員または組合員が、その代表を通じて、管理者側の経営上
の意思決定にたいして、一定の発言権をもち、場合によればその決定の執行にたいして、一定の役
割を果たそうとするものである」（p.185）としている。

28) 仁田（1988：283-285）は、わが国の労働組合による組織的力中心型参加の特徴について以下の
点を明らかにしている。(1)オイル・ショックの際に見られたように、環境変化に対し、柔軟に対応
することであり、その結果、要員合理化や配置転換、生産構造調整など、環境変化に対応する経営
施策の展開にともなって発生する諸問題の解決と紛争の予防に貢献し、あらゆる経営施策の基礎と
なる従業員の企業への統合基盤を形成・維持する役割を発揮してきた。(2)職場小集団活動が、現場
作業者の意欲を引き出し、効果的に機能する重要な条件の一つは、職場作業者集団の意向を、活動
内容や活動の進め方に反映させるメカニズムが存在することであるが、わが国の場合には、職長な
いしはグループ・リーダー層が、経営の第一線としての役割だけでなく、職場作業集団の意向を代
弁するオピニオン・リーダーとしての役割をも果たしている。(3)わが国の労使関係制度が、紛争予
防と労働者の効果的な発言を可能にする形でそれなりに機能してきたとすれば、それは、事前協議
に基づき、実質的に共同決定的な制度の運用を行う（当事者の表現にしたがえば、「前広に」「すり
あわせ」を行う）との慣行がしだいに確立してきたためである。(4)そうした慣行を背後から支えて
いるものは、お互いが慣行を尊重することへの強い信頼関係の存在があった。(5)その信頼関係をさ
さえているものは、従業員の雇用保障と、成果配分、あるいは犠牲の分かち合いに対する経営のコ
ミットメントであり、他方では、短期的な利害を超えて、企業の長期的存続・繁栄を自らの利害に
かかわる問題であると受け止め、行動する労働組合・組合員の対企業コミットメントが存在する。

29) 1977年の『日本労働協会雑誌』1月号に、熊沢が、「配置の柔構造と労働者の競争―小池和男「わ
が国労資関係の特質と変化の対応」によせて」と題して小池論批判を書き、同年4月同誌に「企業
別組合の発言力―熊沢誠氏の批判に答えて」と題して小池の反論が掲載された。

論は、労働組合活動の活性化のためには、どちらが正しいかの真贋論争ではなく、どの視野による解釈が解決策をより見いだしやすいか、その解決策は取り組みやすいか、言い換えれば、どちらが日本の労働組合の未来を切り拓く可能性が高いのか、というものでなければならないであろう。

　ただし、仁田（1988）が1980年代の鉄鋼産業の職場で見た、筆者の定義で言うところの広義の個別的労使関係での分権的組合活動が、バブル崩壊後の1990年代に入ってどうなったのか、それらを追いかけた研究は、労働界全体が冬の時代に入ったため、学会においても労使関係研究への興味が失われ、その後は残念ながら見られなくなった。個別的労使関係に着目した研究は、労働界に春の訪れを感じさせたUI運動へと移っていった。次節ではそれを見ていくことにする。

第2節　個別的労使関係に着目した先行研究

　成果主義的な人事制度への改革や、個別化を促進させる人的資源管理によって、昨今の労使関係が個別化・分権化しているとの指摘は枚挙にいとまがない。[30]
また、進む労使関係の個別化・分権化への対処策として、労働組合の組織率低下トレンド[31]を考察して、集団的労使関係の再構築が不可欠とする見解も数え上げたらきりがない。これらの指摘・見解が広く世の中に普及しているのは、労使関係を労働力の取引関係であると規定し、かつ取引される労働力商品の特殊性（交渉力の非対称性等）から、集団的労使交渉が必須であるとする概念が、世界的に一般化されているからである。そのような状況の中で、あえて企業内に

30）したがって、労使関係の個別化・分権化を立証する必要はないであろう。よって、本稿では、それに対抗するものとして組合活動に新たに誕生している個別的労使関係での分権的組合活動（個別労使交渉・協議と職場自主管理活動）についてのみ言及していく。

31）厚生労働省の令和3年（2021年）労働組合基礎調査では、単一労働組合の労働組合数は23,392組合で、前年に比べて労働組合数は396組合（1.6％）減している。労働組合員数は1,007万8千人で3万8千人（0.4％減）となり、推定組織率（雇用者数に占める労働組合員数の割合）は16.9％で、前年より0.2ポイント低下となった。唯一近年増加傾向にあったパートタイム労働者の労働組合員数および推定組織率も、コロナ禍の影響を受けて組合員数は、前年より1万2千人（0.8％）減少して136万3千人に、推定組織率も8.4％と前年より0.3ポイント低下している。

おける個別的労使関係での分権的組合活動（領域A）にこそ、取り組むべき課題があるのではないかと実践されたのが、1980年代後半から1990年代に展開されたUI運動であった。

　佐藤（1991）は、1990年7月の日本生産性本部の「第1回『労働組合員意識調査』報告」の調査結果を取り上げて、労働者の価値観・行動様式の多様化が、組合員の組合離れを生み出し、それへの組合側の対応としてUI運動が取り組まれている、との認識を示した。さらに、佐藤はUI運動では、(1)組合が組合員の側に顔を向け、組合員のニーズや意向を的確に把握し、それに基づいて企業経営のあり方や人事処遇の納得性、(2)基本的労働条件の向上などに有効に発言する、(3)従来の組合組織や運営方法や組合サービスのあり方の見直しが求められているなどをあげ、だからUI運動では、組合員が求める基本方向で活動をおこなうにしても、組合の革新が不可欠であった、との見解を示した。

　以上の佐藤（1991）の指摘から、UI運動は領域Aにアプローチせんとしたものであった、と解釈してよいであろう。ただし、その後の佐藤（1999a）は、労働大臣官房政策調査部「労使コミュニケーション調査」（1994年調査）を取り上げ、不平不満が従業員の間に解消されずに潜在化している可能性を示している。過去1年間に個人的処遇に関する不平不満を表明した者は16.7%で、不満を表明しなかった者は83.3%である。しかし、その不平不満を表明しなかった者の理由に、不平不満がないために表明しなかった者は43.4%で、不平不満があるにもかかわらず、述べてもどうにもならないとあきらめている者と、述べる正式のルートがないとの理由で表明しなかった者が56.6%もいるとして、UI運動は個別的労使関係での組合員ニーズの問題解決（領域Aへの踏み込み）にまで至らなかったことを示している。

　個別的労使関係での従業員の不平不満が解消されなかった（領域Aへの踏み込みに至らなかった）原因について、労働組合の苦情処理に対する対応が、組合員の個別的な不平や不満の積極的な掘り起こしに消極的であったことを取り上げ、その理由を、佐藤（1999a）は次のように述べている。

　組合の多くは、組合員の仕事や処遇にかかわるルール作りに発言するだけでなく、ルールの適用に関する組合員の不平や苦情を汲み上げ、それをルールやその運営に反映させ、苦情や不平が生じないようにする努力はおこなっていた。

しかし、そうした組合でも、ルール形成やそのフォローに際して、職場集会や意識調査などで組合員の要望把握の努力をしているものの、組合員がインフォーマルに組合役員に不平や不満を持ち込んだときにのみ対応するにとどまっていた。そして、このように消極的な対応となる理由に、苦情の掘り起こしを積極的におこなうと、労働組合の活動範囲を超えた多種多様な苦情や不平が噴出し収拾がつかなくなる、といった危惧を抱いている組合役員も少なくないからであった、との見解である。

さらにその後も、佐藤（1999b）は、人事処遇制度の個別化によって発生する組合員個々人の職業生活上の苦情や不満などに関して、労働組合として、より積極的に対応することの重要性を重ねて指摘していた。しかし、管理職の多忙化や苦情処理機能の低下もあり、目標管理制度の導入で、上司との話し合いで定めた目標や目標の達成状況に関する評価などに関する苦情や疑問を、その原因である上司に訴えることは難しいことを指摘していた。それもあり、労使間で設定されたルール等の組合員への適用のあり方や結果、その他の個別の労働条件に関する組合員の苦情や疑問の円滑な処理が、労働組合の課題になってきていることを指摘するにとどまっていた。

稲上・井出（1995）においても、「組合離れといい組合への稀薄な関心といい、それは組合の経営参加行動によって回復できる程度のものではなく、もっと深い構造的な原因（しかも組合運動の力量を超えた原因）に基づいている可能性がある」（p.249）として、集団的労使関係の構築だけでは解決できない課題であることをにおわせているものの、その内容についてはそれ以上言及していない。

藤村（1999）は、ホワイトカラー層の増大に伴う個別的人事管理志向の人事管理は、労働組合結成の基本原則である集団取引に反するものであり、これまでの労働組合は同質の労働を束ねて経営側と交渉することで力を持ってきたこと等を考えると、「個別人事管理のもとでは、集団取引が意味をなさなくなる。だから、労働組合として、何を結束の基本に置くかを考え直さなければならない」（p.93）、と指摘していた。

仁田（2002）は、明確に個別的労使関係に着目し、「近年の雇用関係の変容は、従業員の間に、従来とは異なった様々な利害関心を生み出している。たとえば、成果主義の人事管理は、それが、公正に運営されているかどうかという疑問を

呼び起こす」（pp.16-17）と指摘していた。その疑問発生の根拠に、(1)目標の設定は従業員にとって公正な水準に定められているのか。(2)過大な目標設定は実質的な労働強化につながり、実際には、目標を達成するまでは働かざるをえず、サービス残業を増やす結果になっているのではないか。(3)目標達成度の評価は適正におこなわれているのだろうか。(4)ほかの従業員とくらべて不利な評価を与えられているのではないか等をあげている。しかも、従来、こうした潜在的な不満を解消する上で重要な役割を果たしてきた中間管理職・監督職をキープレーヤーとする職場のタテ系列の人間関係が機能不全を生じさせている可能性が高いこと（p.17）を指摘していた。さらに仁田は、このような状況で、より客観的な評価基準を設定しようとする成果主義管理のもとでは、そこにある種の個別取引の要素が生まれてきているので、公平な処遇、少なくとも評価の透明性を確保するための仕掛けとして、労働組合の職場組織を通じた苦情処理の仕組みが重要な一翼を担いうるのではないか（p.17）、と個別的労使関係での分権的組合活動の可能性を示唆していた。[32)]

　久本（1999）は、職場での苦情処理がどのようになされているのか、統一的な調査フォーマットを用いての、32か所の組合（支部）での聞き取り調査の結果から、労働協約などに規定された苦情処理制度はほとんど機能していないことを指摘していた。しかし、処遇の個別化が進行しているため、苦情の発生は不可避的である。だから、広義の苦情の掘り起こしとその適切な処理こそが、組合を一般組合員に身近にする最も大切な作業であり、これによって、組合員の組合離れを防ぐことができるだろう、とそこに可能性を示唆していた。さらに、久本（2004）では、処遇の個別化が人事考課などについて組合員の関心を著しく高めている。だから、公正な評価がおこなわれているかどうかについて、評価システムだけでなくその運用面においても組合が積極的に活動する場はむしろ広がっている、と指摘していた。そして、組合員のエンプロイアビリティ

---

32) 仁田（1988）は、鉄鋼業の事例を通して「職場小集団活動がダイナミックに展開されているところでは、労働者の積極的な発言・関与が見いだされる」（p.281）。「労働組合による様々なレベルでの発言が、要員合理化や配置転換、生産構造調整など、環境変化に対応する経営施策の展開にともなって発生する諸問題の解決と紛争の予防に貢献し、あらゆる経営施策の基礎となる従業員の企業への統合基盤を形成・維持する役割を果たしている」（p.283）と指摘している。

を高めるという観点からも組合は活動しなければならない。組合員のキャリア形成を企業に全面的に任せるというやり方では組合員の信頼は獲得できないであろうから、こうした活動に労働組合は積極的に取り組まなければならない、としていたが、提言までで終わっていた。

　以上、取り上げてきた先行研究は、いずれも領域Aに組合活動活性化の可能性を示唆するものではあったが、分析は個別的労使関係に着目するにとどまっていたといえるだろう。そこで、次節では、個別的労使関係に着目するだけでなく、そこで起こりうる個別の労使交渉から職場集団内での分権的組合活動のありようにまで言及した石田光男の先行研究を中心にレビューしていくことにする。

第3節　個別的労使関係での分権的組合活動にまで迫った先行研究

　企業内の個別的労使関係での分権的組合活動（領域A）のありようにまで迫った先行研究が石田（2003）である。指摘は次のとおりである。

　労働組合とは労働力の集団的販売組織であるはずなのに、労働力を「集団的」に販売していない。日本の労働組合は「集団的」に賃金交渉をおこなっているが、組合員が個別的に労働力を売り込む余地を開いている。だから、労働力を「集団的」に販売しきれていない。この販売価格における集団性と個別性の併存が現代日本の組織労働者の最も重要な特徴である。日本の組織労働者の賃金が多分に個人別取引に委ねられている[33]という事実こそが、組合員の結束を絶えず風化させる根本的な原因をなしている、と指摘する。

　しかし、石田（2003）は、上記のような労働力の個別取引という、労働組合にとっての「致命的」「自己否定的」困難は、戦後日本社会の風土にあって、いわば必然な困難であるとし、あわせて日本では、この労働組合による自己否

---

33) 日本の組織労働者の賃金が多分に個人別取引に委ねられている、との指摘を最初にしたのは管見の限り氏原（1954、1968）である。「本給は、団体交渉できめられているごとく見えて、そうだとはいえない。実は、ここの労働者と使用者の間で、あいたいの個別交渉で決められている」（氏原1968：216）としている。

定的な労働力の個別取引の自発的選択により、今日の暮らしの水準が確保された、と教示する。そればかりか、賃金はどうあるべきかについて組合は経営と基本的な違いはないという事実を確認できるため、労働組合が仕事のノルマ等の達成水準（部門業績管理）に発言を及ぼそうとすれば、労使協議のテーブルの上に載せていく必要がある、と示唆する。さらに、労使関係とは、報酬と仕事について労使が対等に交渉し合意し、報酬と仕事についての規制を制定・運用する営みであるが、日本の労使関係は仕事についての規制の制定が著しく苦手である、と指し示す。だから、労使関係の個別化の下で労働組合が取引主体として機能を保持する要点は、この仕事と賃金が管理化される事態に対して、いかように取引的ルールの実体を埋め込むことができるかにあるとして、「労働支出の内容についての発言と合意の営みが必要である」（p.114）、と企業内の個別的労使関係での分権的組合活動（領域A）のありようを指定する。そして、この個別取引について、「個別化した報酬制度では人事考課＝査定の場が賃金決定の場である。ここが労使対等でなければ賃金決定も労使対等とは言い難い。実態は対等という前にそもそも取引とは認識されていない。しかし、人事管理の成果主義化とともに、人事考課は業務目標をめぐる目標面接という合意形成を内に含まざるを得ないので、趨勢として取引化に向かっている」（p.114）と、仕事ルールの分析を通して、個別的労使関係での分権的組合活動に肉薄していく。

　今日の成果主義の中で労働組合は何をすべきか。石田（2003）はそれを次のように示す。

　「目標面接の話合いの内容の充実、フィードバック等をしっかりチェックすること。人事考課の2次、3次の調整手続きに組合の参加が適切かどうか考えてみること。評価の苦情処理が活用されていないのが普通であるが、それが何故か、どうしたらもっと気楽に活用することができるようになるのかを議論してみること」（p.217）だ、と指摘する[34]。そして最後に、目標面接を規定する部門業績管理の運営にあたり、労使間で合意しておくべき事項として下記7項目をあげる。

(1)部門の目標値の合理性もしくは納得性
(2)目標を達成するための予算と人の配分の合理性と納得性

(3)部門内部の職場への目標値のブレークダウンの納得性、同様に職場への予算と人の配分の納得性

(4)上記目標値や予算の月次展開の合理性や納得性（例えば、売上の月次目標と残業予算や人の配置は整合性があるか、等）

(5)進捗管理体制の適切性（例えば、進捗管理会議で個人の人間性を損傷するような追及は根絶すべきである、等）

(6)部門業績管理の仕組みに教育訓練の予算と人が保証されているか

(7)この部門業績管理と個々人の目標面接が接合的に組まれているかどうか

—上記事項（(1)～(7)）を、労使協議のテーブルの上に載せて、仕事のノルマ等の達成水準（部門業績管理）に発言することの必要性を、「我が国の労使関係の『溶解』を嘆ずる前に、やるべきことをやった上で、嘆き足らないなら嘆いてもけっして遅すぎることはないのではないか。そんな時代である」（pp.217-218）と締めくくる。

　ただし、ここでの石田が指摘する「労使協議のテーブル」とは、どの階層での、どのような形態のものなのかについては定かではない。しかし、中村・石田（2005）になると、これからの労働組合の役割について、「ホワイトカラーの『働いて』（仕事のレベルと量）は自己管理によって制御されている。財務的指標であれ非財務的指標であれ、結局は上司と部下との『コミュニケーション』によって統御される。このように労働サービスの取引が上司と部下の1対1の関係に集約されるのが労使関係の『個別化』である。ここにさまざまな課題が潜伏している。端的に労働組合の役割はあるのか。あるとしたら、『働いていくらになるのか』のルールにいかなる様式でいかなる内容の関与をすべきか。この様相をどのように見定めるかがやはり緊急の課題である」（p.278）と述べるものとなり、労働者個々人が個別的労使関係での分権的組合活動（領域A）において対等な交渉ができるようにすることが、労働組合の役割であることを

34）一般的には、日本の賃金関係において、本給が個別交渉で決められているということについて、「団体交渉を無にする。団体交渉をなくもがなのものにしてしまうことである」（氏原1968：216）と解釈して、「日本の本給の決定方法においては、賃金における比較の論理は、労働者の連帯性を強めるようにではなく、労働者をお互いに孤立させ、競争させ、そして全体として使用者に従属させるように働いている」（氏原1968：223-224）と見なす。そのため、石田のように個別労使交渉のやり方等について考えてみることは、これまでの研究史において主流にはならなかった。

示唆するものになっている。

　石田（2012b）に至ると、個別的労使関係での分権的組合活動に踏み込む必要性への言及は、より具体化する。序章の「本書の目的と方法」において、「雇用に関するルール」は、「どれだけ働いて」と「いくらもらえるか」のルールに区分できる、とする。「どれだけ働いて」のルールは、①「どんな仕事を」（課業［タスク］とその集合としての職務［job］）、②「何時間かけて」（労働時間）、③「どの程度の労働密度で」もって、④「どの程度の出来ばえで遂行するのか」（職務レベルとその達成度）に区分される。さらに、⑤「いくらもらえるか」のルール研究が賃金論であり、①から⑤は仕事のルールの研究であり、仕事論になる（pp.2-3）と整理する。その後、日本の労働支出のルールは、①の「どんな仕事を」は、職場への配置のルール・配置後の課業の設定のルール、③の「どの程度の労働密度で」は、業務計画（あるいは生産計画）のルール・要員水準のルール、④の「どの程度の出来ばえで」は、目標面接や職場の上司部下間のコミュニケーションに司られている。だから、日本での労働支出のルールは、経営目標をどのように達成できるかという経営管理の仕掛け（PDCAサイクル）の観察から一挙に解き明かすことができる、とする。そして、②の「何時間かけて」（労働時間）の決定の実情がわかれば、その改善方法も示唆することができる（pp. 3-4）、と指摘するまでに至る。

　このように、日本の雇用関係のルールの最大の特徴は、集団的決定の領域が狭く、個別的決定の領域が広いことである。そのため、ベースアップが僅少になり、一時金の原資が組織業績に連動した算式によって決定されるようになった今日、客観的にも基本給や一時金の決定は、人事考課次第となる。と同様に、仕事の範囲、仕事のレベル、そして労働時間についても、個別性が特徴となる。よって、労働時間も職場の上司部下関係や職場メンバーの社会関係によって決定されざるを得ない仕組みになっており、労働組合が個別的決定にいかなる影響を与えているかを記述できなければ、労働組合の意義も不鮮明にならざるを得ない（p.5）、との警告を発している。

　上記の石田の指摘だけでも、領域Aにおける個別的労使関係での分権的組合活動が、労働組合の存在価値を高めることを教示するものであることに、異議はないだろう。

　さらに、石田（2012b）は、第6章の「日本の雇用関係と労働時間の決定—労使関係論の深化」内で、企業と労働サービスの取引形態としての雇用関係（契約）において、日本は「集団的取引」を明瞭な時代として経験をしなかった特異な国であると指摘する。その上で、第2次世界大戦の敗戦から1950年代までの労使対立はこの「集団的取引」に相応しい労働側の規制が現れはしたが、規制の定着のいとまもなく「能力主義管理」に滑り込んだこともあって、今日の日本では、経営の裁量的あるいは機会主義的行動を抑制する労働組合による集団的規制が後退している。したがって、経営の裁量的あるいは機会主義的行動を抑制する新たなルールが発見記述される必要がある（pp.213-214）、と述べる。

　そして、日本の社員等級を軸とした雇用取引ルール（職能等級ルール）は、弱点でもあり、個人的に昇格をあきらめて、「限りなくさぼる」行動を防ぐ手立てが弱い。よって、近年の日本の能力主義から成果主義、雇用形態の多様化は、この弱点への対処策でもあるから、経営側に課業配分の多大な裁量が与えられている雇用ルールの下で、「権利乱用がなされていないということを充分に感じられる」ためには、労使協議や目標管理制度などの公式的な制度やルールだけでは不十分で、日常的な仕事の進行に際して不断のコミュニケーションが不可欠になる（pp.218-219）、と示唆している。そればかりか、「絶えず効率性の要求に叶う働き方をしているかどうかのテストが休みなく課されている」昨今の職場労働者の日常的課業レベルのつらさを直接ひろいあげる機能を持たない労働組合において、職場労働者が自らの存在意義を日常的な仕事上の手応えをもって証明することは困難である。したがって、組合活動を課業のレベルの問題（仕事のつらさや困難の問題）の発見として解釈し直し、職場の組合機能の中にいかに取り込むのか、ここが問われざるを得ない（p.221）、と指摘している。

　このような石田（2012b）の指摘を精査したならば、領域Aにおける個別的労使関係での分権的組合活動にしか、労働組合の活路は見出せない、と石田は見ていると言い切れるだろう。

　石田と同じく、領域Aにほぼ課題を絞り込んだのが三吉（2013）である。「職場における労使関係を記述し、職場におけるコミュニケーションのニーズと実態を明らかにすることによって、職場内コミュニケーションという問題に対し

図表2-1　労使関係のフレームワーク

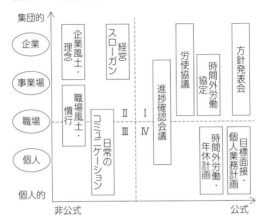

出所：三吉勉（2013）「現代における個別化された労使関係の研究
方法について」『日本労働研究雑誌』No631/ 特別号

て、企業・労働組合に求められる役割を明確にしてみたい」（p.104）として三吉は、労使関係記述のフレームワークを図表2-1のように図化している。

　図表2-1は、個人ごとの労働時間が労使間での調整・協議を経て決まっていくのかを、企業内における集団的―個人的の軸と公式―非公式の軸で４象限に分けて見ようとするもので、領域ⅢとⅣが筆者の示す領域Aに該当する。三吉は、労働時間に限らず、個々人の仕事の量と質は第Ⅰ象限（集団的―公式的）での手続きだけでは決まらず、第Ⅳ象限（個人的―公式的）の個人単位にまでブレークダウンされて合意形成されていくことになるが、さらに第三象限（個人的―非公式的）における上司部下間のコミュニケーションによって決まるところが残されている、とする。そして、労働力の取引（どんな仕事を、どれくらいの時間をかけて、どのようなレベルでおこなう）ルールを決めるには、第Ⅲ象限（個人的―非公式的）で決まるものを少なくして、せめて第Ⅳ象限（個人的―公式的）で決めるようにすることの重要性を、それを三吉は「境界線をより左に動かす」と表現して強調している。三吉は、またそれを「今後の研究課題としても第Ⅲ象限を『公式化』し、解明することが大事である」（p.112）と述べている。したがって、経営側に課業配分の多大な裁量が与えられている雇用ルールの下で、「権利乱用がなされていないということを充分に感じられる」ためには、労使

協議や目標管理制度などの公式的な制度やルールだけでは不十分で、日常的な仕事の進行に際して不断のコミュニケーションが不可欠になる、と示唆している。本調査研究の視点は、三吉が研究方法として示した第Ⅲ領域と第Ⅳ領域での、「労働者による労働支出の提供（＝仕事の遂行）と経営者による反対給付の提供（＝報酬の支払い）との取引関係」（石田2014：22）の実態を明らかにすることと同じである。

第4節　個別的労使関係での個別労使交渉・協議を必要とする先行研究

　黒田（1988、1992）と鈴木（1994）の論説は、"職能資格制度は労使交渉の否定ないしは制限を原理としたものであるのに、どうして日本の労働者と労働組合が受容したのか"、という疑問から、結論は個別的労使関係での個別労使交渉・協議を必要とする、に至っていると解釈できる。それを、本節ではたどっていく。

　まず、黒田（1992）は、職能資格制度が労使交渉の否定ないしは制限を原理としたものであることの根拠に、「労働者の処遇と配置を経営者がきめてフレキシブルに専決できるタイプにほかならないからであり、職能資格制度はそれを支え制度化したものといえよう」（p.255）と主張する。その証拠として職能資格制度の生みの親とされている楠田が、「人事考課ルール設定においては、できるだけ労使共同の検討なり作業が望まれる。…しかし人事考課の運用そのものは、企業側が労使で定められたルールに従って行うことが必要である。労働組合がその運用にまで参画することは、組合内部の問題としてかえって問題が多い」（楠田1987：284）、と述べていることを取り上げる。

　そこから黒田は、楠田が考課結果の一部を本人に知らせることは有効であるが、いかなる事情があってもそのことで結果を変更してはならない。「修正のための交渉という形になる恐れがあるからだ」と述べていることを取り上げ、職能資格制度は労使関係の否定、ないしは制限を原理的前提にしており、人事考課の恣意性の問題とともに、重大な問題をはらんだ制度である（黒田1992：256）と批判する。また、黒田は、職能資格制度が導入されたのは、1960年代

以降、民間大企業では戦闘的組合は排除・追放され、協調的・企業主義的な組合が成立・育成されていた。この協調的労使関係の成立によって「能力」を労働組合らしく評価して公平に処遇に反映される回路は塞がれてしまった結果である（黒田1992：260）とも指摘している。

　つまり、職能資格制度によって、「戦後の労働者が抱いていた社会的『上昇志向』と平等化要求が変形された形で労務管理の中に閉じこめられてしまったのである。『上昇』の機会を平等化すること、『能力』に応じた処遇を受けることも、労働者と労働組合にとっては過酷ではあるが、ある種の民主主義と理解されるようになったのである。公平処遇というその限りでは純粋な労働者の要求は、『競争への参加機会の平等化』という形で資本主義的に『変容』され、能力主義管理の『受容』と『底なしの競争民主主義』の思想が確立していったと思われる」（p.260）、と解釈する。

　さらに、黒田（1992）は、人事考課の抱える課題として、「能力」基準・要件はかなり詳しく網羅的に明示し公開している。ただ多くの事例を見ると、実際的には、それは概して概念的・抽象的であるにすぎない。「能力」の中味である職務を遂行していく能力（＝職務遂行能力）とは、職務そのものでもなければまた能力そのものでもない。そればかりか、日本ではそもそも職務範囲が「柔軟」で明瞭に規定されていないため、それを遂行する能力といっても不明瞭・不定型にならざるをえないので、職能の中味の設定もまたその解釈も、経営側が独自におこなうことが前提にされている（黒田1992：255）のだと批判的に指摘する。そして、黒田は「労働組合は『武装解除』にも等しいこの制度をなぜに『受容』したのだろうか」（p.256）との疑問を呈するに至る。

　鈴木（1994）の研究も、日本の生産システムの特質や構成を明らかにするとともに、「日本の企業労働者は、なぜ国際的に揶揄されるほどの激しい働きぶりを受容し続けるのか。日々の労働を支えるその意識はどのようなもので、それは何によって、どのようにもたらされるのか」（はじめに、pp.ⅰ-ⅱ）という疑問に答えようとしたものである。

　鈴木は、「能力主義管理」は「能力」の向上要求にとどまることなく、「労働効率」の追求もくわわり、単位賃金あたりの労働支出量の増加、すなわち労働密度・労働負荷の増大までも拡張される（鈴木1994：209）としている。さらに、

長時間労働、サービス残業、生産現場の高い労働密度・速度・注意深さ、転勤・配転・新技術習得などの経営要求に対する柔軟な応答等、日本の民間企業労働者のすさまじい働きぶりは、日本人の伝統的な勤労観や集団主義（組織への帰属意識と貢献意欲）などの国民性・文化から説明するものもある（鈴木1994：179）。しかし、日本の労働者の内面意識は、外見上の勤労態度を説明できるほど勤労意識は高くない。それよりも、「経営が作り出す管理的制度・施策によって一方的に強制され、働かされているにすぎない」（p.180）。だが、「他方では単なる強制された覚悟に終わらず、そのような覚悟を労働者自身の内面からも自発的に肯定させるような側面が用意されている」（p.180）。そのような独特の結合を作り出すメカニズムが「能力主義管理」である、としている。

　そして、この「能力主義管理」が形成されたのは1960年代半ばから採用が始まり、本格的展開（採用企業の広がりと賃金中の能力給割合の増加）となったのは70年代後半から80年代にかけてである、としている。鈴木は、日本の労働者は、企業が導入しようとした職務給（1950年代から60年代半ばまで）には、強い反発を示したが、その後の「能力主義管理」（職能給）の導入にあたっては、そうではなかった、と述べている。その理由を、職務給は、年齢・勤続にともなう賃金上昇を努力の一つの証として感じる日本の労働者の意識と衝突せざるをえないものであった。そのため、努力に対する公平な処遇という労働者の要求は、ポストの制約という職務給に固有の原理によって競争主義の無常さへとすり替えられ裏切られることに対する抗議を意味するものであった（鈴木1994：185）と、職務給導入に反対した理由を説明している。

　しかし、その後、経営側が、職務給をあきらめて職能給の導入を図ったことに反対しなかったことについては、鈴木は「日本の労働者が働きや能力によって労働者間にただ『格差』をつけよと望んだ」（p.187）のは、労働者が求めた「張り合い」は、努力すればその努力に応じて人数制限などなく誰でも直接に評価されることであったとして、日本の労働者が求める「張り合い」が、年功的な年々の賃金の上昇と併せて、いわゆる「絶対考課」、「絶対区分」の処遇制度であった（鈴木1994：187）からだと主張する。

　ただし、「能力主義管理」（職能給）は、職務遂行能力の評価であるから、その制度が労働者側から見ても合理的であるためには、「職能資格基準」が明確

になっていなければならない。しかし、導入期（1960年代後半から1970年代）は、全く曖昧であったが、「能力主義管理」が本格化する石油危機以降は、「納得性と目標明示性の点から『絶対考課』化が必要とされた」（p.199）、としている。また、企業側もそのことは理解しつつも、「やはり人件費管理の点から実態としては昇格人数の調整＝『相対区分』を放棄することができない」（p.206）ので、若年層は能力・業績の結果を絶対考課にしつつも、40歳前後を境に相対考課にせざるを得なくなる、としている。このことを鈴木は「労働能力と労働密度：能力概念の拡張」（p.210）と表現する。そして、その能力概念の拡張を、「残業や高密度労働でなければ達成できないほどの高い質量の課業を積極的に引き受ける、やり切る『能力』、期日までに『目標を達成する能力』への能力概念」（p.212）への変質であるとし、同時にそれを日本の労働者は企業への協調・貢献として受容する、としている。これを鈴木は、日本の労働組合の「集団的規制力の欠如が、『能力』の拡張、『能力主義』への企業論理の一方的貫徹を許す」（p.213）ものであった、と述べている。

　以上の疑問および示唆に基づいて、「能力主義管理」の克服策について黒田（1988）は、「職場の労働者の処遇と生産・労働の在り方を変革すべく、『働く人がその仕事に誇りを持ちながら共生しうる』職場ルールの現代日本的形態を模索することが必要であろう。この課題は既に本稿の領域を超えている。ただ出口は塞がれていない。それは何よりも職場そのものにある」（p.321）と指摘するにとどまった。

　一方、鈴木（1994）は、「協調を引き出すと同時に自立の基盤をそぐ傾向をもつ雇用慣行の下で、労働者が経営に対する独自の対等的発言力を、経営側の『善意』に依拠せず確保する条件は存在するか」（p.298）、「日本的労使関係だからこそ取り入れて歪んだ『自発』の側面に別の息吹をあたえる構造と変わりうるかもしれない。それはどの程度に現実的であろうか」（pp.298-299）などとも問い、この問いに答えることのできる条件は、「日本的雇用関係から内発的に『協調と自立』を展望することは困難であっても、…『従業員』性がもつ既述の『自立』の側面に積極的に依拠して、その可能性を開放する道が展望されうる、とはいえないだろうか」（p.301）と、やや踏み込んだ表現となっている。

　鈴木の克服策がこのようなものとなったのは、「能力主義管理」が、日本の

企業労働の厳しい現状を自らのそれとして実行することを、「仕方がない」と労働者に意識させる最大の強制力となっており、またそれが、①「業績考課」に代表される、高い管理的要請内容の逃れ難き明瞭さ、②企業倫理そのものであるその要請に対して生活や権利などの異質の論理を対置する態度を峻拒する、「情意考課」に代表される管理的裁量、この二つの側面の結合となって、「強制」と「自発」を生み出すものとなっている（鈴木1994：231）、と考察しているからである。そして、この「能力主義管理」の「強制」と「自発」は、「管理者と労働者の個人的な人間的交渉として労働者に意識されている」（p.236）、と、個別労使交渉・協議の必要性を見抜くものとなっている。

　さらに鈴木は、QCサークル活動などの小集団活動などの「参加」型管理も、「強制」と「自発」の結合による日本的な管理の一環であり、日本企業が、中途採用者の賃金水準と賃金上昇率を「標準労働者」よりも低くするのは、企業個別化された労働市場を追求する雇用慣行が作り出す運命共同体と囲い込みの関係にある（鈴木1994：263-274）とする。だからといって、労使対立型にすると「対決型労使関係に付随する負の側面も無視できない」（p.298）ので、鈴木は対処策を探るべく、「『従業員』制に残る『自立』の側面を大切にして、『協調』のなかに『自立』を育てる道はあり得ないのだろうか」（p.298）との問いを発する。そして、「協調を引き出すと同時に自立の基盤をそぐ傾向をもつ雇用慣行の下で、労働者が経営に対する独自の対等的発言力を、経営側の『善意』に依拠せず確保する条件は存在するか」（p.298）とか、「日本的労使関係だからこそ取り入れられた歪んだ『自発』の側面に別の息吹をあたえる構造と変わりうるかもしれない。それはどの程度に現実的であろうか」（pp.298-299）などと自問して、日本における労使関係において、個別的労使関係がいかに重要な場や機会であるかを指摘するものとなっている。

　確かに、1990年代までであれば、黒田や鈴木のような疑問を持ち、とまどうのもいたしかたないと思うところである。しかし、21世紀にはいっての成果主義改革によって、人事考課制度に目標管理制度が連結され、個別労使交渉・協議の場と機会が確保されたことで、労働者および労働組合は「再武装化」することができた、と捉えられるのではないか。楠田（1987）に敬意を表して、百歩譲って人事考課結果について覆すことはできないとしても、評価や処遇結果

に至る目標管理のプロセス（事前準備⇒期首⇒中間⇒期末⇒フィードバックの各面談）において、上司の下す評価に対して、根掘り葉掘り問うことで、疑義を提示（民主化）できるはずである。ならば、黒田（1988、1992）と鈴木（1994）の問いに答えることのできる条件は、日本の労働組合の集団的規制力の欠如を嘆くだけでなく、「能力主義管理」を是とする日本の労働者ならではの労使関係を活かして、目標管理・人事考課制度の各面談を個別労使交渉・協議にして発言していく道を模索することで、切り拓かれるのではないだろうか。

第5節　職場での自主管理活動に着目した先行研究
〈小池—熊沢論争より〉

　これまでは、狭義の解釈による領域Ａでの個別労使交渉・協議に着目して、その必要性を示唆する先行研究を見てきた。ここからは、広義の解釈による領域Ａでの個別労使交渉・協議を保証し、かつ補完する職場での自主管理活動に言及・関連する先行研究を見ていくことにする。これまでの研究史において、個別的労使関係での分権的組合活動が、日本の労使関係でどのように説明されてきたのであろうか。またこれまで、領域Ａにおける労働組合および組合活動に視野を向けられなかったのは、何ゆえだろうか。最初に、そこから見ていく。

　長年、「労働組合の根源的機能とは『競争規制』である。労働者がバラバラにされ、相互に競争させられる。この状態に対して労働組合が労働者を結合させ、労働者同士の競争を規制する、これがユニオニズムに他ならない」（木下2021、p.70）という概念が主流となっており、労働市場での労働力商品の売買において、「『個人取引』がまかり通っているかぎり、労働者同士の激しい競争を抑制することはできない」（木下2021、p.72）と考えられてきたため、組合活動を集団的労使関係での集権的組合活動にのみ限定していた。しかも、日本の労働組合は企業別組合であるから、(1)企業との癒着、(2)企業の組合への支配介入の容易さ、(3)組合分裂を招きやすいこと、(3)産業別統一闘争や政治闘争を発展させる困難性、(4)下請労働者等が労働組合からの排除（高木1982：218-219・戸木田1976：11-12）、といった労使関係の宿命的脆弱論説が主流であったために、企業横断的かつ集権化させた組合活動にしていくことが不可欠とされていた。

したがって、企業別組合は「御用組合」とか「第二労務管理部」などと揶揄されることも多く、いまでも一般的に組合員・労働者の心の底のどこかに、企業別組合を自己嫌悪する気持ちが宿っている。そのため、企業別組合の積極的意味[35]が追求されることよりも、もっぱら改革され克服されるべき対象としてしか見られてこなかった。そのため理想とすべき労働組合とは、ヨーロッパ型の全国的横断組織（職能別労働組合や産業別労働組合）であるとの観念が常識化していた。さらに、そこに労働力取引における労使間の情報や力関係の非対称性論が付加されれば、労使関係は、集団的労使関係にて維持していくことが何よりも大切とされるのは当然であった。そして、その思考の枠組みから自由になれず、固定化されたならば、企業内の個別的労使関係に組合活動の基盤を積極的に作り出していくことなど、日本の労使関係の歴史を通覧してみても、考えられるはずもなかった[36]。

そのような研究史の流れに、異論を唱えたのが小池（1974、1975）であった。企業別組合の個別的労使関係での規制力について、自分に深くかかわることを決めるときに発言していることを労働者の経営参加と呼び、「『日常の仕事のやり方』に対して多く発言していた」（1974、10月号 p.88）との知見を示した。さらにその後、小池（1976）において「職場委員は、かなり平工である。賃金労働条件について要求書を出し、話し合いと称する交渉を行っている。こうした芽ばえから、将来の展望が可能となろう」（p.67）、と発表した。これを契機に、研究史上最も着目されるべき論争が展開された。それが小池―熊沢論争である。

---

35) 白井（1968：49-51）は、企業別組合の持つ長所や利点として次の4点をあげている。
(1)日本の労働組合勢力の急速な増大への寄与
(2)企業別組合の組合財政への寄与（企業別組合のもつ収入安定化の利点）
(3)ホワイトカラーの組織化への貢献
(4)企業別組合であることによって、企業の内部、すなわち現実の生産活動がおこなわれる職場に組合の組織があり、組合活動がおこなわれているという事実
36) 企業別組合は、「わが国の労働者が労働組合を結成するとき、もっとも自発的かつ自然な形で選んだ」（p.32）もので、「必然性をもって生まれた」（p.33）とする白井（1968）でさえ、「労働組合の機能の第一は、団体交渉による雇用・労働条件の決定ということである。個別に切り離された労働者は、資本家や使用者と対等の立場で労働条件の取引は行なえないのであるから、…個別交渉による労働者同士の競争を制限することによって、…取引上の多少とも対等の立場に近づこうとする。これが労働組合結成のそのものの目的である」（p.105）としており、人事査定に対する労働組合の取り組み、すなわち、個別的労使関係での個別労使交渉の展開など、検討の対象からはなから除外されていた。

　熊沢（1977）の小池論批判は「小池氏は組合規制の弱さと職場の労働者集団による『平等主義的』・『自律的』規制の強さとを、ともに、日本の『特質』として把握する」(p.4)が、「この融通性が…不断に要請される変化への適応をめぐる労働者間競争の激しさである。そして、労働そのものおよび配置における柔構造が、…職場における経営権貫徹の日本的なかたちにほかならない」(p.4)、として、「私は日本の職場レベル労使関係の特質を、配置の柔構造―労働者間競争の放置―組合機能の弱さ―経営権の貫徹、というセットで把握する」(p.4)と主張した。そして、労働組合の本来の機能は欧米の構造のように、「作業集団の平等の慣行または『マギレなきルール』の協約―労働者間競争の抑制―組合機能の強さ―経営権掣肘」(p.4)でなければならないとした。

　これに対し小池（1977b）は、労働者の工場の中の「移動の方式は同じ工場でも職場によって異なっており、とうてい工場労務の方針によるとは思われない。わたくしはこの職場慣行を生み出したものとして『職場の準自律集団[37]』を想定した」(p.32)。かつ、「広くひんぱんに移動するといっても、そこには職場内及び親しい職場間という枠、関連の深い仕事群という枠があり、…たとえ一時的な配転でも、『なじみの仕事』『なじみの仲間』から分かれるが故に、…工場の労働組合は、その不十分な発言力を、組合員にとって不利な移動に集中する。…こうした慣行を見逃しては、わが国の労働組合の実態に迫るわけにはいくまい。労働組合の行動を批判するならば、その行動の意味を十分に確かめたうえで行いたい、というのが自戒の言である」(p.33)と反論した。また、「熊沢さんは、わが国の企業別組合や労働者組織の発言力が乏しく、労働者間の競争をなんら抑制していない、と力説される」(p.33)が、それは、「熊沢さんの発想は、…『すべてか、あるいは無か』（オール・オア・ナッシング）のように思われる。アメリカなみに強いか、さもなければほとんど無力か、と考えられる。だが、はたして中間が存在しないだろうか」(p.33)。「『中間』はわが国ばかり

---

37)「職場の準自律集団」の言葉か登場するのは小池（1977a）の202頁であるが、小池（1974、1975）の1975年1月号でも、「経営から見ても…職長をリーダーとした職場集団の慣行にもとづく、いわば『自律的』な働き方を黙認することになろう。そして『自律的集団』―自分たちの仕事のやり方は自分たちで決める―こそ、『参加』の最も高度の段階としばしば考えられる」(p.117)と述べている。

でなく、『欧米』にも存在しないだろうか」（p.33）と反論した。

　さらに小池は、熊沢が「労働の質の上薄下厚型の分布」と書いた一説にふれて、「熊沢さんは『上薄下厚型の職務構造が厳存する』と仮定される。『上薄下厚』とは、おそらく『むつかしい判断』を要する仕事が職務序列の上位に集中し、かつ上位の職務の数が下位にくらべてはるかに少ないということであろう」（p.35）として、それが「役付工と平工の間」「本工と臨時工・社外工の間」の昇進・昇格の難しさの問題を述べているとしても、「アメリカ方式の…『上薄下厚の職務構造』をかえることにもなるまい…その実現可能性については、むしろ絶望に近い」（p.35）とも反論した。仮に、この実現可能性を模索するならば、企業別組合の弱さを、力をこめて批判するよりも、企業別組合の弱さを認めつつ、「わたしはある程度の発言力を認める。だからその範囲からあまりはずれずにもできそうなことを提案した。それ故、…すでに存在する慣行の芽ばえを探ろうとしてきた。…熊沢さんの提案は、私には、実際から離れすぎた『理想主義』にみえる。これまでのわが国の経験をふりかえるとき、『あまりに理想主義的な』提案が、その主観的意図とは全く逆に、企業別組合の『怠惰』をいかに弁護してきたかを、わたくしはおそれる」（p.35）と反論したのである。

　この小池─熊沢論争は、今日まで続く日本の労使関係の研究史上、とても重大な論点であった。その後、1980年代に入ると、平（1977）の企業別組合賛美論、神代（1983）の良好な雇用機会の希少性説[38]、桑原（1988）や舟橋（1989）の協調的労使関係評価論、下田平（1987）の労使関係パートナーシップ論、ドーア，ロナルド（1987）[39]の後発効果説等から、企業別組合の特徴や機能に着目されるようになった。そこで展開された議論を、企業別組合の肯定派と否定派として

38）神代（1983）は、大企業における(1)賃金水準が相対的に高く（賃金格差の絶対的大きさ如何はこの際あまり重要でない）(2)雇用も安定しており(3)住宅ローン・年金その他の付加給付の面でも相対的に優遇されていて(4)世俗的な意味において職業上の地位（プレスティジ）も高く良い結婚の機会にも恵まれているような雇用機会を、『良好な雇用機会』と呼び、その「稀少性」を仮説にした。

39）ドーア，ロナルド（1987）の原著は、Dore, R. P.（1973）. British factory - Japanese factory: The origins of national diversity in industrial relations. London: Allen & Unwin.で、1987年は邦訳年である。岸（2011：311）によれば「(1)（会社における）地位の社会的平等という考え方が強まっていること、(2)早い段階で産業化した『市場志向型』の労働組織が、日本に代表されるような『組織志向型』の労働組織へと転換していること、(3)遅れて発展を始めた国において進んだ状態が形態されることを考察」したものとしている。

扱うのが適切であるかどうかわからないが、両派ともに労使関係については、集団的労使関係として議論されることに違いはなかった。

　しかし、小池が発見した「職場の準自律集団」を、筆者は、どちらかと言えば個別的労使関係での分権的組合活動（領域A）として、組合活動に含まれるものであると判断するが、小池自身は、「労働組合の介入がない部面では、経営の介入もまた乏しい。職長が決めているが、職場の慣行も働いている」（小池1976：64）としていて、「職場の準自律集団」に労働組合が関わるものではないものとして取り扱っている。よって、本調査研究は、小池側の視点に立って労使関係の実態を観察していくものではあるが、本稿において「職場自主管理活動」とか「職場での自主管理活動」と述べる場合、そこには労働組合の職場リーダーが（しかもその場合の職場リーダーには組合員である下位層の管理職が中心となっている場合が多い）、組合活動として職場の自治的運営を進めている、という実態をとらえようとしているものである。そのため、小池が使った「職場の準自律集団」との言葉は使用せず、「職場自主管理活動」とか「職場での自主管理活動」という言葉にしている。さらに、「職場自主管理活動」を、管理職をふくめての職場懇談会等と名称づけられる、全従業員（非正規雇用等の、組合員でない人も含まれるケースもある）の発言機会・機能を発揮する場として取り扱う。だとすれば、「職場自主管理活動」が集団性を帯びている活動であるならば、個別的労使関係というよりは集団的労使関係として捉えるのが適切であるとの見方も出ようが、「職場自主管理活動」は、参加者一人ひとりの「自分に深くかかわることを決めるときの発言」であるから、筆者は個別的労使関係での分権的組合活動に含めていることを理解されたい。

　また、小池（1974、1975）の74年10月号で、「『日常の仕事』が、職場の作業集団全体にかかわる問題を意味するらしいのに対して、『個人的処遇』は集団内の個人の問題を意味しているらしいということである。そうすれば集団全体についてはよく発言するのに対して、集団内の個人に関しては、あまり発言しないということになる。それをふまえて、集団全体にかかわることの参加システムと、集団内の参加システムが異なるのではないか、という仮説である」（p.88）と述べている。1970年代においては、このような観察・記述は当然であろう。上司と部下間の1対1の個別労使交渉・協議の機会や場は、職場にはない

ものとして把握されても不思議ではない。成果主義型賃金・人事制度の根幹にすえられた目標管理・人事考課制度が本格運用されたのは、1990年代からであったから、「集団内の個人に関しては、あまり発言しない」とみるのは、ある意味自然なことであろう。[40)]したがって、本稿では、個人的処遇についても、目標管理・人事考課制度の各面談を逆活用して、労働者個々人の発言を促し、実質的な個別労使交渉・協議の場として、労働組合が利用・機能させている実態を明らかにしようとするものである。

また、このような態度や行為、上司と部下との1対1での個別的労使関係において、個別労使交渉・協議を推奨するのであれば、そこに労働組合が存在する必要はないではないか、ノン・ユニオニズム（労働組合不要論）を推進しようとしているのではないか、と誤解されるかもしれない。しかし、筆者が主張したいことは、決してそのようなノン・ユニオニズムではなく、避けられない個別的労使関係だからこそ、そこに労働組合が必要であり、そこでの新たな労働組合のあり方・かかわり方を探ろうというスタンスなのである。このように、あえて個別的労使関係において個別労使交渉・協議を推奨するのは、日本の労使関係が、もはや「企業内の個々人を上から下まで全員の処遇を人事考課によって決定する『個別化』」（石田2009a：10）を達成しており、「『分権化』と『個別化』の極北の国」（p.12）に住むことから逃れられない状況にある、と考えるからである。「極北の国」日本の労働者、労働組合にとって、残された道は、個別的労使関係での個別労使交渉・協議を組合活動とする以外になく、その極北の地に、先進的な労働組合の運動に進化が生まれている、と推測されるからである。

---

40) ただし、集団内の個人の人事査定について、労働組合が集団的労使関係を利用して発言することは1970年代からあり得た。職場の中の誰を、そろそろ昇進・昇格させてほしいという要請を、組合役員から管理職に対して暗黙裡に要請することは、よく見受けられた。筆者も組合役員時代に、現場の組合役員が人事査定（ABC判定）において、C判定にならないよう、最低でもB判定になるように人事課長に要請している委員長の言動を認知していた。

第6節　職場での自主管理活動に着目した先行研究
〈心理的契約や不完備性論などから〉

　ここで、少し労使関係の研究史から転じて、経営組織論的視点から、個別的労使関係に課題が生まれていることを指摘する服部（2013a）に言及しておきたい。なぜならば、この服部が指摘する心理的契約の不履行問題[41]が、個別的労使関係での分権的組合活動の必要性を、明らかにしているからである。

　服部は、「日本企業の雇用制度が心理的契約によって支えられてきた」（p.7）と表現して、「日本企業の従業員は、キャリア、配置、業績評価、そして就業時間といったいくつかの点において、企業が契約不履行をおこなっていると考えている」（p.155）と指摘している。そして、服部は、日本企業において、心理的契約の不履行が発生している理由を2つあげる。1つは、契約不履行の理由を外部要因に帰属しやすい状況、すなわち、国内需要の鈍化や規制緩和による競争激化などによる経営環境の変化によって企業業績の低下が発生していること。もう1つは、日本企業にとって、心理的契約、とりわけ書かれざる約束を遵守するインセンティブが低くなっていること。つまり、どこの会社も雇用の安定が困難になっており、契約不履行がおこなわれているなか、無理して契約履行する必要はない、という考えである。

　この心理的契約を、佐藤厚（2011）は、自分は組織に対してどうかかわるのか、という個々人と組織の間で形成された相互期待に関する信念の体系と説明する。そして、佐藤厚は「重要なのは、心理的契約が違反されたと認知されると個人は動機づけとコミットメントを失い、組織の目標達成も困難になることである。そこで個人と組織双方の相互期待実現のために、心理的契約の絶えざる変更をおこなう必要がでてくる」（pp.13-14）と指摘する。このような指摘からすれば、労働者は集団的労使関係で決まる労働契約ではカバーしきれない領域、文章化されないまま形成・維持されている心理的契約を抱えている、という解釈に立つことが求められる。さらに、この心理的契約は個人と組織との間に成立する

41）服部（2016）では、ルソーの定義によればとして、「心理的契約とは、組織と従業員とがお互いに何を与え合うか義務を負っているかということに関する従業員側の知覚であり、それが組織側にも共有されている必要性は無い」（p.57）と説明している。

ものであるとすれば、領域A（個別的労使関係での分権的組合活動）において契約更新されなければならないものとなろう。したがって、心理的契約は決して承認欲求に呪縛された日本人の場合、個人的なものとして扱ってはならない。[42]

　その一方で、長年、労働組合は活動の成果は労働協約に示されるものと考え、その締結に全力をあげてきたといってもよい。しかし、文章化された労働協約や雇用（労働）契約は、契約締結者の情報探索能力や環境変化の予測能力の限界ということから、事前に契約で約束できないことを意味する不完備性を帯び[43]ていることは常識であろう。にもかかわらず、これまで労働組合は労働協約の締結という不完備なハード環境の整備だけにとらわれていた。不完備性から発生する事後的な問題が起こるたびに、労働組合は新たな不完備な労働協約を結ぶということで（これはこれでとても大切なことではあるが）、やり過ごしてきた。言い換えると、労働組合（企業別組合）が対処することを求められた、これらの問題（心理的契約の不履行や労働協約の不完備性）に対する取り組みは、領域A（個別的労使関係での分権的組合活動）において対処が求められるものであるため、領域D（集団的労使関係での集権的組合活動）に限定していた労働組合では、これ以上の対処策が検討・実施されることはなかった。労働組合として心理的契約の不履行や労働協約の不完備性に対処するには、領域A（個別的労使関係での分権的組合活動）での取り組みによって、心理的契約の絶えざる更新や協約の実質的担保をしていくこと抜きにはあり得ない、といえるであろう。雇用（労働）契約の開始にあたり先立って文章化されている契約だけでなく、文章化されていない組織と個人の相互義務や、約束を契約と見なす心理的契約の遵守・更

42）「承認欲求の呪縛」とは、太田（2019）にて述べるもので、日本人は承認欲求が強すぎて、「スポーツ界で次々と発覚した、暴力やパワハラ。社会問題化している、イジメや引きこもり。官僚による公文書改ざんや事実の隠蔽。日本を代表する企業で続発する、検査データの捏造や不正会計などの不祥事。電通事件をきっかけに、あらためて深刻さが浮き彫りになった過労自殺や過労死。掛け声だけで、なかなか進まない『働き方改革』。これらの問題の背後に隠れているのは『承認欲求の呪縛』である」(p.5)としている。

43）江口（2007）によれば、「不完備性とは、事前に当事者が約束できないことを意味するから、事後的には約束されていない事柄が当事者間に発生することに他ならない。つまり、当事者には裁量の余地が残されることになる。職場では、事後に発生する裁量の多くが使用者に与えられるので、これが使用者の労働者に対する指揮や命令という形を取って行使される」(pp.41-42)としている。この、職場で発生する使用者側の裁量権の行使が、労働者の悩み・苦しみの源となっている。ここもまた職場における労使関係の空間的領域である。

新・改定というソフト環境の整備に、活動のウエイトを移動させる必要がある。このように、今日だれもが、働くことで一番の関心事は、個別的労使関係に発生する問題であり、かつ、それは集団的労使関係での集権的組合活動だけでは解決されない問題である、と解釈してしかるべきものとなろう。

　以上、服部・佐藤厚の指摘から考えるならば、心理的契約の締結・更新は、これまでのように個々人に任せるのではなく、職場段階でメンバー全員の同時的取り組みとして展開される必要性を示唆するものとなる。この示唆から、心理的契約の締結・更新と、労働協約の履行状況が、日常的に注視される個別的労使関係においての分権的組合活動が必要である、との仮説の導出が可能となる。そして、その分権的組合活動とは、職場の末端にいる従業員全員で、個別的労使関係での黙約ルール（心理的契約）の明確化に関する経営的意思決定をおこない、その黙約ルール（心理的契約）を自主・自律的に管理運営することができるようにするものである。よって、労働組合主導によって、職場の自治をつかさどる自律的な職場集団の活動が必要である、と仮説化するものとなる。

　このような、広義の領域Aでの自律的な職場集団による心理的契約の締結・更新作業という仮説設定を可能にしてくれるのが、繰り返しになるが小池和男の発見である。小池（1977a）は「組合の発言は弱い。だが、他方職場の配置について経営がすべてをきめているともいえない。どうやら、労働者の集団が、職長をリーダーに慣行をつくりあげているようにも見える。自分たちの仕事のやり方や配置を自分たちできめるのは、参加の『最高の形態』といわれている」（p.205）と述べ、日本の企業では職場内外の配置・移動について、職場集団にゆだねていることや、職場での人の配置や仕事と賃金を切り離した柔構造であることを示している。そして、製造業の現場で発見した準自律職場集団のリーダーは、しばしば職場における組合のリーダーであったとした[44]。企業別労働組合は労働組合としての規制力は弱いが、職長をリーダーとする職場の労働者集

団によるなかば自律的な規制力を発揮していることを明らかにしている。

　仁田（1988）も、労働者参加を支えるものとして、「わが国の場合には、職長、ないしはグループ・リーダー層が、経営の第一線としての役割だけでなく、職場作業集団の意向を代弁するオピニオン・リーダーとしての役割をも果たしている」（p.284）ことを明らかにしている。佐野（2002）も、百貨店の事例からホワイトカラーの職場において「準自律的な職場集団による、職場の個別的状況におうじた柔軟な仕事の割り振りが重要な役割をはたす」（pp.41-42）として、職場の自治をつかさどる「自律的な職場集団」の存在を明らかにしている。

　さらに、個別的労使関係での分権的組合活動の必要性を、日本の労働者の価値観と行動様式から必然的に生まれるものであり、それらが職場での自主管理活動となり、それを支える労働組合こそが存続発展する、との指摘をするのが栗田の労働社会論である。栗田（1994）は、日本の労使関係の意義を把握するためには、日本の労働者の価値観と行動様式に着目した理論的枠組みが必要であるとして、労働者の価値観に組織志向的特質が形成されている必然性を検討し、労働者が構成する職場秩序の共同体的特性（p.iii）を見ていく必要性があるとしている。その共同体的特性は「労働者が自分自身の利害関係を託す場として、組合よりも職場が重要なものとして認識した結果」（p.190）であり、「日常の仕事が労働者の合意のもとに運営され、いわば労働者の自治として労働者生活に息づいている」（p.192）ことから、労働組合が労使関係において「組合独自の領域を確保し得る可能性が、職場組織の自律的労働者集団としての機能を組合が最後までサポートし得るか否かにかかっている」（p.194）と述べている。

　以上、小池・仁田・佐野・栗田の指摘も、個別的労使関係での分権的組合活動が、職場での経営参加と自治の体制として、職場に確立されている必要性を示唆するものであり、本調査研究は、その活動実態を次章に示す「A労働組合」の現場から明らかにしようとするものである。あわせて、本章で取り上げてきた先行研究のレビューから、本調査研究の分析枠組みを、領域Aにおける個別的労使関係での分権的組合活動（自律・当事者型の組合活動）とする意図はご理解していただけたと思う。

　では次に、その活動実態（理論仮説）の立証をどのような作業仮説の設定によっておこなおうとするのか、それについて述べていくことにする。

第3章

本調査研究における分析枠組みおよび作業仮説

　本調査研究で調査対象とするA労働組合は組合員数約2万人強、オープンショップ制ながら組織率約99％である。まず、第1節では、A労働組合が直面した成果主義的賃金・人事制度について述べる。つぎに、第2節では、導入された成果主義的賃金・人事制度に対してA労働組合が取った対抗策について触れる。と共に、A労働組合が取った対抗策としての被評価者セミナーが生み出される背景となった、企業グループ全体の統括組織である「X労働組合」がイニシアチブをとり、労組側から賃金・人事制度を政策提案し、要求化した取り組みについて述べる。そして、第3節では、A労働組合が取った対抗策（被評価者セミナー）が、どのような個別的労使関係での分権的組合活動を生み出したのかを探る本調査研究における分析枠組みおよび作業仮説について述べる。

第1節　分析対象企業が直面した状況と導入した人事考課（査定）　　　　　重視の制度

　A労働組合が所属するX企業グループは、持ち株会社により統括されている。1990年代以降日本企業において、経済環境のグローバル化とともに人事制度も市場志向的なものへと、改革が進んだ。労使関係は疎隔化し、個別化・分権化[45]だけでなく短期化も加わり進んだ。X企業グループも経営環境の変化に直面し、その環境変化に対応した事業構造や組織体制の大転換に、踏み切らざるをえなくなった。

---

45) 疎隔化とは、企業と労働者がそれぞれの目的を持って自らの原理によって展開する中で築かれる、とするものである。企業は経済合理性を第一に追求し、労働者は各自の職業人生のあり方などによって、各々がその時に望む労使関係を形成する（戎野2006：168）とする労使関係の概念である。

　その大転換は、2001年度から「構造改革」と名付けられた賃金・人事制度の見直し、続いて2002年度からは、「更なる構造改革」と呼ばれた業務のアウトソーシングと雇用の多様化として進展した。2001年度より始まった新たな事業展開にふさわしい賃金・人事制度の導入では、主とする改革は、(1)資格賃金・成果加算・成果手当の創設、(2)年齢賃金の見直し、(3)資格等級の大括り化（5→3段階）、(4)成果・業績重視の評価制度（行動：業績＝3：7）へ、(5)年収格差10%程度、[46] であった。改革の柱となった目標管理制度、それに基づく面談は、現在、目標設定面面接（期首面接）→フィードバック面接→進捗確認面接→成果・反省面接（中間面接）→フィードバック面接→進捗確認面接→成果・反省面接（期末面接）のサイクルになっている。[47]

　導入された評価制度は、業績評価と行動評価との2本柱である。そして、現在の業績評価基準は、会社業績の向上への貢献度を量的側面と質的側面と価値創造の側面の3項目から評価することになっている。業績評価のための目標管理制度のシートは、まず上司が会社や部門の事業計画、戦略、方針に基づいた自部門やチームの課題、部下の担当職務などを指示し、それを受けて部下自身が自身の役割や業績目標と、その目標を達成するためのプロセスを記入する様式になっている。そして、上期と下期の2回、自己判定（「1.目標とする成果・業績を上回った」「2.目標とする成果・業績をほぼ達成した」「3.目標とする成果・業績を下回った」かを自己判定）して面談に臨むことになっている。行動評価基準（評価対象期間中の日常の職務行動のみを評価）には、課題探求性、課題遂行、チームワーク、専門性の4項目が、社員資格等級別に詳しく設定されている。そして、行動評価と業績評価を総合して、評価段階は、A（期待し要求する程度を著しく上回る）・B（期待し要求する程度を上回る）・C（期待し要求する程度であった）・D（期待し要求する程度を下回る）の4段階となる。

　このように、構造改革にともなう労使関係の変化が、特に賃金制度において

---

46) 2010年の賃金・人事制度の充実・改善によって、一般資格等級の大括り化（5→2段階）とともに、現在は行動面の評価重視（行動：業績→5：5）となっている。

47) 2006年の成果・業績の処遇体系の見直しによって、年齢賃金の廃止、特別手当の評価反映幅を拡大（25%→30%）、扶養手当・職責手当・外勤手当の見直し、最長在級年数の廃止、により年収格差15%程度となった。

個々人に対する能力や業績に対する評価のウエイトを高めたことについては、これ以上説明する必要はないであろう。われわれが注目すべきことは、どのように目標管理・人事考課制度に変更されたのかではなく、それらの制度を実際に運用し、部下を評価する管理職や評価される社員側の制度の理解度や運用力であろう。A企業にかぎらず、成果主義的人事制度に移行した多くの企業で、制度の変更点についての資料が作成され、管理職や一般社員に対して制度変更の説明会は開かれている。また、管理職への登用に当たり、考課者訓練はおこなわれている。しかし、それらは必要最低限の説明会や考課者訓練の開催であり、職場において導入された目標管理・人事考課制度が目的やねらいどおりの運用になっておらず、部下の側も公平感や納得感を感じるものとなっていない。制度と実態とは明らかに乖離したものとなっている。本調査研究の準備段階での分会役員との打ち合わせの中でも、部下との面談の中でいまだ管理職が、評価のフィードバックにあたって、「君の今期の業績評価は申し分ないが、評価枠が決められているため、他の人の昇格もさせてあげたいから、今期は我慢してほしい」という説明がされており、不信感が募っていることが語られていた。

　したがって、目標管理・人事考課制度は、制度の変更内容を明確にするよりも、実際の運用実態を探り、特に評価される部下の側がどのように制度を受けとめ、感じ、運用しているのかを明らかにすることのほうが、意味があるだろう。よって、本調査研究での分析枠組みおよび作業仮説の意味や価値を理解していただくには、企業が人事考課・査定重視へと移行させたことへの対処策として、A労働組合が始めた被評価者セミナーの取り組みについて述べることのほうが重要であろう。

第2節　A労働組合が始めた被評価者セミナーの取り組みとその背景

　A労働組合が始めた被評価者セミナーの取り組みとは、2003年度から開始した被考課者訓練であった。組合加入2年目の全組合員を対象にした1泊2日のユースセミナーのカリキュラムの1つとして、賃金・人事制度改革に伴う組合員の不安・不信を解消すべく、かつ会社の管理職向けの考課者訓練に対抗する、

組合主導の被考課者訓練であった。実施された被評価者セミナーは、「目標面接のプロフェッショナルになろう―どうしたら目標管理・人事考課制度の公正性を確保し、納得性が高められるか」と題されて、約３時かにわたって講義されるものだった。講義の趣旨は、これまで評価が経営の専管事項とされていた壁を越えるチャンスとしてとらえ、ブラックボックスであった評価にどのように参画するのか、評価情報の公開性をどのように実現するのか、そして、人事評価制度に客観性・透明性・納得性・公正性もたらすための戦術を目標管理制度の期首から期末の過程でどのように駆使するのか、それらの方法を被評価者である組合員に講義するものであった。

　またその講義内容は、成果主義型の目標管理・人事考課制度とは、個別の労使交渉・協議の機会でもあり、仕事の進め方に部下も口を挟めるものであり、そのことによって上司をマネジメントする力が発揮でき、これまで労働者は弱いとされてきた個別的労使関係を労使対等にしていける制度へと変えられるものである、という認識だった。さらに、昨今増幅するストレスとは「要求の高さ×見通しの立たなさ×支援のなさ[48]」であると定義されるものであるから、要求の高低は環境の違いで判断は分かれるものの、見通しを立てることと、上司等から支援をとりつけるための面談にする工夫によって、目標管理制度はストレス・マネジメントにもなりうることが述べられるものであった。

　もちろん、人事考課制度は単なる能力査定だけではなく、①賃金管理上の情報収集によって適正な賃金と昇給のための公正な処遇を実現する。②配置管理の人事情報の収集によって適正な人配置と昇進・昇格のための適材適所を実現する。③能力開発・教育訓練上の情報収集によって求められる能力と保有能力のギャップから能力開発・教育訓練ニーズを探るための人材育成を実現させる制度であることも付け加えられていた。

　一方、被評価者セミナー参加者側も、セミナー開始当初の2003年度のアンケート（有効回答数594人）においては、「『被評価者セミナー』が役立ったかどうか」をたずねられて、回答は、「とても役に立った」が26.8％、「役に立った」が61.6％と高い値を示していた。かつ、記述回答を求めた「役に立ったと思う意

48）このストレスの定義は宗像恒次筑波大学大学院名誉教授に基づく。

見・要望等」では、「きっかけになった（気付き）」と記述した人が208人、「知らなかった、勉強になった」が159人、「理解が深まった」が48人と整理され、執行部への効果の報告が示されていた。2004年度でもほぼ同じアンケート結果となっており、その後のセミナーアンケートでは、設問が、講義内容の理解度を問うものに変わっているが、その理解度（「よく理解できた」＋「まあまあ理解できた」を加算したもの）も毎年90％を超えていることと、自由記述における肯定的なコメント等が寄せられており、今なお評価の高いセミナーであることがわかる。

　まとめると、A労働組合が実施した被評価者セミナーは、個別化・分権化する労使関係に対して、それをむしろチャンスとして捉えて、それに真正面から対峙する個別労使交渉を組合員一人ひとりが自信を持っておこなえるようにすることであった。言い換えるならば、組合員一人ひとりが自律的・当事者的に組合活動にコミットメントさせることで、組合員の組合離れを阻止しようとしたものである。またそれは、UI運動が組合員の直接的関心を引き出そうとしたにもかかわらず、「請負代行型」のままとなっていた弱点の克服策といってもよいであろう。

　さらに、賃金制度の人事査定重視への移行に対してA労働組合がとった対処策は、被評価者セミナーに限らず、その後の2006年の成果・業績の処遇体系の見直しに際して、労組から提案され導入されたダイアログ・レポート制度がある。ダイアログ・レポートとは、評価者・被評価者双方の面談の準備⇒実施⇒結果のサイクルをサポートするとともに、一連の面談のプロセスの面談（目標設定面談、成果・反省面談、フィードバック面談）において話し合われるべき項目が話されているかを問うものである。評価者および被評価者双方がそのレポートに署名して提出することになっている。

　また、その結果が、評価者・被評価者双方から事業所の人事担当に提出されることにより面談の課題・問題点等を把握し、必要に応じて個別に教育・指導するためのものである。管見の限り、筆者はここまで目標管理・人事考課制度の面談をチェックし、フォローする労使を知らない。このダイアログ・レポートが生み出される背景に、X労働組合がイニシアチブをとり、労組側から賃金・人事制度を政策提案し、要求化した取り組みがある。当時の状況をX労組

の中央委員会において、執行部が次のように経過報告している。

「本制度の導入は、事業構造の転換や人材育成・確保、登用に向け、その第一歩を踏み出すものでありますが、この制度をいかに定着・発展させていくかは、制度導入後の運用いかんにかかっていることを重視する立場から、運用の基本と枠組みを明確にするための協定化を求めてきました。その結果『新たな事業展開にふさわしい人事・賃金制度の導入に関する覚書』を締結しました。

その一つは、積極的に行動し、成果を達成した者に対しては、これを公正かつ適正に評価し、賃金へのタイムリーな反映や昇給に機能させる制度として導入することを制度の根幹として明記した。

二つは、求められる人材像は、市場の変化に対して主体性を発揮し、課題を発見するなかからこれに果敢に挑戦し、高い成果につなぐことのできる者との考え方を明記するとともに、その人材に積極的にチャレンジする公平な機会と可能性を提供し、今後の人材育成に十分に機能させることとしたこと。

三つは、個々人が設定する目標達成に向け、積極的に行動を起こそうという意欲の出る制度とするために、評価にあたっての諸制度を充実するとともに、会社の責任において個々人の意見・要望などを的確に把握し、動機づけを行うことで評価の納得性を担保し、中・長期的な人材の育成につなげることとしたものです。

以上申し上げたとおり、組合要求としてその実現を目指した新たな人事・賃金制度は、本年四月一日からの導入を迎えることになりましたが、大事なことは、本制度がその機能を十二分に発揮することであります。この観点から、覚書に立脚した制度の運用と検証を、常に怠らない対応が必要であると考えます」

そして、上記中央委員会における執行部からの経過報告は、満場一致で採択されたと記されている。しかし、ここに至るまでには、前年（2000年）の定期大会で、今後の人事・賃金制度は年功的要素を縮小し、発揮した成果・業績と

それに向けた行動を評価して、これをタイムリーに賃金へと反映する要素を高め、あわせて昇格にも機能させる、とする『付属討議資料』が示されていたことから始まっていることを忘れてはならない。ただし、これは定期大会では了承とはならなかったため「要求書」にはせず、その後、会社側の基本的な考えを問う「申入書」として提出され、会社側の見解を求めることになった。それに対する会社側からの見解表明の内容は、大会決定と一致するものと判断して、諮問会議での意思統一をへて、具体的な制度内容の検討に入った。

　また、そこでの記述には「新たな人事・賃金制度職場討議のポイント」として、次の9項目の見出しが示されている。

・新制度の背景　構造転換し競争力を強化しなければ「雇用は守れない」との危機感から
・現行制度上の原資はすべて移行　新制度は配分構造の転換
・評価割合　成果・業績重視の観点から業績評価の割合を拡大
・被評価者の納得性を高めるための施策や評価基準について交渉を強化
・若年層賃金の早期立ち上げと年齢賃金のウエートを縮小
・成果賃金Aは上限を設定[49]　制度移行後、退職手当制度見直しへ
・成果賃金Bは現行資格手当との著しい遜色は生じさせない立場で交渉[50]
・「固定部分の縮小」と「評価反映部分の拡大」の程度の十分な論議を
・全国大会の『付属討議資料』を出発点に政策づくりへ組織内の活発討議を

　以上の経過を踏まえるならば、X社全グループに導入された成果主義型の賃金・人事制度は、むしろ労働組合側から、迎えている厳しい環境に立ち向かうべく、組合員の雇用確保を前提に経営参画・政策提言していたものであることが理解されよう。A労働組合が取り組んだ被評価者セミナーは、このような背景を持って取り組まれたものであり、組合役員が担う集団的労使交渉・協議と

49) 当時の基本給の職能賃金部分を移行させて成果賃金Aとし、定期昇給を廃止して年功的要素を縮減し、金額は累積されるが上限を設定したもの。退職金額の算定基礎額として組み込まれていた。
50) 当時の基準外の資格手当を移行させたもので、1年間に限って反映をおこなう賃金で、毎年ゼロクリアされるもの。

組合員一人ひとりが担う個別労使交渉・協議を連立させた、新たな労使関係の時代への転換点であった。

第3節　個別的労使関係での分権的な組合活動を探る方法

　これまで述べてきたＸ労働組合およびＡ労働組合の取り組みをふまえて、本調査研究での分析枠組みおよび作業仮説は、2003年度スタートして今日まで継続されている被評価者セミナー参加者（延べ１万人弱）が、その後職場に戻り、ダイアログ・レポートなども使って、どのような個別的労使関係での分権的な組合活動を作り出しているのかを探ることにある。具体的には、調査を２段階に分けて、前段の調査として、組合役員（分会役員・部会役員・職場委員）と管理職位にあたる担当課長（組合員）[51]にWebアンケート調査にて、個別的労使関係での分権的組合活動が展開されている可能性があるかを予備的に探ることにした。そして、その可能性が見られることを回答し、かつその内容を記述した回答者を抽出して、コロナ禍第３波の真っ只中ということもあって、メールによるインタビュー調査によってその内容を探る。

　後段の組合員調査では、Ａ労働組合を構成する分会の中で、関東甲信越をエリアとする、分会員数約4,500人と最大規模の分会であるｋ分会を取り上げた。その分会組合員に、目標管理・人事考課制度の各面談時期に、被評価者セミナーで解説された面談のやり方が職場で活かされて、個別労使交渉・協議となっているのか、Webアンケート調査にて、その実態を追いかけた。あわせて、その目標管理・人事考課制度の各面談の活用度（個別労使交渉・協議力）が、模範的働き方（労働成果と心理的安寧）と二重帰属満足度等にどのように結びつくのか、その因果関係の経路を探る。

　さらに、本調査研究のもう１つの仮説である、目標管理・人事考課制度の各

---

51) 正社員の組合員範囲内の役職は、主任研究員・担当課長・担当課長代理・研究主任・主査である。担当する業務分野において専門能力を発揮し、自律的・主体的に課題を発見・解決し、高い付加価値の創造により優れた業績をあげる者で構成される資格グループ、と社員資格基準で定義されている。そして、担当課長は、一般資格グループの一次評価者でもある。

面談を通じて展開される個別労使交渉・協議の環境を整え・支える職場自律集団としての自主管理活動（個別的労使関係での分権的組合活動）が存在するのではないか、それを探る。そして、仮に職場での自主管理活動が存在するならば、それがどのような成果を労使にもたらしているのかまで探りたい。

なお、この個別労使交渉や職場自主管理活動の探査にあたり、それらを生み出す組織文化、特に労働者の組織への帰属意識[52]の動向が肝腎なものとなろうとの判断から、本調査研究では尾高邦雄の二重帰属仮説[53]をベースにした。これまで先行研究レビューにて確認してきた、労働組合の組合員との心理的契約違反

52）この帰属意識について、若林（2005）は、組織に対する感情的なコミットメントはあるものの、存続的なコミットメントについては近年低下傾向にあることを明らかにしている。さらに帰属意識について、若年層では、「会社を自己のキャリア開発の場として捉えるタイプ」と「割り切り型の組織帰属に徹するグループのように長期コミットメントをしないタイプ」が多く見られることを指摘して、近年の日本企業における成果主義的人事制度改革が労働者の企業に対する帰属意識を変化させていることを指摘している。

53）尾高（1995）によれば、二重帰属意識を探る方法は、次の6つの会社に対する評価項目―(1)会社の労働条件、(2)会社経営の民主性、(3)経営方針の良否、(4)経営幹部の信頼性、(5)会社の営業成績、(6)会社全体への評価―と、組合に対する評価項目―(1)労働条件の改善についての組合の実績、(2)組合運営の民主性、(3)運営方針の良否、(4)執行部の信頼性、(5)組合の活動状況、(6)組合全体への評価―を、5段階順序尺度（もっとも肯定的回答を1点、もっとも批判的回答を5点として）で測定する。1952年から1967年の15年の長きにわたって、労働組合のある大手企業9社（日本鋼管、宇部興産、日本光学のほか、電力、デパートなど）70以上の事業所、約3万3千人の帰属性タイプの分布を29の事業所の集計単位でおこなった結果、PP型（二重帰属型）の割合が、他の3タイプに比べて著しく大きく、30%以上に達する分布形態が会社の事業所の相違にかかわらず8集計単位ある。さらに、PP型の割合が一番多いけれども、30%には達しないものが5集計単位あり、PP型が一番多いことを発見した。予想外の結果として、CC型タイプ、つまり不平不満型が13%の線を越える割合は29集計単位中の半数以上（18単位）に達し、さらに、20%以上に達して、PP型より多く、最大の分布になっているタイプも29単位集計中の12集計単位で見られることを、特徴としてあげている。つまり、PP型の二重帰属型やCC型の不平不満のような順相関型の割合がどこでも顕著に大きくなるということで、PC型（会社一辺倒型）やCP型（組合一辺倒型）の割合の低いことを明らかにしている。

　　ただし、本稿では、「二重帰属」ではなく「二重帰属満足度」との言葉を使用する。それは、稲上（1978）にて、尾高は「二重帰属とはそれぞれの組織（会社と組合）に対する多面的な満足度、信頼感のことであり、不用意に忠誠意識と読み替えてはならない」(p.38)として、この区別が意識されていないことを指摘しているからである。同じく、尾高による二重帰属意識の捉え方はモラールと帰属意識が区別されず、ほぼ同義的に捉えられている（松山2013：85）との批判や、岸（2021）にて、大須賀（1965）論文を根拠にして二重帰属を二重忠誠論だとして、その内容の把握の仕方の不十分性が批判されているからである。また、本稿のアンケート自体でも会社および組合に対する満足度（100点満点）からタイプを抽出していることも含めて、組織への帰属意識より組織への満足度として捉えることにしているからである。

や労働力取引の個別化から、会社や労働組合に対する帰属意識が低下している
と推測されることから、労働者の帰属意識を4タイプ化して探っていく。また
それは、個別的労使関係での分権的組合活動（個別労使交渉・協議と職場自主管
理活動）の形成を、労働者の帰属意識の4タイプ別に見ていくことが、組合員
の組合離れの原因を探っていくのに、とても効果的であると判断されるからで
ある。なぜならば、PP型（二重帰属満足型）タイプの人たちこそ、今日も組合
員の主流を形成する人たちであり、労働組合を支える人たちだからである。[55]

　そして、このPP型タイプの人たちこそ、個別的労働力取引の実態である
PDCAサイクルの各面談（期首・中間・期末・フィードバック面接）の満足度が高
い人たちであり、かつ動態的に課業設定された仕事を自律的に管理統制してい[56]
る人たちであり、ワークライフバランス満足度の高い人たちであるからである。
あわせて、本調査研究は、PP型タイプの人たちこそ、個別的労使関係（上司
との人間関係と同僚との人間関係）やエンゲージメント、キャリア自律度、職場
の自主管理度の高い人たちであり、労働組合活動を通して育成することが望ま
れるタイプの組合員であることを立証しようとするものである。[57]

54）本調査研究での帰属意識タイプ分類は、会社と組合に対する総合満足が共に平均点以上のデータ
　をPP型、会社満足度の平均点以上と組合満足度の平均点以下をPC型、会社満足度の平均点以下
　と組合満足度の平均点以上をCP型、会社と組合の満足度が共に平均点以下をCC型にカテゴライ
　ズ化し、新たな変数（二重帰属満足度）として算出する。またそのほうが、尾高の5分類（厳密に
　は中位のN型を組み合わせた9分類）よりもシンプルとなり、わかりやすくなる。

55）この点については西尾（2021）にて立証している。本稿においても後述する第4章や第6章にお
　いて確認される。

56）「動態的に課業設定された仕事」とは、石田（2012c）にて、「課業の配分を事前に決めるのでは
　なくて」（p.218）、「課業の配分は、欧米と違い、個々人の職能に応じて柔軟に行うことができる…
　日本の特徴である」（p.223）とすることによる。

57）企業別組合には「組合員の中には組合意識をもつもの、企業意識の強いもの、第三者的意識のも
　の、と大きく見て三つの層があり、通常大組合ほど第三者的意識の比率が高い…これらの人は組合
　の手で洗脳されない限り、平素から第二組合的要素を持っている」（労働教育センター1979：83）
　―これは1958年の総評組織綱領案の一説であり、採択されなかったものとはいえ、今日でも労働組
　合としての団結力を強めるには、労働者意識・権利を強く持った組合員を育成することが望まれる、
　との考え方が労働組合の教育宣伝活動の基本スタンスとして継承されている。そして、いまだ会社
　側はPC型（会社一辺倒型）タイプを、組合側はCP型（組合一辺倒型）タイプの育成を目指すオ
　ルグ活動で競っているといえるだろう。尾高（1995）は、このようなスタンスの取り方に対して、
　「労使双方の指導層は、これまで、このようにして組合一辺倒と会社一辺倒の育成競争をやり続け、
　しかもその結果、得るところは少なく、むしろ労使関係の不安定を招いていた」（p.81）と指摘し
　ている。

　近年の企業経営・マネジメントにおいて、労働生産性を高めていくには、従業員の満足度、コミットメント、エンゲージメント等を高めていくことが不可欠である、と認定されている。であるならば、日本では避けられない労使（雇用）関係での個別的取引、すなわちPDCAサイクルの各面談（期首・中間・期末・フィードバック面接）の良否が、企業経営の優劣に反映されることは明らかであろう。したがって、本調査研究によって明かされる、PDCAサイクルの各面談（期首・中間・期末・フィードバック面接）を逆活用して、個別労使交渉・協議の場にしたり、経営参加における個人的職務中心型参加（氏原1979：184）の場としたりしていく方策が、労働組合にとって、動態的に課業設定される仕事の自律的規制を可能にするばかりでなく、企業経営にもたらす影響力がとても大きいものであることは明白であろう。さらに、被評価者セミナーが生み出す個別労使交渉・協議力（発言力）と職場集団の自主管理力が、21世紀型の労働組合としての規制力（競争主義への対抗性と労働者間連帯）となっていることも、明らかとなろう。

　繰り返しになるが、本調査研究は、小池（1983）が明らかにした "ブルーカラー組織労働者に存在する準自律集団以上に、労働組合の影響力を受けた職場での自律集団がホワイトカラーの組織労働者にも存在し、職場での自主管理活動を推進して企業別組合の規制力となっている" ことを立証するものである。またそれは、白井（1968）においても、「筆者が本書で強調したことの一つは、わが国の労使関係制度や労働市場構造のもとでの企業別組合成立の必然性であり、それが持つ機能的合理性であった。そのデメリットを充分認めつつも、欧米の組合に欠けているメリットの故に、労働運動が直面する現代的挑戦に対して企業別組合は充分な活力をもち得ている」（p.ⅱ）と述べていることを、本調査研究は、新たな視点と事象によって立証しようとするものである。

　それでは、次章から、以上の分析枠組みおよび作業仮説に基づいた調査研究の結果を述べていくことにする。まずは、先行して2020年11月に実施した組合役員（分会役員・部会役員・職場委員）のWebアンケート調査の分析結果から報告する。

第4章

組合役員アンケート分析の結果

　本章で報告するＡ労働組合での組合役員アンケート調査（2020年11月４日〜13日にWebで実施）の目的は、会社が進めた成果主義型労使関係への転換に対する対処策として、労組主催で2003年度にスタート以来今日まで17年間にわたり継続して取り組まれている被評価者セミナー（被考課者訓練）の取り組みが、どのような個別的労使関係での分権的組合活動（個別的労使交渉・協議と職場での自主管理活動）を生み出しているのか、を探ることにある。最初に組合役員（分会役員・部会役員・職場委員）を対象にしたのは、被評価者セミナー（被考課者訓練）が生み出している領域Ａにおける個別的労使関係での分権的組合活動という、これまでの労使関係論では考えることのなかった組合活動の存在を探るために、組合員に直接尋ねるより組合活動に実際にかかわっている組合役員に尋ねるほうが発見しやすいと考えたからである。

　第１節では、尾高邦雄仮説をベースにした二重帰属満足度タイプ分析の結果、15分会（a〜o）中、PP型が12分会、CC型が３分会（j、n、o）に分かれ、PP型は健在であることを明らかにする。なぜ二重帰属満足度タイプの存在を確認するのかは、繰り返しになるが、領域Ａにおける個別的労使関係での分権的組合活動とは、会社にも組合にも共に良いWin-Winの関係が必要であり、PP型が不可欠であると考えるからである。第２節では、17年間継続されている被評価者セミナーは、二重帰属満足度を高めていることを明らかにする。第３節では、個別的労使関係の改善がPP型タイプの育成に結びついていることを、個別的労使関係の満足度から抽出した２因子（「上司との人間関係」と「職場

58）Ａ労働組合では、主に地域別の分会に区分されており、さらに、分会の下に主に県単位に部会が設けられている。そして、各部会の下に、職場単位で組合員10人に１人の割合で職場委員が選出されている。

での人間関係」）と二重帰属満足度４タイプとのクロス集計や相関分析、さらに二重帰属満足度への重回帰分析から明らかにする。第４節では、組合役員（分会役員・部会役員・職場委員）の記述内容から、被評価者セミナーは個別的労使関係を改善させていることを明らかにする。第５節では、被評価者セミナー後に、どのような組合活動が生まれているのかを探ったが、個別的労使関係の変化は確認できたものの、職場での自主管理活動の存在までは確認することはできなかったことを示す。変化が組合役員の個人的な取り組みに限られたのは、今回の調査の主たる対象者である職場委員の任用サイクルが１年単位であり、組合活動も依頼された事柄を消化するだけの取り組みとなっていることや、仕事に対する関心も個々人の職務を遂行するのに精一杯になっていることなどが十分に推測され、かつ、組合役員として職場全体を見渡すという立場やレベルにはないことを考えれば当然の結果といえるであろう。

第１節　二重帰属満足型（PP型）はやはり健在

　組合役員アンケートの調査対象者＝分会役員・部会役員・職場委員は1,998人で、有効回答数は1,664人（有効回答率は83.3％）であった。有効回答した組合役員の属性は図表4-1に示したとおりである。女性役員が３割強を占め、職種からホワイトカラーの組合であることがわかる。そして、組合役員に、下位層の管理職であることを示す職位（「主査・課長代理・主任」と「担当課長」）の人たちが21％を占めているのが特徴といえる。なお、平均年齢は36.9歳（中央値37歳、最頻値26歳、標準偏差9.121歳、最小値21歳、最大値64歳）であった。

　組合役員の会社および組合に対する総合満足度は、会社満足度平均が72.52点、組合満足度平均は66.65点であった。尾高邦雄の二重帰属仮説に準拠して、会社満足度の平均点（72.52）以上と組合満足度の平均点（66.65）以上のデータをPP型、会社満足度の平均点（72.52）以上と組合満足度の平均点（66.65）以下をPC型、会社満足度の平均点（72.52）以下と組合満足度の平均点（66.65）以上をCP型、会社満足度の平均点（72.52）以下と組合満足度の平均点（66.65）以下をCC型にカテゴライズ化し、新たな変数として二重帰属満足度タイプを

図表4-1　属性

F1.性別

		度数	有効パーセント
有効	男	1125	67.6
	女	534	32.1
	以外	5	0.3
	合計	1664	100.0

F3-2.組合加入年数

		度数	有効パーセント
有効	1～5年目	651	39.1
	6～10年目	439	26.4
	11～15年目	156	9.4
	16～20年目	162	9.7
	21～25年目	130	7.8
	26年以上	97	5.8
	わからない	29	1.7
	合計	1664	100.0

F4.職種

		度数	有効パーセント
有効	共通事務（企画・総務・経理・人事など）	268	16.1
	技術	582	35.0
	研究開発	81	4.9
	営業・サービス	639	38.4
	その他	94	5.6
	合計	1664	100.0

F7.会社役職

		度数	有効パーセント
有効	一般	1307	78.5
	主査・課長代理・主任	347	20.9
	担当課長	1	0.1
	その他	9	0.5
	合計	1664	100.0

出所：筆者作成

算出した。この二重帰属満足度タイプと15分会別にクロス集計したものが図表4-2である。

　PP型（二重帰属型）は、会社と組合を同時に支持し、会社と組合共に帰属意識の高いタイプである。PC型（会社一辺倒型）は、会社は支持するが組合は支持しないタイプである。CP型（組合一辺倒型）は、組合は支持するが会社には批判的なタイプである。そして、CC型（不平不満型）は、会社と組合のいずれ

図表4-2　分会別二重帰属満足度タイプ

F8.所属分会		二重帰属満足度タイプ PP型	PC型	CP型	CC型	合計
a分会	度数	36	14	16	15	81
	%	44.4%	17.3%	19.8%	18.5%	100.0%
b分会	度数	37	6	22	15	80
	%	46.3%	7.5%	27.5%	18.8%	100.0%
c分会	度数	20	3	9	7	39
	%	51.3%	7.7%	23.1%	17.9%	100.0%
d分会	度数	44	17	23	41	125
	%	35.2%	13.6%	18.4%	32.8%	100.0%
e分会	度数	109	47	37	54	247
	%	44.1%	19.0%	15.0%	21.9%	100.0%
f分会	度数	33	6	27	18	84
	%	39.3%	7.1%	32.1%	21.4%	100.0%
g分会	度数	30	3	9	11	53
	%	56.6%	5.7%	17.0%	20.8%	100.0%
h分会	度数	69	11	32	21	133
	%	51.9%	8.3%	24.1%	15.8%	100.0%
i分会	度数	107	55	54	96	312
	%	34.3%	17.6%	17.3%	30.8%	100.0%
j分会	度数	12	7	3	14	36
	%	33.3%	19.4%	8.3%	38.9%	100.0%
k分会	度数	101	41	51	85	278
	%	36.3%	14.7%	18.3%	30.6%	100.0%
l分会	度数	36	12	22	27	97
	%	37.1%	12.4%	22.7%	27.8%	100.0%
m会	度数	20	11	7	8	46
	%	43.5%	23.9%	15.2%	17.4%	100.0%
n分会	度数	8	3	5	13	29
	%	27.6%	10.3%	17.2%	44.8%	100.0%
o分会	度数	7	1	6	10	24
	%	29.2%	4.2%	25.0%	41.7%	100.0%
合計	度数	669	237	323	435	1664
	%	40.2%	14.2%	19.4%	26.1%	100.0%

カイ2乗検定

	値	自由度	漸近有意確率 (両側)
Pearson のカイ 2乗	92.559[a]	42	0.000

出所：筆者作成

も支持せず、いずれに対しても反対的もしくは批判的な態度をとっているタイプである。

　15分会の中で、j、n、oの3分会が、CC型の割合が一番大きいCC型タイプの分会で、残り12分会がPP型タイプの分会といえるであろう。

　組合役員のレベルでPP型とCC型の差が僅差であれば、組合員レベルで見た場合は、CC型の割合がさらに高まり、逆転することも十分想定される。よって、今回はかろうじてPP型に分類されたd、i、kの3分会もCC型へと逆転する可能性がある要注意分会といえよう。尾高は1960年代当時、若年層に

図表4-3　二重帰属満足度タイプと年齢カテゴリー別クロス表

			F2_1年齢カテゴリー別					合計
			20代	30代	40代	50代	60代	
二重帰属(満足)度 タイプ	PP型	度数	151	218	223	72	4	668
		%	33.5%	40.9%	43.1%	46.5%	66.7%	40.2%
	PC型	度数	86	64	70	16	1	237
		%	19.1%	12.0%	13.5%	10.3%	16.7%	14.3%
	CP型	度数	75	124	93	30	1	323
		%	16.6%	23.3%	18.0%	19.4%	16.7%	19.4%
	CC型	度数	139	127	131	37	0	434
		%	30.8%	23.8%	25.3%	23.9%	0.0%	26.1%
合計		度数	451	533	517	155	6	1662
		%	100.0%	100.0%	100.0%	100.0%	100.0%	100.0%

カイ2乗検定	値	自由度	漸近有意確率(両側)
Pearson のカイ 2 乗	33.204[a]	12	0.001

出所：筆者作成

　CC 型の増加傾向が見られることから、高度成長時代以降はしだいに個人主義的な方向に変わりつつあるので、「プロプロ（PP 型）がしだいに減り、かわりにコンコン（CC 型）が増えるという傾向が将来も続くであろう」（尾高1995：57、（　）内は筆者）と予測していた。確かに、図表4-3のように年代別に二重帰属満足度タイプとクロス集計してみると、尾高の指摘とおり、20代の組合役員にCC 型の割合が大きいことが明らかとなった。

　年代別に分会を見てみると、図表4-4のとおり、CC 型タイプに分類されたj 分会、n 分会、o 会は20代の組合役員が多いことがわかる。しかし、A労働組合全体では、図表4-3のとおり PP 型の割合が40.20％と一番大きく、CC 型の26.10％をはるかに上回っていて、PP 型タイプとなる。[59] A労働組合はオープンショップの組合で、組合員の中に正社員以外に60歳超継続雇用社員と有期契約社員も含まれるが、今回の有効回答者1,664人の中にそれらの社員資格の組合役員は66人3.97％に過ぎない。よって、世の中全体が非正規化しているなか、恵まれた正社員組合員として存在できていることが、組織への二重帰属満

59）西尾（2021：8-9）において、大手機械メーカー系と流通系の労連で同じ分類方法を用いてタイプ分析をおこなっているが、同じ傾向を示している。

図表4-4　年齢別と所属分会別クロス集

年代		F8.所属分会 a分会	b分会	c分会	d分会	e分会	f分会	g分会	h分会	i分会	j分会	k分会	l分会	m分会	n分会	o分会	合計
20代	度数	21	17	10	39	57	19	9	28	132	28	40	7	22	12	10	451
	%	25.9%	21.3%	25.6%	31.5%	23.1%	22.6%	17.0%	21.1%	42.3%	77.8%	14.4%	7.3%	47.8%	41.4%	41.7%	27.1%
30代	度数	24	36	14	29	91	19	21	51	85	6	84	50	7	5	11	533
	%	29.6%	45.0%	35.9%	23.4%	36.8%	22.6%	39.6%	38.3%	27.2%	16.7%	30.2%	52.1%	15.2%	17.2%	45.8%	32.1%
40代	度数	29	19	13	41	81	33	19	40	70	1	109	34	15	10	3	517
	%	35.8%	23.8%	33.3%	33.1%	32.8%	39.3%	35.8%	30.1%	22.4%	2.8%	39.2%	35.4%	32.6%	34.5%	12.5%	31.1%
50代	度数	7	7	1	15	15	13	4	14	25	1	44	5	2	2	0	155
	%	8.6%	8.8%	2.6%	12.1%	6.1%	15.5%	7.5%	10.5%	8.0%	2.8%	15.8%	5.2%	4.3%	6.9%	0.0%	9.3%
60代	度数	0	1	1	0	3	0	0	0	0	0	1	0	0	0	0	6
	%	0.0%	1.3%	2.6%	0.0%	1.2%	0.0%	0.0%	0.0%	0.0%	0.0%	0.4%	0.0%	0.0%	0.0%	0.0%	0.4%
	度数	81	80	39	124	247	84	53	133	312	36	278	96	46	29	24	1662
	%	100.0%	100.0%	100.0%	100.0%	100.0%	100.0%	100.0%	100.0%	100.0%	100.0%	100.0%	100.0%	100.0%	100.0%	100.0%	100.0%

出所：筆者作成

図表4-5　所属分会と二重帰属満足度4タイプとのコレスポンデス分析

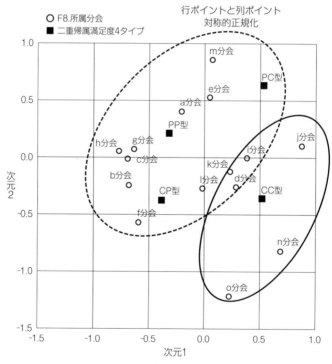

出所：筆者作成

足度を高めていると考えるのが妥当であろう

　図表4-5は、変数間の関係を1つの座標上にマッピングして表現する手法で、回答傾向が似ているものが近くにプロットされるコレスポンデス分析（対応分析[60]）による図解である。所属分会と二重帰属満足度4タイプの関係性を見たものである。この図解からもCC型のj、n、o分会とd、i、k分会の類似性が推測される。

第2節　被評価者セミナーが二重帰属満足度を高める

　組合員セミナー内で実施されている被評価者セミナーが、受講者の労働組合に対する評価（満足度）を高めているかどうかは、これまで組合員セミナー参加者のセミナー直後のアンケートから、被評価者セミナーに対する理解度（「よく理解できた」と「まあまあ理解できた」を加算したもの）が毎年90％を超えていることと、自由記述における肯定的なコメント等から類推する以外なかった。ところが、今回のアンケートでは、Q21で「ユースコースで外部講師による『被評価者セミナー〈目標管理・人事考課　傾向と対策〉』を受講したかどうかと、Q31で「組合に対する満足度を100点満点で表わすと何点ですか」をたずねているので、被評価者セミナーの有無による組合満足度の平均値の違いを見て、検証することができる。結論は、「被評価者セミナーは組合の満足度を高める」というものになった。

　その論拠は次のとおりである。被評価者セミナー受講の有無別の二重帰属満足度（会社満足度+組合満足度⇒200点満点の合成変数）と組合満足度（100点満点）の2つの母平均の差は図表4-6のとおりであった。

　問題は、「はい」の平均値は「いいえ」の平均値より高いのであるが、この違い（差）に意味があるかどうかである。このような場合に、違い（差）が有

60）コレスポンデス分析（対応分析）はアンケート等によって収集したデータをまとめたクロス集計結果を基に、行の要素（クロス集計でいう標題にあたる項目）と列の要素（表側）の相関関係が最大になるように数量化して、その行の要素と、列の要素を多次元空間（散布図）に表現することができる分析である（山脇・椎塚2008：660）。

66

図表4-6　二重帰属満足度と組合満足度のグループ平均値

Q21.（設問Q20で「1.はい」と答えた方に）ユースコースで外部講師による「被評価者セミナー『目標管理・人事考課　傾向と対策』」を受講しましたか		度数	平均値	標準偏差	平均値の標準誤差
二重満足度総合計	はい	548	141.3394	30.02689	1.28269
	いいえ	412	135.7330	31.93457	1.57330
Q31. 組合に対する総合満足度を100点満点で表わすと何点ですか	はい	548	68.4653	19.22570	0.82128
	いいえ	412	64.0558	19.92222	0.98150

出所：筆者作成

図表4-7　二重帰属満足度と組合満足度のグループ平均値の差の t 検定

		等分散性のためのLeveneの検定		2つの母平均の差の検定					差の95%信頼区間	
		F 値	有意確率	t 値	自由度	有意確率（両側）	平均値の差	差の標準誤差	下限	上限
二重帰属満足度	等分散を仮定する	1.454	0.228	2.786	958	0.005	5.60641	2.01228	1.65741	9.5554
	等分散を仮定しない			2.762	855.095	0.006	5.60641	2.02992	1.6222	9.59061
Q31. 組合に対する総合満足度を100点満点で何点ですか	等分散を仮定する	1.581	0.209	3.463	958	0.001	4.4095	1.27334	1.91064	6.90836
	等分散を仮定しない			3.446	868.22	0.001	4.4095	1.27978	1.89768	6.92133

出所：筆者作成

意かどうかを検定する統計学的方法が、差の t 検定である。その結果が図表4-7である。

　図表4-7のデータの見方は、表中央の「等分散性のための Levene の検定」（破線囲み）の「有意確率」が、0.228、0.209と5％（0.05）以上なので、「等分散を仮定する」の行に示されたデータ行を見ていくべきことを示している[61]。

　そして、右側「2つの母平均の差の検定」に表示されている「有意確率（両側）」＝危険率[62]が0.005と0.001と5％（0.05）以下なので、図表4-7に示された平均値の違い（差）は、有意であると見ることができる。すなわち、二重帰属満足度は1,000回のサンプル調査で5回ほど、組合満足度は1,000回のサンプル

61）差の t 検定の場合、Levens の検定の有意確率が5％（0.05）以上ならば等分散であると判断し、上段の「等分散を仮定する」行を見て、5％（0.05）以下ならば分散が異なるとして「等分散を仮定しない」行を見て、有意確率両側 p 値の値を判断する（小木曽2012：82）。

62）有意確率（危険率）とは、「偶然」が起こってしまう確率で、一般に0.05以下を有意水準とみなす。

調査で1回ほど母集団の特徴と違う可能性があるものの、ほぼ誤差のないものであることを示す。以上の結果から、CC型タイプの分会をPP型タイプの分会に移行させるには、被評価者セミナーが有効策である、といえる結論となった。

第3節　個別的労使関係の改善が二重帰属満足型の育成に結びつく

　さらに、個別的労使関係の改善がPP型タイプの人々や分会の形成に結びつく可能性を探ってみた。Q27の「上司との関係性や職場運営」に関してのAからHの8つの設問と、Q28の「職場での上司の組織運営」に関してのAからFの6設問を対象にして因子分析（データの背後に潜む説明変数を見つけ出す手法）をおこなった。その結果、個別的労使関係の満足度には2つの因子「上司との人間関係」と「職場の人間関係」が抽出された。その結果が図表4-8である。

　これら2因子に分類された設問を合成して「職場の人間関係」（平均点：4.0682[63]）と「上司との人間関係」（平均点：3.8719[64]）の変数（スケール尺度）を作成し、平均点以上を「良い派」、平均点以下を「悪い派」にカテゴライズした。そして、二重帰属満足度タイプの変数とのクロス集計分析および相関関係分析をおこなった。その結果が次の図表4-9である。

　PP型とCC型の人たちの中での「良い派」と「悪い派」の割合を見れば明確であろう。「職場の人間関係」と「上司との人間関係」の「良い派」に55.9%と53.7%と、PP型タイプが共に高く、CC型タイプが「悪い派」に43.5%と37.0%と、共に高いことがわかる。また、二重帰属満足度との相関関係を見ると、「職場の人間関係」との相関係数が0.448でやや強い相関、「上司との人間関係」との相関係数が0.333でやや弱い相関であるものの、どちらも相関性が有意であることがわかる。

63）「職場の人間関係」の変数への統合にあたり信頼性分析をおこなっている。その結果Cronbachのアルファは0.916を示しており、統合に問題ないことを確認している。
64）「上司との人間関係」の変数への統合にあたっても、同じく信頼性分析をおこなっており、Cronbachのアルファは0.948の値を示しており、統合に問題ないことを確認している。

図表4-8　Q27とQ28の設問による因子分析

回転後の因子行列[a]

	因子	
	上司との人間関係	職場の人間関係
Q27-C.あなたは、上司の人柄を信頼することができる	0.814	0.345
Q27-B.上司は、あなたの意見やアイディアを尊重している	0.770	0.374
Q27-E.上司は、あなたのプライベートを理解し、配慮や応援をしてくれる	0.767	0.314
Q27-G.上司は、仕事とプライベートの両方を充実させ効果的に働くことを推奨してくれる	0.746	0.331
Q27-A.あなたは、上司と気楽に話し合える	0.738	0.329
Q27-D.上司は、あなたの成果や行動を公正に評価している	0.738	0.370
Q28-F.上司は、OJT(仕事をとおしての教育訓練)のために努力してくれている	0.667	0.469
Q27-F.あなたは、上司の仕事が円滑に運ぶように協力している	0.665	0.302
Q28-D.上司は、職場のメンバーに公正な態度で接している	0.658	0.501
Q28-B.みんなが意見を出し合い協力している	0.273	0.854
Q28-C.メンバーの意見や提案を取り入れた職場運営になっている	0.376	0.812
Q28-A.職場のメンバーは、職場運営に自由に意見が言えている	0.407	0.772
Q28-E.職場の雰囲気はよい	0.414	0.699
Q27-H.あなたは職場に満足していますか	0.511	0.515

因子抽出法: 最尤法　　回転法: Kaiser の正規化を伴うバリマックス法
a. 3回の反復で回転が収束しました。

説明された分散の合計

因子	初期の固有値			抽出後の負荷量平方和			回転後の負荷量平方和		
	合計	分散の%	累積%	合計	分散の%	累積%	合計	分散の%	累積%
1	9.036	64.543	64.543	8.707	62.191	62.191	5.623	40.168	40.168
2	1.179	8.421	72.965	0.931	6.649	68.840	4.014	28.673	68.840

因子抽出法: 最尤法

適合度検定

カイ2乗	自由度	有意確率
759.615	64	0.000

出所：筆者作成

　続いて、抽出され2因子（「職場の人間関係」と「上司との人間関係」）が二重帰属満足度に対して相関関係だけでなく因果関係にあるか、確認すべく重回帰分析[65]をおこなった。重回帰分析をおこなうにあたり、従属変数には二重帰属満足度のタイプをカテゴライズするための元データである会社満足度（100点満点）と組合満足度（100点満点）の足し算により合成した二重帰属満足度（200点満点）を用いた。図表4-10がその結果である。

65）重回帰分析とは、複数の原因と結果の関係性を見る分析方法で、原因にあたる変数のことを独立変数（または説明変数）、結果にあたる変数を従属変数（または目的変数）と呼ぶ。

図表4-9 「職場の人間関係良し悪し」「上司との人間関係の良し悪し」 と二重帰属満足度タイプとのクロス集計および相関分析結果

		二重帰属満足度タイプ				合計
		PP型	PC型	CP型	CC型	
職場の人間関係良い派	度数	532	171	123	125	951
	%	55.9%	18.0%	12.9%	13.1%	100.0%
職場の人間関係悪い派	度数	137	66	200	310	713
	%	19.2%	9.3%	28.1%	43.5%	100.0%
	度数	669	237	323	435	1664
	%	40.2%	14.2%	19.4%	26.1%	100.0%

カイ 2乗検定			
	値	自由度	漸近有意確率(両側)
Pearson のカイ 2乗	349.891[a]	3	0.000

		二重帰属満足度タイプ				合計
		PP型	PC型	CP型	CC型	
上司との人間関係良い派	度数	455	148	112	133	848
	%	53.7%	17.5%	13.2%	15.7%	100.0%
上司との人間関係悪い派	度数	214	89	211	302	816
	%	26.2%	10.9%	25.9%	37.0%	100.0%
	度数	669	237	323	435	1664
	%	40.2%	14.2%	19.4%	26.1%	100.0%

カイ 2乗検定			
	値	自由度	漸近有意確率(両側)
Pearson のカイ 2乗	196.964[a]	3	0.000

相関				
		二重帰属満足度	上司との人間関係良悪	職場の人間関係良悪
二重帰属満足度	Pearson の相関係数	1	.333**	.448**
	有意確率 (両側)		0.000	0.000
	度数	1664	1664	1664
上司との人間関係良悪	Pearson の相関係数	.333**	1	.506**
	有意確率 (両側)	0.000		0.000
	度数	1664	1664	1664
職場の人間関係良悪	Pearson の相関係数	.448**	.506**	1
	有意確率 (両側)	0.000	0.000	
	度数	1664	1664	1664

**. 相関係数は1%水準で有意(両側)。

出所:筆者作成

図表4-10　抽出２因子による二重帰属満足度への重回帰分析

モデルの要約

モデル	R	R2乗	調整済み R2乗	推定値の標準誤差
1	.523[a]	0.273	0.272	26.76672

a. 予測値：（定数）、職場の人間関係満足度、上司との人間関係満足度。

分散分析[a]

モデル		平方和	自由度	平均平方	F 値	有意確率
1	回帰	447273.257	2	223636.629	312.142	.000[b]
	残差	1190035.550	1661	716.457		
	合計	1637308.807	1663			

a. 従属変数 二重帰属満足度
b. 予測値：（定数）、職場の人間関係満足度、上司との人間関係満足度。

係数[a]

モデル		非標準化係数 B	標準誤差	標準化係数 ベータ	t 値	有意確率
1	（定数）	61.144	3.425		17.854	0.000
	上司との人間関係満足度	4.582	1.279	0.118	3.583	0.000
	職場の人間関係満足度	15.339	1.181	0.427	12.992	0.000

a. 従属変数 二重帰属満足度

出所：筆者作成

「係数[a]」の表に示された独立変数（「上司との人間関係」と「職場の人間関係」）別の「非標準化係数Ｂ」（「上司との人間関係」：4.582、「職場の人間関係」：15.339）は、他の要因が一定としたときにおける独立変数が１単位増加した時の従属変数（「二重帰属満足度」）の変化量を示している。「標準化係数ベータ」[66]（「上司との人間関係」：0.118、「職場の人間関係」：0.427）は、独立変数間で従属変数に与える影響を比較する場合に、各変数を平均＝０、分散＝１と基準化したときの係数（田窪2009：120）で、「職場の人間関係」が0.427で「上司との人間関係」の0.118より大きいので、より影響力があることがわかる。有意確率も0.000であり0.1％水準で統計的に有意であることが認められる。

　この点から解釈するに、「職場の人間関係」を改善していくという行為が重要であり、またその行為は、労働組合の専売特許の取り組みとしてあるはず。したがって、労働組合という組織は、個別的な労使関係において「職場の人間

---

66) 標準化係数ベータとは、独立変数の効果を示すもので、独立変数の単位が違うと係数の効果の比較ができないので、その単位をそろえて算出し、数値を比較できるようにしたものである（須藤・古市・本田2012：140）。

図表4-11　会社満足度に対する2因子の満足度の構造分析表

F8.所属分会		上司との人間関係満足度	職場の人間関係満足度
a分会	平均値	4.1317	3.9136
Q29.会社に対する総合満足度	Pearson の相関係数	.638**	.696**
b分会	平均値	3.9750	3.7400
Q29.会社に対する総合満足度	Pearson の相関係数	.558**	.510**
c分会	平均値	4.2393	4.0615
Q29.会社に対する総合満足度	Pearson の相関係数	.495**	.605**
d分会	平均値	4.0996	3.8704
Q29.会社に対する総合満足度	Pearson の相関係数	.479**	.672**
e分会	平均値	4.1341	3.9385
Q29.会社に対する総合満足度	Pearson の相関係数	.497**	.513**
f分会	平均値	4.1257	3.9452
Q29.会社に対する総合満足度	Pearson の相関係数	.479**	.504**
g分会	平均値	4.2558	3.9962
Q29.会社に対する総合満足度	Pearson の相関係数	.462**	.450**
h分会	平均値	4.0785	3.8271
Q29.会社に対する総合満足度	Pearson の相関係数	.539**	.623**
i分会	平均値	4.0976	3.9346
Q29.会社に対する総合満足度	Pearson の相関係数	.532**	.634**
j分会	平均値	4.0525	3.9778
Q29.会社に対する総合満足度	Pearson の相関係数	.744**	.799**
k分会	平均値	3.9788	3.7698
Q29.会社に対する総合満足度	Pearson の相関係数	.630**	.663**
l分会	平均値	3.8740	3.7505
Q29.会社に対する総合満足度	Pearson の相関係数	.392**	.608**
m分会	平均値	4.2488	4.0783
Q29.会社に対する総合満足度	Pearson の相関係数	0.283	.615**
n分会	平均値	3.9080	3.5103
Q29.会社に対する総合満足度	Pearson の相関係数	.664**	.813**
o分会	平均値	3.6852	3.6417
Q29.会社に対する総合満足度	Pearson の相関係数	.639**	.489*
単組全体	平均値	4.0682	3.8719
Q29.会社に対する総合満足度	Pearson の相関係数	.540**	.613**

**. 相関係数は1%水準で有意（両側）。

出所：筆者作成

関係」の満足度を高めてPP型タイプの人々および分会を創り出す取り組みのリソースに恵まれ、かつ効果的である組織といえるだろう。特に、典型的なCC型タイプのj、n、oの3分会にて、この面での取り組みが望まれる。

　あわせて、会社に対する総合満足度（100点満点）に対する2因子との相関係数を比較して、2因子のどちらが会社に対する総合満足度（100点満点）を引き上げるにあたって重要度が高いものとなるのか、分会別に見るために、満足度構造分析をおこなってみた。図表4-11と図表4-12はその結果である。

図表4-12　単組全体での2因子間の満足度構造分析図

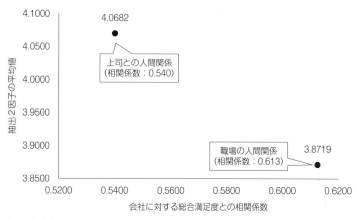

出所：筆者作成

　b、g、oの3分会を除いた12分会と単組全体で「職場の人間関係」を改善することが「会社に対する総合満足度」を高めるにあたり優先順位が高いことが示された。単組全体で「上司との人間関係」と「職場の人間関係」の因子別に見た「会社に対する総合満足度」との相関係数をグラフ化（図表4-12）すると、「会社に対する総合満足度」との相関係数が、「上司との人間関係（0.540）」よりも「職場の人間関係（0.613）」のほうが高いにもかかわらず、「抽出2因子」の平均値と比較すると、「職場の人間関係」の満足度の平均値（3.8719）が「上司との人間関係」の因子の平均値（4.0682）より低いことから、「職場の人間関係」を改善することが「会社に対する総合満足度」を高めるにあたり優先順位が高いことを示している。よって、「職場の人間関係」の改善については、労働組合として主体的にできることが多数あるはずで、ディーセントワークを活動テーマに掲げる労働組合としては、この点を課題認識にした職場での組合活動（自律的職場集団としての分権的な組合活動）の展開が求められるといえよう。

第4節　被評価者セミナーは個別的労使関係を改善させる

　Q24では、「被評価者セミナー『目標管理・人事考課　傾向と対策』は、その後、職場に戻って役立ちましたか」をたずね、「1.はい」もしくは「2.いいえ」の回答を求め、かつその理由を記入してもらった。有効回答数1,664件の中で、「1.はい」と答えた方は310件、「2.いいえ」と答えた方は198件であった。無回答が1,156件であった。

　続いて、Q24-1で、「1.はい」もしくは「2.いいえ」と答えた方にのみに限定し、その内容について記述をお願いしたところ261件の回答となった。上記回答、「1.はい」との回答310件中、記述内容を精査したところ、実際に役に立った内容の記載をしている件数は132件であった。その記述された内容を KJ 法的にまとめると、次のように整理できた。

【チャレンジシートの記入に役立った】44件
【面談に活かせた】16件
【目標設定に役立った】15件
【評価制度への理解が深まった】14件
【自身の振り返りに役立った】10件
【評価基準が理解できた】9件
【上司とのコミュニケーションに役立った】7件
【制度への信頼感が強まった】6件
【仕事の仕方が変わった】5件
【セミナー直後に活用した】5件
【後輩育成に活用した】1件

　Q25では、「職場の同僚で被評価者セミナー『目標管理・人事考課　傾向と対策』」を受けたメンバーに、変化が見られましたか」をたずねたところ、変化を記述していたものは82件であった。[67] その内容を KJ 法的にまとめると、次

---

67) 記入件数は1,664件であったが、82件以外の回答内容を Kh Coder ソフトでキーワード分析したところ、「不明（だ）」という形容動詞が含まれるものが182件、「特に」という副詞が546件、「ない」がつく形容詞が507件、否定助動詞の「ない」が676件あり、大半が「わからない」という記述内容であった。

のように整理できた。

【評価基準が理解できた】20件

【仕事の仕方が変わった】18件

【評価制度への理解が深まった】10件

【自己主張できるようになった】7件

【モチベーションがアップした】6件

【職場のコミュニケーション】6件

【上司との関係が良くなった】6件

【チャレンジシートが記入しやすくなった】6件

【知識が身についた】2件

【改善した理由は不明】1件

　同じく、Q26では、「職場の同僚が被評価者セミナー『目標管理・人事考課傾向と対策』の受講後に、職場の上司と部下との関係に何か変化が見られましたか。どのような変化なのか、気づいた変化をなんでも結構です、お聞かせください」と、上司と部下との個別的労使関係についてたずねた。変化を記述した人は68件であった。その内容をKJ法的にまとめると、次のように整理できた。[68]

【上司との関係が良くなった】38件

【部下の側の変化が見られた】24件

【自己主張しやすくなった】3件

【上司の側の変化があった】1件

【組合への発言が増えた】1件

【セミナー内容の評価】1件

　全体的に見て、少ない記述件数とはなったが、個別的労使関係に変化が確実に起こっていたことが、その記述から読み取れる。被評価者セミナーが、個別的労使関係（「職場の人間関係」と「上司との人間関係」）を改善させるものに貢献しているという事実は明らかといえよう。

68）1,664件の記述の中で68件以外の回答内容をKh Coderソフトでキーワード分析したところ、「不明（だ）」という形容動詞が含まれる176件、「特に」という副詞が551件、「ない」がつく形容詞が531件、否定助動詞の「ない」が644件あり、大半が「わからない」という記述内容であった。

第 5 節　被評価者セミナーは職場での自主管理活動を創り出したか？

　つぎに、被評価者セミナー後に職場で、どのような組合活動が生まれている
か見ていくことにする。Q32から Q38までは、被評価者セミナーを受講した人
に、「あなたが被評価者セミナーで学んだことを、その後職場で、職場メンバー
といっしょに自主的・自律的な活動として取り組んでいることがありましたら、
思いつくままご自由にお書きください」として、日、週、月、4半期、半年、
年、不定期にしていることの「1.ある」「2.なし」をたずね、「2.ある」と回答
した人に、自由に記述してもらったものである。

　Q21で、ユースセミナーで外部講師による被評価者セミナーを受講したと回
答した548人の組合役員に限定し有効記述を見ていくと、次のとおりであった。

「Q32.日単位でしていること」　　　12件
「Q33.週単位でしていること」　　　15件
「Q34.月単位でしていること」　　　28件
「Q35.4半期単位にしていること」　　19件
「Q36.半年単位でしていること」　　26件
「Q37.1年単位でしていること」　　 15件
「Q38.不定期に随時していること」　　19件

　残念ながら、上記の Q32から Q38での記述内容からは、個人として取り組
んでいることなのか、職場集団として自律的に取り組んでいることなのかの、
設問の稚拙さもあり、明確に判断ができないものとなってしまった。そこで多
少なりとも「職場で、職場メンバーといっしょに自主的・自律的な活動として
取り組んでいること」と思われるものだけを抜粋する。なお、掲載にあたり意
味が通じるように、多少の「て・に・お・は」の修正をおこなっている。

Q32.日単位にしていること　12件中 6 件
・チームメンバーが困っていないか、アンテナを張っている
・チーム内担当で雑談を混ぜてディスカッションをおこなっている
・やることの共有

・挨拶、声掛け
・朝MTGでの見通し等の細かい報連相
・目標管理、上司・仲間とのコミュニケーションを自主的に図る

Q33. 週単位でしていること　15件中4件
・前週の振り返り、週末の販売状況の確認、担当内での情報共有、上司への進捗報告
・MTGを定例化することによる報連相
・各ライン担当と課題探求や進捗や状況把握のためディスカッションをしている
・担当ミーティングで各人の進捗状況や情報共有、自身の取り組みや結果報告を実施

Q34. 月単位でしていること　28件中9件
・月間の販売実績・店舗プロセス面振り返り（自身の行動含む）、やりきったこと、やりきれなかったこと（課題）のほりおこし、次月やるべきことの目標設定、上司への結果報告
・月末に、ミーティングで当月の振り返りと課題の洗い出し、次月へ向けての課題への対策等を話し合っている
・チームメンバーと個別にヒアリングし、今後期待している事を伝えたり、現在不満に思っている事を伺い改善に向けた行動をしている
・チーム内ミーティング
・各支社担当と意見交換をしている
・期間の振り返りと成果把握、チームメンバーへの共有を実施している
・月1回ミーティングを行い、業務改善、意識合わせを行い、チームワークの強化につなげている
・上方向へのアウトプット（上司、部門長）はもちろん、メンバーへのフィードバック（評価）を通じてチームワーク、モチベーションの向上に繋げている
・担当内での週間目標と振り返りの打ち合わせ

Q35. 4半期単位でしていること　19件中8件
・半期の販売実績・店舗プロセス面振り返り（自身の行動含む）、やりきったこと、やりきれなかったこと（課題）のほりおこし、次の半期でやるべきことの目標設定
・業務成果の共有や個々の仕事量の調整を打ち合わせている
・高い目標設定と上司・同僚への共有
・自チームの育成方針を確定しメンバーへ共有している

・上司およびチームメンバーと都度目標の確認や進捗のすり合わせ

・相互での意見交換による課題認識の確認

・部署を超えた意見交換会（隔月開催）を、より積極的に取り組むようになった。その後コロナで自粛中。今後はオンラインで開催予定

・部門全体に及ぼしたアクションの振り返り（自分、自担当の役割を再認識するとともに、役割を全う出来たかの PDCA をおこなう）

Q36. 半年単位でしていること　26件中 6 件

・半年間の販売実績・店舗プロセス面振り返り（自身の行動含む）、やりきったこと、やりきれなかったこと（課題）のほりおこし、残り半年でやるべきことの目標設定

・高い目標設定と上司・同僚への共有

・自身の課題や担当の課題解決等が実施できているか確認している

・全国支社担当の意見交換の場を設け実施している

・面談時に自身の業務内容や成果をまとめる際に、セミナーで学んだことを活用している。また、新入社員や若手へアドバイスを送るときに、本セミナーで学んだことを伝えるようにしている

・目標に対する定量的、定性的な成果の確認、特に定量に関してはメンバーや部門と認識を合わせておく事が重要（独りよがりな数字に意味はない）

Q37. 1 年単位でしていること　15件中 2 件

・年間の販売実績・店舗プロセス面振り返り（自身の行動含む）、やりきったこと、やりきれなかったこと（課題）のほりおこし、来年度のやるべきことへの目標設定

・セミナーで学んだことではなく、1 年単位で目標などを職場メンバーと共有している

Q38. 不定期に随時していること　19件中 5 件

・適宜 MGT 等

・上司や仲間が不在時に起きた事象について、タイムリーに報告・連絡・相談を実施。（緊急時）

・担当内で抱えている課題に対して、意見を出し合い解消に向けて取り組んでいます

・必要に応じてチームミーティング

・風通しのよい職場に向けての工夫点

　以上の記述からわかるとおり、個人としての取り組みなのか、職場集団としての自律的な取り組みなのか、明確に判断することはできなかった。そこで、上記記述者の中に、再質問を認めるべく「氏名」「メールアドレス」を記入した人が20人いた。20人という数か多いか少ないかの判断は別にして、後のメール・インタビュー調査に、期待をつなぐことができた。しかし、その前に、担当課長に対するアンケートにも同じ設問が入っており、上司としての視線のほうが確かな職場観察がされているはずなので、次章にてそれを見ていくことにする。

第5章

管理職アンケート分析

　本章の目的は、A労働組合の組合員でもある管理職の担当課長が、被評価者セミナー（被考課者訓練）受講後の部下の言動の変化を、どのように認知しているかを明らかにすることである。個別的労使関係での事柄なので、前章で述べた組合役員アンケートだけではつかみきれない可能性があることを想定しての実施であった。

　第1節では、図表5-2で示したように、部下の言動の変化を感じた管理職は、表右側列の有効パーセントの値を見ると、4.4%（5人）から9.9%（11人）であったことをとりあげる。この値を高いと見るか、低いと見るかの意見は分かれるところであろう。しかし、見田（1979）の指摘[69]から判断すれば、有力な実態データであるということができよう。なぜ、このように推測するかというと、回答を寄せた管理職が、現在の職場に配属されて、そこでセミナー受講の前と後の部下の言動を直接比較できないかぎり、つまり、セミナー受講後の部下しか見たことがなければ、変化はないと見るのが普通であろうからである。第2節では、8人の担当課長の記述に見られた内容から、被評価者セミナーは管理職自身の育成にもなっていることを示す。そしてさらに、評価する側の悩ましい課題も示されていたことを明らかにする。

69）見田（1979）では「活火山はけっして地表の『平均的』なサンプルではない。しかし活火山からは噴出した溶岩を分析することをつうじて、地殻の内部構造を理解するための有力な手掛かりが得られるのである。極端な、あるいはむしろ例外的な事例が、多くの平常的な事例を理解するための、いっそう有効な戦略データとなることは、自然科学においてさえも多く見られる」（pp.160-161）と述べている。

第1節　部下側の上司に対する言動は変化

　今回のアンケートの対象者となったのは、A労働組合の組合員である担当課長（対象者数は実在者の20％のランダムサンプリング）に対して、アンケートの趣旨を組合役員から説明して協力を求めた。2020年11月24日から12月4間に実施されたWebアンケートにおいては、219人の有効回答が寄せられた。[70]

　有効回答の担当課長（組合員）の属性は図表5-1のとおりである。

　その中で、ユースセミナーにおける被評価者セミナーを受けた部下に、目標管理・人事考課制度での面談や日常の仕事の仕方等に変化が見られたかどうかを問うている。図表5-2はその結果である。

　Q24　A-1〜E-1までは面談の仕方にどのような変化が感じられたか、Q25 A-1〜C-1までは面談以外においてどのような変化を感じたか、をたずねたものである。システム欠損値とは無回答者を意味する。

　被評価者セミナー受講後の部下の変化を認知した管理職は、有効パーセントを見ると、4.4％から9.9％である。219人の総有効回答者の担当課長の中から、被評価者セミナーの受講後の部下に、変化を感じたとの内容を記述してくれた人は8人であった。以下、その内容をリストアップする。複数回答なので、総回答数は解答人数の8人を上回る記述となっている。

「Q24.A-1『事前準備』の変化→ A-2　どんな変化を感じましたか」に対しては、
・きちんと具体的かつ簡潔に内容をまとめているように感じた

「Q24.B-1『期首面談』の変化→ B-2　どんな変化を感じましたか」に対しては、
・具体的かつ簡潔に伝えられるように意識し、自分の考えや「こういうことをしたい」などの思いも伝えようとする姿勢が感じられた
・目標達成にむけて自分に何ができるか、何をするべきか主体的に考えていた

70）ランダムサンプリングした205人に対しQRコードを配布（アンケートURLを案内）してアクセスして回答いただく形式をとった。アンケートの話を横伝えに聞いて参加した人が出たためなのか、回答者が配布者数を上回った。

図表5-1　属性

記述統計量

	度数	最小値	最大値	平均値	標準偏差
F2 年齢（2020年10月1日現在）	219	21	57	45.25	4.112
F3-1 勤続年数（派遣期間含む）	219	1	38	21.35	4.584

F1 性別

		度数	有効パーセント
有効	男	192	87.7
	女	27	12.3
	合計	219	100.0

F3-2 組合加入年数

		度数	有効パーセント
有効	6〜10年目	5	2.3
	11〜15年目	12	5.5
	16〜20年目	82	37.4
	21〜25年目	94	42.9
	26年以上	24	11.0
	わからない	2	0.9
	合計	219	100.0

F8 組合役員経験

		度数	有効パーセント
有効	過去分会役員をしたことがある	61	27.9
	過去部会役員をしたことがある	38	17.4
	組合役員の経験はない	120	54.8
	合計	219	100.0

出所：筆者作成

「Q24.C-1『中間面談』の変化→ C-2　どんな変化を感じましたか」に対しては、
・客観的に現状の進捗状況や成果・課題などを捉え、今後どう進めていくかなども前向きに検討しているように感じた

「Q24.D-1『期末面談』の変化→ D-2　どんな変化を感じましたか」に対しては、
・そのような成果につながったかを考え、きちんと伝えるように意識しているように感じた

「Q24.E-1『フィードバック面談』の変化→ E-2どんな変化を感じましたか」に対しては、
・「なにかアドバイスはありますか」など積極的に質問し、成長しようとする姿勢を感じた

図表5-2　被評価者セミナー受講者の変化

Q24 A-1「事前準備」の変化

		度数	パーセント	有効パーセント
有効	変化を感じない	108	49.3	95.6
	変化を感じた	5	2.3	4.4
	合計	113	51.6	100.0
欠損値	システム欠損値	106	48.4	
合計		219	100.0	

Q24 B-1「期首面談」の変化

		度数	パーセント	有効パーセント
有効	変化を感じない	106	48.4	95.5
	変化を感じた	5	2.3	4.5
	合計	111	50.7	100.0
欠損値	システム欠損値	108	49.3	
合計		219	100.0	

Q24 C-1「中間面談」の変化

		度数	パーセント	有効パーセント
有効	変化を感じない	105	47.9	95.5
	変化を感じた	5	2.3	4.5
	合計	110	50.2	100.0
欠損値	システム欠損値	109	49.8	
合計		219	100.0	

Q24 D-1「期末面談」の変化

		度数	パーセント	有効パーセント
有効	変化を感じない	104	47.5	95.4
	変化を感じた	5	2.3	4.6
	合計	109	49.8	100.0
欠損値	システム欠損値	110	50.2	
合計		219	100.0	

Q24 E-1「フィードバック面談」の変化

		度数	パーセント	有効パーセント
有効	変化を感じない	103	47.0	94.5
	変化を感じた	6	2.7	5.5
	合計	109	49.8	100.0
欠損値	システム欠損値	110	50.2	
合計		219	100.0	

Q25 A-1「報告・連絡・相談」の変化

		度数	パーセント	有効パーセント
有効	変化を感じない	100	45.7	90.1
	変化を感じた	11	5.0	9.9
	合計	111	50.7	100.0
欠損値	システム欠損値	108	49.3	
合計		219	100.0	

Q25 B-1「仕事へのモチベーション」の変化

		度数	パーセント	有効パーセント
有効	変化を感じない	107	48.9	94.7
	変化を感じた	6	2.7	5.3
	合計	113	51.6	100.0
欠損値	システム欠損値	106	48.4	
合計		219	100.0	

Q25 C-1「同僚とのコミュニケーション」の変化

		度数	パーセント	有効パーセント
有効	変化を感じない	105	47.9	94.6
	変化を感じた	6	2.7	5.4
	合計	111	50.7	100.0
欠損値	システム欠損値	108	49.3	
合計		219	100.0	

出所：筆者作成

　以上6件、面談時の部下の変化について報告されていた。面談以外での部下の変化については下記の9件の報告がされた。

「Q25.A-1『報告・連絡・相談』の変化→ A-2　どんな変化を感じましたか」に対しては、
・簡潔にわかりやすく伝えようとする姿勢を感じた。途中の段階できちんと報告・相談するように意識しているように感じた
・自己開示、傾聴
・トラブル発生に関する状況報告で対策案に関する自分の意見を進んで説明できる
・ホウレンソウがいかに大事かわかったようです
・コミュニケーション向上のためミーティング方法を変更し、メンバーの意識が少し変わった
・適宜実施するようになった

「Q25.B-1『仕事へのモチベーション』の変化→ B-2　どんな変化を感じましたか」に対しては、
・意欲的かつ効率的に取り組む姿勢が感じられた

「Q25.C-1『同僚とのコミュニケーション』の変化→ C-2　どんな変化を感じましたか」に対しては、
・周囲にも自分の意見などをきちんと伝えようとする姿勢が感じられた。積極的かつ一人称で業務ができるように意識して取り組んでいるように感じた
・今まで以上に意識して取り組んでいる

　以上の管理職の記述は、部下の言動を被評価者セミナーの受講前と後とを比

図表5-3　被評価者セミナーは職場に戻って役立ったか（組合役員アンケート）

Q24.（設問Q20で「1.はい」と答えた方に）
「被評価者セミナー『目標管理・人事考課　傾向と対策』」は、
その後、職場に戻って役立ちましたか。

		度数	パーセント	有効パーセント	累積パーセント
有効	はい	310	18.6	61.0	61.0
	いいえ	198	11.9	39.0	100.0
	合計	508	30.5	100.0	
欠損値	システム欠損値	1156	69.5		
合計		1664	100.0		

出所：筆者作成

較して、明らかな変化が見られたことによる記述である。そういえるのは、同時期におこなわれた部下側のアンケートにあたる組合役員アンケートから、図表5-3が示すように、Q24の設問の「被評価者セミナーは、その後、職場に戻って役立ちましたか」に対する回答が、「はい」が61.0％になることからも、その変化の可能性は明らかであろう。

　また、被評価者セミナーは2003年から始まってものであり、現在までの17年間の取り組みであること、かつ、組合加入2年目に実施されたものであること、さらに、図表5-4の合計が示すとおり組合加入年数が6年目以上の人が6割を超えていることから判断すると、被評価者セミナーの受講後、かなりの年数が経過してからのアンケート回答であることがわかる。にもかかわらず、被評価者セミナー受講者の61％が、「その後、職場に戻って役立った」としている。このような回答状況から推測されることは、部下の側の上司に対する言動はかなり変化した、と判断しても間違いはないであろう。

　なぜ、このように判断するかというと、回答を寄せた管理職が、現在の職場に配属されて、そこでセミナー受講の前と後の部下の言動を直接比較できないかぎり、つまり、配属先でセミナー受講後の部下しか見たことがなければ、変化はないと見るのが普通であろうからである。

　あわせて、被評価者セミナー受講後の部下の変化を認知した管理職が、4.4％から9.9％であったという値が、近年のプレーイングマネージャー化した管理職の乏しい部下観察力に依拠したものであると推測するならば、実際の部下側の言動の変化の割合は、もっと高い値を示している、と考えられる。なぜなら

図表5-4　「Q24.被評価者セミナーは、その後、職場に戻って役立ちましたか」
　　　　と「F3-2.組合加入年数」のクロス表（組合役員アンケート）

		1〜5年目	6〜10年目	11〜15年目	16〜20年目	21〜25年目	26年以上	わからない	合計
				F3-2.組合加入年数					
はい	度数	116	150	28	9	2	1	4	310
	%	37.4%	48.4%	9.0%	2.9%	0.6%	0.3%	1.3%	100.0%
いいえ	度数	81	79	25	7	3	0	3	198
	%	40.9%	39.9%	12.6%	3.5%	1.5%	0.0%	1.5%	100.0%
合計	度数	197	229	53	16	5	1	7	508
	%	38.8%	45.1%	10.4%	3.1%	1.0%	0.2%	1.4%	100.0%

出所：筆者作成

ば、管理職の部下観察力に問題がなければ、人事考課制度に対する部下側から
不満の声が聞かれることなどないであろう、というものである。

第2節　被評価者セミナーは管理職の育成にも貢献する

　以下は、担当課長が過去に被評価者セミナー（被考課者訓練）を受講して、
その後に「Q23.（被評価者セミナー受講者に）どのような場面で役に立っている
と感じますか」と、自身の活用の仕方を尋ねたところ、8人から寄せられた内
容である。

・面談の仕方　日常のコミュニケーション
・人事考課の面談において、部下が上司に対して「いかに自分を売り込むか」とい
　う点が重要だと感じているので、その点を伝えるようにしている
・評価面談の際などに納得性を意識して臨めた
・面談者への説明の仕方等で役立っている
・面談時に注意すべき点を思い出させてくれる
・事前準備の上で、公平な立場で面談実施をおこなう
・目標設定の考え方
・意義を持って部下と向き合える土台となっています

　これらの回答から、被評価者セミナーは管理職の育成にも貢献していること
がわかる内容となっている。

　本章の最後に、「Q26.以上の他に、評価制度や面談等に関連して、ご意見・ご要望等がございましたら、ご記入ください」の問いに対して、寄せられた6人の意見を紹介する。評価制度は設計・決定者と運用者の違いだけでなく、運用者間の理解力・運用力の格差も大きく、さらに、全社共通の評価基準と職種や職場の違いによる、達成すべき仕事の成果や遂行課程で重視すべきことが違うので、全社共通の評価基準で公平・公正に判断することの難しさや、評価者の悩ましさが垣間見られる。

・評価枠の人数が業務内容よりも所属する組織人員構成に影響を受ける傾向は見直した方が組織の活性化に良いと考えます
・各部門の評価が会社の昇格昇進の判断に直結しないのはおかしいと感じる。リモートワークが主体となり、どれだけアウトプットが出せたかが評価に直結してくると感じています。極端な話、過程でどんなにがんばっていてもアウトプットが伴わないと結局何もしていないように周りから見られてしまうようなこともこの半年で出てきています。評価制度の見直しも必要になってくると感じています
・コンピテンシー関連の取り組みに関し、有効性に疑念を感じます。正直、絵に描いた餅としか感じず、稼働の無駄遣いと考えています。特に、キャリア後半の社員に対しては、いまさら何を開発するのかと感じています。入社5年目までぐらいの社員限定で実施してはどうでしょうか。入社2年目の社員は、まだ評価の営みに慣れていないので、変化を比較する対象が無いですね。最初から「そういうものだ」と認識して取り組んでいるので、そもそも本人は「変化した」との認識は持っていないと思います。もし『このような変化にしっかり対応（組合員の不安・不信の解消を）すべく』とのことであれば、既存の組合員に対してセミナーを実施した方が『変化』を伝える価値がありますね
・面談する側に立って、面談する側の準備も大切だと思うようになったが面談する側は準備しっかりできていないのではないかと思う
・昇進試験におけるポイントが全く開示されておりませんので、ポイントがあると良いと思います。評価制度で級に関しては総合評価やアセスメント研修等、総合的になされていると聞いているが、一担当課長からは基準等がわかりづらく、また先輩管理職の方からの口頭による伝授でしか知ることができない。今後、社員への説明が難しいケースも出てくると想定している。すべてを開示することは難しいと思うが、可能な範囲で評価基準を開示してもらえると社員への説明もスムーズにできるのではないかと考えています

・評価に関して枠が決まっているため、業績を上げても等しく評価できていない感じがする

　このように、いかに部下評価が難しい問題で、制度的にもまだまだ改善の必要性があるにしても、評価制度を当然とする日本の労使関係において、かつ、賃金・人事制度が成果主義によって個別化されている現実を直視するならば、目標管理・人事考課制度を通しての個別的労使交渉・協議は避けて通れない現実問題である。また、このような問題を内包した目標管理・人事考課制度を通しての個別的労使交渉・協議の場で、個々人の処遇の大半が決まる時代であるから、この個別的労使関係における交渉・協議力（発言力）を強化する取り組みが、今日における労働組合活動の中で最重要視されるべきものであろう。

　換言すれば、集団一律的ベースアップが困難となったポスト春闘の時代は、労働組合としてすべきことは、個別労使交渉・協議の実態をしっかりと把握し、かつ個別労使交渉・協議に臨む組合員一人ひとりの交渉・協議力（発言力）を育成・バックアップすることであろう。あわせて、評価制度運用上の問題点が見られたならば、管理職個々人の対処にまかせるのではなく、システム的にも改善していく取り組みも不可欠である、といえるだろう。

第6章
組合員アンケート分析の結果

　本章の目的は、わが国企業における成果主義的な賃金・人事制度への転換によって導入された目標管理・人事考課制度の面談が、個人レベルでのフォーマルな個別労使交渉および個別労使協議となっており、そして、それが職場・個人レベルでの経営参加でもあることを明らかにすることにある。この個別労使交渉・協議を補完するシステムが、課・係・班レベルにおける全員参加の職場懇談会等であり、それらによって職場に自律的職場集団が形成されている可能性を示す。また、そうした職場の自律的集団が、心理的契約の更新を図るなど、企業別組合ならではの新たな規制力となっている可能性の示唆を目的にしている。

　本組合員アンケートは、調査研究の対象としてきたA労働組合の分会の中から、関東甲信越地域をエリアとするk分会（組合員：約4,500人、2021年5月末日現在）において、2021年6月9日〜23日間にかけて、Webアンケートで実施した。方法は、分会ニュースにて全組合員にWebアンケートのURコードを送付して、回答してもらう方法をとった。有効回答数は394件であった。

　第1節では、回答してくれた394人の実像を明らかにする。と同時に、回答組合員が果敢に目標管理・人事考課制度の各面談を、個別労使交渉・協議の機会や場として活用している実態と、職場で自律的集団を形成し、自主管理活動をおこなっている可能性を明らかにする。あわせて、回答組合員が働き方や会社および組合をどのように評価しているのかを明らかにする。第2節では、面談に関する合成変数をさらに統合して個別労使交渉・協議力（発言力）という変数にして、その高低別に差のt検定をおこなって、個別労使交渉・協議力の高い人が、働き方や会社や組合に対する評価因子等も高い人たちであることを明らかにする。また、共分散構造分析（パス解析）によって、模範的働き方や

労働成果、二重帰属満足度に結びついていく因果関係を明白にする。さらに、WLB 満足度の高低や時間外労働の長短別に見ると、それらが労働成果と結びついていない実態にあることも明らかにする。そして、二重帰属満足度には組合との心理的契約が強く影響しており、組合との心理的契約の満足度の高い人たちが PP 型で、低い人たちが CC 型であることや、目標管理制度や人事考課制度の納得度と二重帰属満足度 4 タイプとが対応していることなどを示す。第 3 節でも、共分散構造分析（パス解析）によって、職場の自主管理度の高い人たちが、働き方や会社や組合に対する評価度因子等を経由して、二重帰属満足度や労働成果に結びついていく因果関係の経路を確認する。そして、個別労使交渉・協議力と職場の自主管理度という 2 つの変数から、個別的労使関係での上司との関係や、目標管理・人事考課制度満足度[71]、そして組合活動満足度から組合との心理的契約度を経由して、二重帰属満足度と労働成果に結びついていく因果関係を明確にする。

第 1 節　目標管理・人事考課制度の面談は個別労使交渉・協議になっている

（1）　回答組合員の実像

　回答者の属性は図表6-1および図表6-2の通りである。分会組合員のランダムサンプリングを目指したことと、個人情報保護法の観点等から、組合役員アンケートのように組合から会社に登録されている個人のメールアドレスに直接アンケート回答先の URL を送付して回答依頼することができなかった。分会ニュースにその URL を記入して、それを組合員に読み取ってもらい Web アンケートへアクセスしてもらう方法をとったことからか、分会組合員数約4,500人でありながら、有効回答数が394件（有効回答率8.3%）となってしまった[72]。性別、年代、会社職位は実構成割合（図表6-1の右側に表示）とほぼ同じであっが、回答者に占める現在組合役員が38.6%で、過去役員経験者を含めると61.9%と

71）ここでの目標管理・人事考課制度の満足度とは、Q3-2-1の目標管理制度の運用への納得度とQ3-2-2の人事考課制度の評価への納得度との 2 設問を統合（合成）して変数化したものである。

図表6-1　回答者の属性

F2.性別

		度数	有効パーセント	実構成割合	
有効	男	258	65.5	男	66.0%
	女	122	31.0	女	34.0%
	答えたくない	14	3.6		
	合計	394	100.0		

F3.年齢

		度数	有効パーセント	実構成割合	
有効	20代	43	10.9	20代	10.6%
	30代	104	26.4	30代	22.0%
	40代	176	44.7	40代	42.0%
	50代	65	16.5	50代	20.5%
	60代	6	1.5	60代	4.8%
	合計	394	100.0		

F6.組合役職経験

		度数	有効パーセント
有効	役員経験なし（組合員のみ）	150	38.1
	過去役員経験あり	92	23.4
	現在組合役員（班長・職場委員）	73	18.5
	現在組合役員（部会・分会役員）	79	20.1
	合計	394	100.0

F7.会社職位

		度数	有効パーセント	実構成割合	
有効	一般	270	68.5	一般	61.2%
	主査	102	25.9	主査	27.8%
	担当課長	5	1.3	担当課長	4.7%
	その他	17	4.3	その他	6.3%
	合計	394	100.0		

F8.会社職種

		度数	有効パーセント
有効	事務	105	26.6
	営業・サービス	78	19.8
	技術	181	45.9
	その他	30	7.6
	合計	394	100.0

出所：筆者作成

なっている。

---

72) ユニオンショップの労働組合ではほぼ問題なく組合員の会社のメールアドレスにアンケート回答先の URL を送付できるのに、オープンショップの労働組合であるために他の労働組合との平等性や個人情報保護法等を考慮して、それができない難しさを実感することになった。さらに、共分散構造分析にあたっては、分析上欠損値のあるデータを除かざるを得ないために、サンプル総数は242件となっている。

図表6-2 勤続年数と組合加入年数

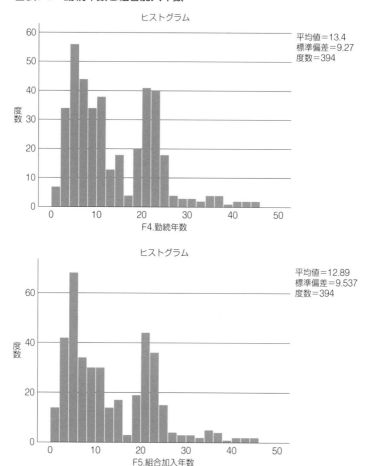

出所：筆者作成

　したがって、アンケートの回答が組合理解者で占められている可能性が十分に推測される。通常の組合員意識アンケートでは、このような回答状況では、とても母数を正しく反映したものとは言えないサンプルで、アンケートは失敗ということになり、かつ、このデータで分析をしていくことは適切でないものとなろう。しかし、本アンケートでは、組合員全体の傾向をつかむことより、

図表6-3　勤続年数の長短と心理的契約度の高低のクロス集計

			心理的契約度高低		合計
			低い(平均以下)	高い(平均以上)	
勤続年数長短	短(平均以下)	度数	109	108	217
		%	50.2%	49.8%	100.0%
	長(平均以上)	度数	101	63	164
		%	61.6%	38.4%	100.0%
合計		度数	210	171	381
		%	55.1%	44.9%	100.0%

カイ 2乗検定

	値	自由度	漸近有意確率 (両側)
Pearson のカイ 2乗	4.868[a]	1	0.027

出所：筆者作成

前章で明らかとなった、少数派ながらも取り組まれている目標管理・人事考課制度面談を逆活用しての個別労使交渉・協議や、職場での自主管理活動の実態を明らかにすることを主たる目的としているので、回答者に組合役員の割合が高く、一般組合員層でも組合活動理解者で占められている偏ったデータである可能性があることは問題にならず、むしろ個別労使交渉・協議を積極的におこなっている確率の高い人々であることが想定されるので、むしろその実態を明らかにするのに好都合の人々であると考え、分析をそのまま進めた。

　勤続年数と組合加入年数は、図表6-2に示されたとおり、ほぼ同形態を示しており、入社と同時に組合加入していることが読み取れる。ただし、勤続年数と組合加入年数のヒストグラム図形が、ふたこぶ型になっていることから、分析にあたって勤続の長短で明らかな意識の違いが見られるのか、データを事前に勤続の長短で分けて分析すべきか、そのまま全データで分析を進めてよいものなのかを確認する必要が出た。

　そのため、勤続年数の平均年齢で長短に分けた変数で、後述する22の合成変数を平均値での上下で高低別に分け、クロス集計して違いが出るか見てみた。その結果、唯一有意となり違いが出るのは、勤続年数の長短と心理的契約度の高低とのクロス集計のみであった（図表6-3）。その他の21の変数とのクロス集計はすべて有意水準とはならなかったため、これ以降の分析にあたって勤続年

図表6-4　被評価者セミナー受講の有無

Q1-1.ユースセミナーの
「被評価者セミナー『面談のプロフェッショナルになろう』」
を受けたことがありますか

		度数	パーセント	有効パーセント	累積パーセント
有効	はい	104	26.4	26.8	26.8
	いいえ	284	72.1	73.2	100.0
	合計	388	98.5	100.0	
欠損値	システム欠損値	6	1.5		
合計		394	100.0		

出所：筆者作成

　数の長短でデータを分けることなく進めることにした。

　そして、唯一有意水準となった勤続年数と心理的契約度の関係も、図表6-3に示されたように、勤続年数の長短に関係なく、心理的契約度の低い人の割合が50.2%と61.6%と大きく、心理的契約度の高い人たちの割合が49.8%と38.4%と小さいという結果からも、今回の回答組合員の回答データを、勤続・組合員年数に示されたふたこぶ型別に見ていく必要はないものと判断した。

　つぎに、当該 A 労働組合が2003年から始めた被評価者セミナーの受講の有無（図表6-4）を確認する。

　組合加入年数の平均が12.89年で、かつ被評価者セミナーは、2007年以降は連続14年間開催されていることから、半数以上は受講しているはずであるのに、「いいえ」との回答者が72.1%を占めている。この結果は、回答組合員たちは被評価者セミナーを忘れているとみて間違いないであろう。

　さらに、被評価者セミナー受講を記憶していた26.4%、104人に、被評価者セミナーの効果について、図表には示さなかったが、次の3設問の回答を2分類した。Q1-2-1「目標管理・人事考課制度への不安は解消しましたか」の5件尺度法の回答に対して、「1.解消した」と「2.だいたい解消した」を足した「解消派」が47.1%、「3.どちらともいえない」をそのままにして、「4.どちらかというと解消しない」と「5.全く解消しない」を足した「未解消派」が10.6%であった。同じ方式で計算して、Q1-2-2「目標管理・人事考課制度の理解度は深まりましたか」の回答を見ると、「深まり派」が60.0%で、「未深まり派」が5.0%となった。Q1-2-3「目標管理・人事考課制度にどのように対処すべきか

図表6-5　直近3か月の時間外労働時間の平均回答

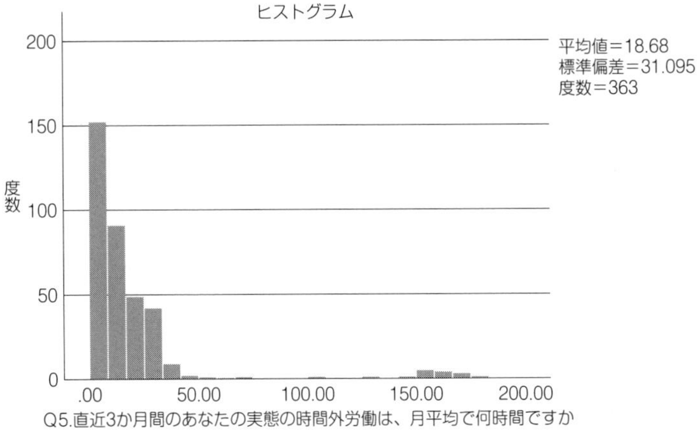

ヒストグラム

平均値＝18.68
標準偏差＝31.095
度数＝363

度数

Q5.直近3か月間のあなたの実態の時間外労働は、月平均で何時間ですか

出所：筆者作成

わかりましたか」については、「対処策判明派」が54.0％で、「対処策不明派」
が11.0％であった。これら3設問の回答からも、被評価者セミナー（被考課者
訓練）の効果が示されたといえよう。

　回答者の直近3か月間の時間外労働の最小は0時間、平均は18.68時間、最
大は175時間であった。図表6-5に示したとおり、少数ではあるが月の時間外労
働が100時間を超える者が16人（4％）いた。

　Q7「会社に対する総合満足度は100点満点で何点ですか」の平均点は69.88
（標準偏差：18.845）であった。ヒストグラム化すると、図表6-6のようになる。
Q9「組合に対する総合満足度は100点満点で何点ですか」の平均点は72.50（標
準偏差：19.337）であった。ヒストグラム化すると、図表6-7のようになる。

　一般に組合員全体で見た場合は、組合満足度より会社満足度のほうが高いこ
とがよく見られる傾向である。前段調査の組合役員アンケートも、有効回答率
が83.3％であったことから、同じ傾向を示したものと思われる。しかし、今回
の組合員アンケートでは、組合満足度が会社満足度よりも高いという特異性が
見られた。これは、有効回答率が1桁台という回答状況の中での組合役員や一
般組合員だとすれば、回答者に組合理解者が多かったことがこの点からも十分

図表6-6　会社に対する満足度

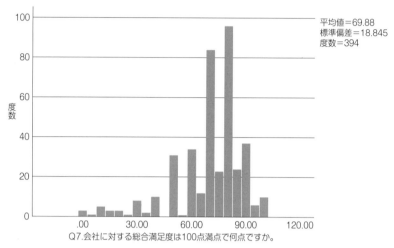

平均値＝69.88
標準偏差＝18.845
度数＝394

Q7.会社に対する総合満足度は100点満点で何点ですか。

出所：筆者作成

図表6-7　組合に対する満足度

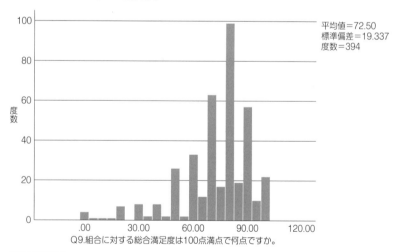

平均値＝72.50
標準偏差＝19.337
度数＝394

Q9.組合に対する総合満足度は100点満点で何点ですか。

出所：筆者作成

図表6-8　二重帰属満足度 4 タイプ

会社満足度

		度数	有効パーセント
有効	P型	279	70.8
	C型	115	29.2
	合計	394	100.0

二重帰属満足度4タイプ

		度数	有効パーセント
有効	PP型	190	48.2
	PC型	89	22.6
	CP型	34	8.6
	CC型	81	20.6
	合計	394	100.0

組合満足度

		度数	有効パーセント
有効	P型	224	56.9
	C型	170	43.1
	合計	394	100.0

出所：筆者作成

に推測される。

　会社満足度平均点69.88より上を P 型、以下を C 型にし、組合に対する満足度の平均点72.50より上を P 型、以下を C 型にして、PP・PC・CP・CC 型 4 タイプをカテゴライズした結果が図表6-8である。

　前段の組合役員アンケートでは、k 分会は弱い PP 型（PP 型が36.3％、CC 型が30.6％）であった。しかし、今回の組合員アンケートでは、強い PP 型（PP 型が48.2％で CC 型の20.6％の 2 倍強）であることが示された。この結果からも、今回の回答者に組合理解者が多かったと判断してよいだろう。

　ただし、図表6-6と図表6-7のヒストグラムの分布に見られるように、平均点から100点までの範囲で平均点以下を見ると、その範囲以下になる（正規分布型の範囲から外れている）不満派が、会社満足度では40点未満が26人（6.6％）、組合満足度では45点未満が32人（8.1％）の存在が気にかかる。しかし、この点も尾高（1995）が言うところの CC 型の中に見られる高学歴者に多い建設批判型、すなわち本来的には高い帰属性をもつが、同時に理想や期待も一般の人々よりも高く、このため会社または組合の現状に対して批判的でありうる（尾高1995：36）人たちならば、考察に大きく影響するものではないだろう。

(2)　目標管理・人事考課制度を通しての個別労使交渉・協議の実態

　それでは、ここから全体単純集計の結果を見ていくことにするが、表の先頭の【　】内に示した名称は、各面談等の設問を合成して作った合成変数の呼び

名である。名称の右横に（　）内に表示した値は、信頼性分析の結果である。統合した設問が互いにどれだけ関連しているのかを判別し、反復性の全体的な指標や尺度全体の内部的な一貫性を確認した結果の、その信頼度を表す「Cronbach の α」である。すべての変数は0.7以上あり、合成に問題ないことを確認した。さらに分析上、それらの合成変数の平均点以上と以下とにカテゴライズした名義尺度の変数も作成した。名称の最後に「高低」をつけて、スケール尺度の合成変数と区別している。

　本アンケートの一番のねらいは、目標管理・人事考課制度での各面談が、個別労使交渉・協議となっているかどうかを見ていくものである。そのために、本アンケートでは、組合員がどのような面談をおこなっているのか、その面談が個別労使交渉・協議となっているのか、それが明らかになるように設問に工夫を凝らしている。労組主催の被評価者セミナー（被考課者訓練）では、期首面接にあたりどのような事前準備をして臨むべきかから始まって、フィードバック面接までの各面談時に、上司と必ず話し合い、確認しておくべきことや、その際に要望すべきこと、さらには期中に上司と取っておくべきコミュニケーション事項について、組合員に教示していた。その教示内容を、実際に職場に戻って各人が実践しているかを確認していく、という設問である。したがって、これから紹介する【事前準備】から【フィードバック面接】の設問への答えを見ていくことで、活用度が高ければ高いほど、面談が個別労使交渉・協議になっていることを示す。さらに、その回答結果をわかりやすくするために、5件尺度法の回答を、「5.出来ている」と「4.まあまあ出来ている」を加算して「活用派」に、「3.どちらともいえない」をそのままにして、「2.あまり出来ていない」と「1.全く出来ていない」を加算して「未活用派」として割合を計算して示している。

　図表6-9の設問は、目標設定面接に臨むに当たり、目標が上司からの押し付けにならないように対処しているのか、目標設定を自律的・能動的におこなう用意をしているのか、期首の目標設定面接という個別労使交渉・協議に臨む準備を整えているのか、を問うものである。「Q2-1-10目標設定にあたり、抽象的な目標（…を図る、推進する、徹底する等）を排除している」の活用派が43.7％、「Q2-1-13目標設定の事前準備は、職場の仲間と共同しておこなっている」の

図表6-9 【事前準備】（α＝0.920）

設問	活用派 %	未活用派 %
Q2-1-1目標設定する前に、上司から自部門、自担当の課題・目標の説明を受けている	89.5	4.4
Q2-1-2目標設定にあたり、上司(職場)の目標との整合性のある(部分化・連鎖している)目標を設定している	91.0	2.8
Q2-1-3目標設定にあたり、目標の数量化や状態基準(コストダウン、時間短縮、ミス件数削減など)にしている	78.1	5.4
Q2-1-4目標設定にあたり、目標の達成方法(手段・方法)・スケジュールまで検討している	77.1	7.5
Q2-1-5目標設定にあたり、目標達成に予想されるリスクの想定と対策を織り込んでいる	55.8	17.5
Q2-1-6目標設定にあたり、立てた目標の重要度や難度を明らかにしている	72.2	8.2
Q2-1-7目標設定にあたり、立てた目標の優先順位や力配分(ウエイト)をつけている	86.3	4.9
Q2-1-8目標設定にあたり、目標の階層化(日常目標・改善目標・革新目標)がつけられている	56.2	18.6
Q2-1-9目標設定にあたり、行動評価にも結びつく業績目標を準備している	69.6	8.8
Q2-1-10目標設定にあたり、抽象的な目標(…を図る、推進する、徹底する等)を排除している	43.7	22.6
Q2-1-11目標設定にあたり、自分の能力成長目標にもなっている	69.1	9.8
Q2-1-12設定した目標の達成に必要な労働時間(年間や月毎)の見通し・計画を立てている	49.9	26.2
Q2-1-13目標設定の事前準備は、職場の仲間と共同しておこなっている	44.5	29.8
合計平均	67.9	12.8

出所：筆者作成

活用派が44.5％とやや低いものの、活用派の合計平均が67.9％で、事前準備をしっかり整えていることが示されている。

　図表6-10は、期首面接がどのようにおこなわれているのかを明らかにする設問である。「Q2-2-12目標達成にあたり必要とする労働時間（年間や月毎）の妥当性等について話し合っている」の活用派47.7％（未活用派は32.5％）を除いて、その他の設問での活用派の割合は60％を超えていて（全平均は64.6％）、未活用派の全平均12.7％を上回り、期首面接が個別労使交渉・協議の実態にあることが理解される。

　図表6-11は、目標管理の期中での上司とのコミュニケーションはどのようにおこなっているのか明らかにする設問である。目標管理で重要なことは、どのような組織や人であっても、立てた計画が予定どおりに進むことは、あり得ないことである。そのため、その過程で計画の調整・変更できるローリングプランにすることが求められる。そして、上司や同僚から支援を得られる環境にし

図表6-10 【期首面接】（α＝0.929）

設問	活用派 %	未活用派 %
Q2-2-1設定した目標が、上司（職場）目標のブレークダウンしたものであることを伝えている	83.8	4.1
Q2-2-2設定した目標が、自分の能力やレベルをやや上回る目標であることについても伝えている	67.2	11.1
Q2-2-3設定した目標が、上司（職場）の目標と連動していることを伝えている	84.5	6.2
Q2-2-4設定目標の変更にあたっては、納得するまで話し合えている	65.7	13.7
Q2-2-5目標達成にあたり、上司に支援・協力して欲しいことを伝えている	64.9	15.7
Q2-2-6どうしてこのような目標にしたのか、自分の意図・意志を伝えている	83.5	4.9
Q2-2-7あなたの設定した目標に対して、上司から明確な指針の提示、達成に向けたアドバイスをもらえている	75.2	10.9
Q2-2-8目標達成の証（データ・アンケート結果、資料、メモ、テスト結果、資格、写真、立ち合い・同行・同席、現物など）を確認している	61.1	13.4
Q2-2-9目標設定にあたり、上司の言い分や考え方をしっかりと聴けている	81.4	4.7
Q2-2-10目標の達成レベルを理解し、自ら納得して業務に取り組める目標設定面接になっている	80.1	6.2
Q2-2-11目標設定が、上司からの押し付けとなっている【逆質問】	8.0	73.1
Q2-2-12目標達成にあたり必要とする労働時間（年間や月毎）の妥当性等について話し合っている	47.7	32.5
Q2-2-13担当（チーム）のメンバーと目標の共有が出来ている	61.2	24.3
Q2-2-14職場（チーム・係・担当）内で、設定目標の公開・共有がされている	61.6	22.4
合計平均	64.6	12.7

出所：筆者作成

図表6-11 【期中上司コミュニケーション】（α＝0.911）

設問	活用派 %	未活用派 %
Q2-3-1目標達成の進捗状況を月単位に確認し、報告している	42.9	37.0
Q2-3-2予想外の出来事で目標達成に困難が起こった場合には、上司にしっかりと報告している	75.8	10.3
Q2-3-3状況の変化に合わせて、目標達成の手段・方法の変更を行っている	74.9	11.4
Q2-3-4上司への報告・連絡・相談を怠りなくしている	81.7	4.1
Q2-3-5上司への経過報告では、意見・解釈ではなく、事実を客観的に伝えている	77.3	3.9
Q2-3-6上司から尋ねられる前に報告をするようにしている	67.3	7.0
Q2-3-7まかされた仕事についても経過報告をしている	83.3	2.1
Q2-3-8マイナス情報については直ちに報告している	93.3	1.0
Q2-3-9内容が正確に伝わったかの確認もしている	66.0	7.7
Q2-3-10日頃こまめに、上司に相談をしている	64.7	13.4
Q2-3-11上司への報告の際には、上司の好む報告形式や表現態度でしている	56.4	9.0
Q2-3-12職場（チーム・係・担当）内で、目標管理の進捗状況をお互いに共有したりアドバイスしたりしている	62.7	17.5
合計平均	70.5	10.4

出所：筆者作成

ているかどうか、その実態をたずねた。70.5％が期中での上司とのコミュニケーションが取れていることを示している。

　中間面接の設問では、上半期の進捗状況をしっかりと上司に伝え、アドバイ

図表6-12　【中間面接】（α＝0.916）

設問	活用派 %	未活用派 %
Q2-4-1面談では、おたがいが率直に話し合えている	84.3	5.4
Q2-4-2面談では、リラックスした雰囲気で行えている	85.8	4.7
Q2-4-3面談では、十分に自分の意見を述べられている	82.4	6.0
Q2-4-4面談では、計画の進捗状況を(悪化している部分や遅れている部分も含めて)はっきりと伝えている	87.6	3.1
Q2-4-5面談では、上司からの助言・指導・注意をしっかりと受け止めている	88.9	2.3
Q2-4-6面談では、上司及び職場の目標とその設定背景を再度しっかり確認・理解している	85.8	3.4
Q2-4-7面談では、これまでのかかった労働時間(年間や月毎)について振り返り、今後の労働時間改善等について話し合っている	53.6	23.2
合計平均	81.2	6.9

出所：筆者作成

スを得て、下半期に臨める態勢を整えているかを問うている（図表6-12）。平均81.2％という高い活用派の存在から、中間面接の目的やねらいを理解して、中間面接の機能を有効的に活用している実態がわかる結果となっている。労働時間管理の活用派（53.6％）は、他の設問と比べて低いものの、半数以上の人たちが上司と話し合っている。

　期末面接を個別労使交渉・協議にしていくうえで一番重要なことは、自分なりに自己評価をして臨んでいるかである。自己評価と上司の評価の結果を付き合わせ、どこが違っているのか。違っていれば、それは評価基準の違いによるものなのか、評価の対象としたものの違いによるものなのか。それを確認できないと交渉・協議に納得できないばかりか、上司からの評価の一方的な押し付けを許してしまうことになる。そこで、図表6-13のような設問を準備した。「Q2-5-12今期の労働時間（年間や月毎）について総括し、来期の投入労働時間（年間や月毎）の予定を話し合っている」の活用派が38.5％と設問群の中で一番低い。その値は未活用派の37.8％と拮抗している。この点について難はあるものの、活用派回答の平均値が66.7％であり、期末面接も積極的な個別労使交渉・協議になっていることが示されている。

　フィードバック面接は、後述の結果から、目標管理・人事考課制度に対する納得度を高める一番重要な面談である。用意した設問は図表6-14のとおりである。この設問に対して、活用派の回答平均値が69.4％である。このことから、回答者組合員は、フィードバック面接もしっかりと臨めていて、納得度の高い

図表6-13 【期末面接】（α＝0.916）

設問	活用派 %	未活用派 %
Q2-5-1達成度を自己評価して、期末面談に臨めている	81.5	4.1
Q2-5-2目標達成度を量と質の両面から報告できている	81.4	2.8
Q2-5-3目標にはあげなかったが、期間中に成し遂げた(副次的成果)についても報告できている	82.3	3.9
Q2-5-4未達成に終わった部分の、今後の採るべき手段や対策について報告している	78.4	5.4
Q2-5-5上司からあなたの業績等に対する認識の説明を受けている	80.5	5.9
Q2-5-6上司の業績等に対する評価・認識は、あなた自身の評価・認識と比べても、納得できている	71.7	10.5
Q2-5-7上司から今後の能力開発に向けたアドバイスを受けている	72.0	11.4
Q2-5-8自分に対する上司の期待をあらためて確認できている	72.7	10.3
Q2-5-9期末の面談がノルマ管理・業績管理のようになっている【逆質問】	19.8	53.0
Q2-5-10等級・職務基準のどこの部分が自分には不足しているのかが確認できている	51.9	26.8
Q2-5-11来期の目標設定に、メドが立てられる面談になっている	59.7	15.8
Q2-5-12今期の労働時間(年間や月毎)について総括し、来期の投入労働時間(年間や月毎)の予定を話し合っている	38.5	37.8
Q2-5-13職場(チーム・係・担当)内で、お互いの目標管理の結果を共有している	43.2	32.0
合計平均	66.7	14.3

出所：筆者作成

図表6-14 【フィードバック面接】（α＝0.944）

設問	活用派 %	未活用派 %
Q2-6-1上司から評価結果についての十分な説明を受けている	76.0	11.5
Q2-6-2業績評価結果だけでなく、行動評価結果についても話し合えている	69.6	13.0
Q2-6-3自分の意見を述べるに当たり、「私」を主語(アサーション=アイ・メッセージ)にして伝えている	74.6	7.5
Q2-6-4お互いの評価結果とその違いも確認できている	63.2	14.5
Q2-6-5上司から期待されている、発揮すべき能力が明確にできている	66.5	11.7
Q2-6-6上司から期待されている、達成すべき業績目標が明確になっている	67.9	10.1
Q2-6-7上司の評価結果に納得ができている	67.7	13.3
合計平均	69.4	11.7

出所：筆者作成

ことがうかがえる。

　つぎに紹介するのは、さらに、各面談の設問グループに含めておいた設問から抜き出して、第2節で分析を予定している職場チームワーク度（図表6-15）と（労働）時間管理度（図表6-16）に関する設問である。被評価者セミナー（被考課者訓練）内では、組合員の結束力を高め、孤立を防止するために面談には、組合員同士「談合して臨め」とレクチャーされていたものである。回答組合員の職場ではとの限定ながら、活用派、すなわち「談合して臨めて」いる人たち

図表6-15　【職場チームワーク度】（α＝0.864）

設問	活用派 %	未活用派 %
Q2-1-13目標設定の事前準備は、職場の仲間と共同して行っている	44.5	29.8
Q2-2-14職場（チーム・係・担当）内で、設定目標の公開・共有がされている	61.6	22.4
Q2-3-12職場（チーム・係・担当）内で、目標管理の進捗状況をお互いに共有したりアドバスしたりしている	62.7	17.5
Q2-5-13職場（チーム・係・担当）内で、お互いの目標管理の結果を共有している	43.2	32.0
合計平均	53.0	25.4

出所：筆者作成

図表6-16　【（労働）時間管理度】（α＝0.848）

設問	活用派 %	未活用派 %
Q2-2-12目標達成にあたり必要とする労働時間（年間や月毎）の妥当性等について話し合っている	47.7	32.5
Q2-4-7面談では、これまでのかかった労働時間（年間や月毎）について振り返り、今後の労働時間改善等について話し合っている	53.6	23.2
Q2-5-12今期の労働時間（年間や月毎）について総括し、来期の投入労働時間（年間や月毎）の予定を話し合っている	38.5	37.8
合計平均	46.6	31.2

出所：筆者作成

の平均値が53.0%（2人に1人）はいる、という結果である（図表6-15）。

　図表6-16の（労働）時間管理度の設問は、石田（2012b）や三吉（2013）が述べているように、日本では目標管理・人事考課制度の面談等によって労働時間が決まっていくことから、労働時間についての話し合いがされているかどうかを問う設問である。目標管理の面談で、目標に関する話し合いだけでなく、その目標の達成のために投入する年間や月毎の労働時間についても話し合い、管理事項としているかを問うものである。活用派の平均が46.6%であった。難度の高い課題に関する交渉・協議であるためか、これまでの各面談の活用派の割合と比べると、値はやや低くなっている。未活用派も31.2%で一番高くなっている。

　図表6-17に示した【目標管理・人事考課制度満足度】の活用派の割合は、【事前準備】から【フィードバック面接】までの、個々の面接群の活用派の平均値と比較すると、45.7%と一番低くなっている。

　以上の図表6-9〜図表6-17の合成変数が、模範的働き方や二重帰属満足度に影響をもたらしているか明らかにする次節以降の分析では、【目標管理・人事考課制度満足度】（α＝0.922）という合成変数については、3設問の中から

図表6-17 【目標管理・人事考課制度満足度】（α＝0.818）

設問	活用派 %	未活用派 %
Q3-1各面談(目標設定面談、成果・反省面談、フィードバック面談)にてダイアログ・レポートを活用している	44.2	29.9
Q3-2-1目標管理制度の運用に納得している	47.5	22.1
Q3-2-2人事考課制度の評価に納得している	45.3	24.4
合計平均	45.7	25.5

出所：筆者作成

Q3-2-1と Q3-2-2の 2 設問のみで合成している。Q3-1を除外したのは、ダイアログ・レポートの活用度を問うものであり、制度の満足度とは別の物と見なすべきと判断したためである。また、ダイアログ・レポートは A 企業独特のものであることから、ダイアログ・レポートの運用度を含めないで、目標管理制度の運用度と人事考課制度の納得度に限定した満足度とし、比較するほうが一般的で望ましいと考えたからである。

(3) 個別的労使関係で規制力を発揮

以上までの全体単純集計と合成変数の値から読み取れることは、回答組合員は事前準備をしっかり整えていることである。事前に上司が期待する目標や上司自身が抱えている組織目標を事前に聞き出しているので、期首面接では、それに対して部下の側から設定した目標を説明することができている。面談において年間の自分の仕事を自律的・能動的にコントロールできるものとなっている。その設定した目標の達成に必要な月および年単位の必要労働時間についても約半数が話し合っている。各人の目標が職場内で公開・共有されている状態になっていることも明らかとなったといえよう。そればかりか、期中での上司とのコミュニケーションをとることの必要性を理解して実行されており、中間面接も平均81.2％という高い活用派の存在から、部下の側から上司マネジメント（フォロアーシップ・マネジメント）がしっかりおこなわれていることがうかがい知れる結果となっている。期末面接の活用派の平均が66.7％で未活用派の平均が14.3％、フィードバック面接の活用派の平均が69.4％で未活用派の平均が11.7％であることから、面談の納得度の高いことがうかがえる。積極的な個別労使交渉・協議になっていることがうかがい知れる。

　成果主義的な賃金・人事制度の導入によって、職場内の連帯感が薄れ、チー

ムワークがとれなくなってきていると言われているが、回答組合員の職場では
との限定ながら、職場チームワークの活用派の平均が53.0％もあり、未活用派
の25.4％の倍を超えていて連帯感やチームワークが維持・形成されているとい
えよう。（労働）時間管理度については、寺井（2012）で「日本企業では労働時
間が業績管理と密接な結びつきを有しているにもかかわらず、業績管理では
PDCAが徹底されているのに対し、プランでは36協定の限度時間の設定にと
どまり、業務目標完遂に要する労働時間の掌握はほとんどの企業で実施されて
おらず、さらにチェックとアクションの機能はいずれも全くと言ってよいほど
整備されていないという問題がある。この業績管理と労働時間管理の非対称性
こそが労働時間問題の本質であろう」（p.185）とされている。このことを踏ま
えると、（労働）時間管理度の活用派の平均は46.6％と低いものの、未活用派
の平均31.2％を上回っており、PDCAサイクルを通して労働時間管理にまで
個別労使交渉・協議の対象にしていることや、図表6-5に示された時間外労働
の平均値が18.68時間であること、さらに前述の職場チームワーク力から、回
答組合員たちは規制力を発揮していると見てよいであろう。

（4）　組合員の会社および組合に対する評価結果

　今回の組合員アンケートでは、目標管理・人事考課制度の各面談での労使交
渉・協議度を探るだけでなく、それらの面談が組合員の働き方や会社および組
合に対する評価にどのような影響をもたらしているのかを探るために、以下の
ような設問も含めていた。こちらも、回答結果をわかりやすくするために、5
件尺度法の回答を、「5.とてもそう思う」と「4.まあまあそう思う」を加算して
「肯定派」に、「3.どちらともいえない」をそのままにして、「2.あまりそう思わ
ない」と「1.全くそう思わない」を加算して「否定派」として割合を計算して、
設問に対する回答傾向を見ていくことにする。

　労働成果と心理的安寧（well-being）の実感が共に得られていることが模範的
働き方であるとの解釈に立ち、下記設問を用意した（図表6-18）。回答組合員の
平均50.1％が、模範的な働き方になっている。否定派は平均20.0％である。肯
定派の労働成果平均48.1％と心理的安寧平均52.2％を比べると、心理的安寧が
高いことがわかる。

図表6-18 【模範的働き方】（α＝0.873）

設問	肯定派 %	否定派 %
Q4-1-1働く意欲が高まっている	49.6	22.7
Q4-1-2仕事の生産性が高まっている	49.1	18.9
Q4-1-3自分の仕事の業績が上がっている	45.5	18.3
労働成果（α＝0.903）　小計平均	48.1	16.6
Q4-1-4心身ともに調子が良い	44.8	25.6
Q4-1-5私生活が充実している	57.3	14.8
Q4-1-6仕事と私生活のバランスがとれている	54.4	19.7
心理的安寧（α＝0.798）　小計平均	52.2	20.0
合計平均	50.1	20.0

出所：筆者作成

図表6-19 【エンゲージメント】（α＝0.894）

設問	肯定派 %	否定派 %
Q4-2-1今の仕事は挑戦しがいのある仕事である	56.3	22.0
Q4-2-2仕事では自分の能力を活かし、可能性を伸ばすことができる	58.4	19.0
Q4-2-3上司とは気楽に話し合える	75.5	9.6
Q4-2-4上司に全幅の信頼をおいている	59.7	14.7
Q4-2-5同僚との間には良好なチームワークがある	72.1	8.5
Q4-2-6職場の同僚からポジティブで寛容な接し方をされている	74.2	5.9
Q4-2-7教育・研修は自分の希望や要望を十分反映したものとなっている	55.3	13.2
Q4-2-8この会社では公正な評価がなされている	42.5	26.7
合計平均	61.8	15.0

出所：筆者作成

　エンゲージメントの概念については、厚生労働省（2019）にて、「オランダ・ユトレヒト大学のSchaufeli教授らが提唱した概念であり、『仕事から活力をえていきいきとしている』（活力）、『仕事に誇りとやりがいを感じている』（熱意）、『仕事に熱心に取り組んでいる』（没頭）の３つが揃った状態」（p.172）と定義されている。近年、企業経営において盛んに取り上げられる概念である。それだけ、成果主義的人事制度改革が従業員にマイナスの影響を及ぼした証拠ではないかと、筆者は考えている。A労組ではどうだろうか。８つの設問を設けた（図表6-19）。回答組合員のエンゲージメント度の肯定派の平均は61.8％と、否定派の15.0％を上回っている。回答組合員のエンゲージメント度は高いといえよう。しかし、「Q4-2-8この会社では公正な評価がなされている」だけが42.5％と肯定派の中で低く、「Q3-2-1目標管理制度の運用に納得している」が47.5％、「Q3-2-2人事考課制度の評価に納得している」が45.3％と低いことと相関している結果となっている。[73]

図表6-20　【組織コミットメント】（α＝0.892）

設問	肯定派 %	否定派 %
Q4-3-1この会社の一員であることに誇りに思う	68.9	11.9
Q4-3-2この会社や組織に必要なら、どんな仕事でも引き受ける	39.6	26.7
愛着(情緒)的コミットメント[74)](α=0.695)　小計平均	54.3	19.3
Q4-3-3私たちの世代が会社を担っていく必要があると強く思う	55.1	18.4
Q4-3-4私にはこの会社を背負っているという自覚がある	47.8	23.0
規範的コミットメント[75)](α=0.845)　小計平均	51.5	20.7
Q4-3-5今この会社を辞めたら、生活上の多くのことが混乱するだろう	69.4	10.9
Q4-3-6今この会社を辞めたら損失が大きいので、この先も勤めようと思う	70.9	8.3
存続(功利)的コミットメント(α=0.904)　小計平均	70.2	9.6
Q4-3-7今の仕事にやりがいを感じている	59.4	19.4
Q4-3-8今の職務・専門分野でキャリアを追求したい	43.5	20.7
キャリア追求コミットメント[76)](α=0.812)　小計平均	51.5	20.1
合計平均	56.8	17.4

出所：筆者作成

　組織コミットメントも、林・大渕・田中（2002）によれば、「従業員が一様に高い組織コミットメントを示した時代は終わり、個人によってコミットメントの強度やスタイルに違いが生じている可能性を示唆している」（p.59）としている。果たして、どうだろうか。組織コミットメント（図表6-20）の中で、「Q4-3-2この会社や組織に必要なら、どんな仕事でも引き受ける」の問いに、肯定派の値が39.6％と低い。組織コミットメントをさらに4変数別に分けてみると、存続（功利）的コミットメント[77)]の肯定派が70.2％と他の3変数よりも高いだけでなく、否定派9.6％との差も大きいのが特徴である。

　心理的契約度は、当初、取引的契約志向[78)]の因子としてQ4-4-1からQ4-4-6を、関係的契約志向[79)]の因子としてQ4-4-7からQ4-4-12までを合成する予定でいたが、取引的契約志向のCronbachのアルファが0.549となり、信頼性に欠ける

---

73)「Q4-2-8この会社では公正な評価がなされている」と「Q3-2-1目標管理制度の運用に納得している」との相関係数は0.594**、「Q3-2-2人事考課制度の評価に納得している」との相関係数はき0.561** であった。** は相関係数が1％水準で有意（両側）を示す。

74) 愛着（情緒）的コミットメントとは、従業員が会社に対する感情的な愛着を強める要素（山岡2006：77）である。

75) 規範的コミットメントとは、組織を離脱することによって生じる世間体の悪さや罪悪感など（山岡2006：83）である。

76) キャリア追求コミットメントとは、組織志向と能力開発志向から構成され、自らの能力・キャリア開発の場と認知される組織（山岡2006：78-83）を表す。

77) 存続（功利）的コミットメントとは、会社を辞めることで将来生じるコストの知覚から、従業員が現在所属している会社との関係存続志向（山岡2006：77）である。

図表6-21 【心理的契約度】(α=0.743)

設問	肯定派 %	否定派 %
Q4-4-1この仕事は、私の将来のキャリアアップのためのステップだ	50.9	17.1
Q4-4-2この会社で仕事をすることで、自分の能力の向上を図りたい	66.8	9.1
Q4-4-7この会社は、従業員の努力にきちんと報いていると感じる	42.6	27.0
Q4-4-8この会社には一生懸命働けば出世せる機会が十分ある	34.4	39.0
Q4-4-11会社は従業員にキャリアの道筋を明確に示している	34.9	28.4
Q4-4-12会社は従業員にこれまでの経験を生かす機会を与える	43.4	20.4
内部キャリア開発志向(α=0.794)　小計平均	40.3	23.5
Q4-4-3自分の仕事は主にお金を稼ぐためにしている	70.3	7.2
Q4-4-4会社に忠誠心を余り抱かないのが普通だと思う	30.0	23.3
Q4-4-5仕事をすませるのに必要なことだけをするようにしている	24.8	41.6
Q4-4-6基本的に規則で決められた時間の範囲内だけで働きたい	43.2	25.8
合理主義・金銭契約志向(α=0.723)　合計平均	42.1	24.5
Q4-4-9会社が定年まで雇用を保障してくれるならば、この会社に最大限の貢献をしたい	58.9	9.3
Q4-4-10今の仕事はなるべく長く続けるつもりだ	66.9	8.8
長期雇用志向(α=0.795)　小計平均	62.9	9.1
合計平均	48.4	19.0

出所:筆者作成

　結果となったので12の設問による因子分析を行って抽出された、図表6-21内に示した３因子として統合した。内部キャリア開発志向は、組織との交換関係における誘因として、自己の潜在能力の開発機会を期待する個人の潜在的志向性とされる。合理主義・金銭契約志向は、自己利益志向・最低努力志向と金銭報酬重視志向・会社忠誠否定志向を統合したもので、組織との交換関係において割り切った関係性をもつこと自体を誘因として評価する個人の潜在志向である。長期雇用志向は、定年雇用志向と会社忠誠志向である（山岡2006：78-79）。

　合理主義・金銭契約志向の中で、「Q4-4-3自分の仕事は主にお金を稼ぐためにしている」の肯定派が70.3％と高いのに対して、「Q4-4-5仕事をすませるのに必要なことだけをするようにしている」では肯定派が24.8％と低く、否定派

78) 取引的契約志向とは、服部（2013b）によれば、「取引的契約とは、経済的な側面に主眼をおき、短期的に更新される契約…労働市場での自由な移動を前提に、短期的な利益最大化を目指して…非正規従業員と雇用組織との契約は、取引的契約の典型である」（p.162）としている。この心理的契約の取引的契約志向は、近年高まってきていると言われている。

79) 関係的契約志向は、服部（2013b）にて、「経済的側面だけでなく、社会心理的側面までふくむ包括的な契約であり、長期安定的な性格を持つ、長期雇用を前提に、両者の利益を長期的にバランスさせる、日本企業の正社員と雇用組織との契約は、関係的契約の典型」（p.162）と紹介している。

図表6-22 【WLB（ワークライフバランス）満足度】（α＝0.860）

設問	肯定派 %	否定派 %
Q4-5-1自分の仕事量とスケジュールは、自分で決められる	48.1	25.7
Q4-5-2仕事と生活が両立するよう、十分配慮されている	63.8	12.4
Q4-5-3残業も含めて今の労働時間は適切といえる	65.4	12.7
Q4-5-4助けが必要なときには、上司は支援してくれる	72.8	10.6
Q4-5-5上司はあなたのプライベートを理解し、配慮や応援をしてくれる	70.8	8.0
合計平均	64.2	13.9

出所：筆者作成

が41.6％と高いというアンバランスな回答になっている。欧米型のジョブ型雇用に移行できない日本人労働者の心情が垣間見られたように思えてならない。また、「Q4-4-8この会社には一生懸命働けば出世する機会が十分ある」では、肯定派（34.4％）より否定派（39.0％）が上回っている。こちらは、業績主義的な人的資源管理施策によって、どんなにキャリア開発してもポストが用意されない現実を実感している心情の表れであろう。

　近年、政労使間で、WLB（ワークライフバランス）の必要性を否定するような意見を全くといってよいほど耳にしない時代になった。しかし、長時間労働や過労死問題が解消したとはとても思えない状況下にある。どのような回答になったであろうか（図表6-22）。WLBが取れているとの肯定派が64.2％と高い。前述したように、時間外労働の直近3か月平均が18.68時間（図表6-5）であることからも、ワークライフバランスのとれる会社であることが理解される。

　個別的労使関係（図表6-23、24）は、西尾（2021）にて、「PP型タイプの組合員育成・維持は、『個別的労使関係』の満足度が機能しての結果ではないか、と判断される」（p.21）としている。そして、「個別的労使関係で上司と部下との関係を民主的かつ対等にする取り組みの方が有効策で労組への支持を高める」（p.23）としていることから、注目される設問である。今回の回答組合員には、個別的労使関係は、上司との関係が70.3％、同僚との関係が62.4％と、共に肯定派が多いことがわかる。

　職務満足度（図表6-25）も各設問で肯定派が否定派を上回っているものの、「Q4-7-3当社の賃金・人事制度は適切なものだと思う」の肯定派が39.8％低く、否定派も30.7％と高い。「Q4-7-7自分の仕事の成果や能力の評価が、自分の賃

図表6-23 【個別的労使関係　上司との関係】（α＝0.898）

設問	肯定派 %	否定派 %
Q4-5-5上司はあなたのプライベートを理解し、配慮や応援をしてくれる	70.8	8.0
Q4-6-1上司はあなたの仕事能力を評価し、信頼してくれる	67.4	8.5
Q4-6-2上司はあなたの意見やアイディアを尊重している	72.8	6.0
合計平均	70.3	4.8

出所：筆者作成

図表6-24 【個別的労使関係 同僚との関係】（α＝0.877）

設問	肯定派 %	否定派 %
Q4-6-3同僚の間では、みんな気持ちがしっくり合っている	56.9	13.0
Q4-6-4職場の雰囲気はよい	66.1	11.4
Q4-6-5職場のメンバーは、職場運営に自由に意見が言えている	64.1	13.2
合計平均	62.4	12.5

出所：筆者作成

図表6-25 【職務満足度】（α＝0.924）

設問	肯定派 %	否定派 %
Q4-7-1経営者はチームの一員としての意識をもち、われわれとともに働いている	43.0	19.9
Q4-7-2経営者は企業の置かれた状況を適切に把握している	51.2	14.2
Q4-7-3当社の賃金・人事制度は適切なものだと思う	39.8	30.7
Q4-7-4私は組織にとって重要かつ責任ある仕事を任されている	55.0	14.7
Q4-7-5仕事をすすめる上で、自分の意見は十分反映されている	63.0	10.1
Q4-7-6自分の仕事の成果や能力の評価に納得している	51.3	20.7
Q4-7-7自分の仕事の成果や能力の評価が、自分の賃金・賞与へしっかりと反映している	48.6	24.3
Q4-7-8周りの人の評価や処遇を比べた場合の自分の評価や処遇について納得している	45.2	25.3
合計平均	49.6	20.0

出所：筆者作成

金・賞与へしっかりと反映している」の肯定派が48.6％、「Q4-7-8周りの人の評価や処遇を比べた場合の自分の評価や処遇について納得している」の肯定派が45.2％と共に低い。いまひとつ、人事制度の運用には不満を抱えているように見える。

　職場運営の自主管理度（図表6-26）は、「Q6-5職場では、配置転換に関する決定が、上司と部下たちとの会議（職場懇談会など）によって決められている」だけが、否定派が40.5％と、肯定派の27.3％を上回っている。人事権に直接からむ問題であり、権限移譲とまでは至っていないようである。しかし、その他の設問ではすべて肯定派が否定派を上回っている。肯定派の平均値は41.1％で

図表6-26　【職場の自主管理度】（α＝0.917）

設問	肯定派 %	否定派 %
Q6-1職場では、仕事の内容や方法の決定が、上司と部下たちとの会議（職場懇談会など）によって決められている	51.0	23.7
Q6-2職場では、仕事の分担や目標の決定が、上司と部下たちとの会議（職場懇談会など）によって決められている	48.5	24.2
Q6-3職場では、能率増進策の立案および決定が、職場集団内での上司と部下たちとの会議（職場懇談会など）によって決められている	41.1	25.3
Q6-4職場では、職場規律の設定が、上司と部下たちとの会議（職場懇談会など）によって決められている	39.9	24.5
Q6-5職場では、配置転換に関する決定が、上司と部下たちとの会議（職場懇談会など）によって決められている	27.3	40.5
Q6-6職場では、有給消化に関する決定が、上司と部下たちとの会議（職場懇談会など）によって決められている	38.7	29.1
合計平均	41.1	27.9

出所：筆者作成

図表6-27　【組織における働きがい】（α＝0.880）

設問	肯定派 %	否定派 %
Q4-3-1この会社の一員であることに誇りに思う	68.9	11.9
Q4-5-2仕事と生活が両立するよう、十分配慮されている	63.8	12.4
Q4-6-3同僚の間では、みんな気持ちがしっくり合っている	56.9	13.0
Q4-7-2経営者は企業の置かれた状況を適切に把握している	51.2	14.2
Q4-7-3当社の賃金・人事制度は適切なものだと思う	39.8	30.7
Q4-7-4私は組織にとって重要かつ責任ある仕事を任されている	55.0	14.7
Q4-7-6自分の仕事の成果や能力の評価に納得している	51.3	20.7
合計平均	55.3	16.8

出所：筆者作成

あった。

　さらに、これまで紹介した設問の中から、Q4-3-1が「誇り」、Q4-5-2が「尊敬」、Q4-6-3が「連帯感」、Q4-7-2とQ4-7-3が「信頼」、Q4-7-4が「信用」、Q4-7-6が「公正」を問う設問と見なし、【組織における働きがい】として合成変数とした（図表6-27）。唯一、賃金・人事制度を肯定する人が39.8%と低い結果となった。

　次に、働く人の仕事に対する自信や困難を乗り越える力として、Q4-1-2が「楽観性」、Q4-1-3が「効力感」、Q4-2-1が「希望」、Q4-2-2が「回復力」を問

80）斎藤（2008）より気づきを得て、組織における働きがいの5つの設問を上から順に「誇り」「尊敬」「連帯感」「信頼」「信用」「公正」として選定した。

図表6-28 【心理的資本度】（α＝0.882）

設問	肯定派 %	否定派 %
Q4-1-2仕事の生産性が高まっている	49.1	18.9
Q4-1-3自分の仕事の業績が上がっている	45.5	18.3
Q4-2-1今の仕事は挑戦しがいのある仕事である	56.3	22.0
Q4-2-2仕事では自分の能力を活かし、可能性を伸ばすことができる	58.4	19.0
合計平均	52.3	19.6

出所：筆者作成

図表6-29【キャリア自律度】（α＝0.885）

設問	肯定派 %	否定派 %
Q4-3-7今の仕事にやりがいを感じている	59.4	19.4
Q4-3-8今の職務・専門分野でキャリアを追求したい	43.5	20.7
Q4-4-1この仕事は、私の将来のキャリアアップのためのステップだ	50.9	17.1
Q4-4-2この会社で仕事をすることで、自分の能力の向上を図りたい	66.8	9.1
Q4-4-11会社は従業員にキャリアの道筋を明確に示している	34.9	28.4
Q4-4-12会社は従業員にこれまでの経験を生かす機会を与える	43.4	20.4
合計平均	49.8	19.2

出所：筆者作成

う設問とみなし、【心理的資本度[81]】として合成変数とした（図表6-28）。村上（2020）にて、「働く人の仕事に対する自信や困難を乗り越える力を表す」（p.11）と定義されているものである。回答組合員という限定がつくものの、心理的資本度も形成されているといえるだろう。

　さらに、Q4-3-7～8がキャリア・コミットメント、Q4-4-1～2が能力成長志向、Q4-4-11～12がキャリア志向を問う設問として、キャリア自律度の合成変数とした（図表6-29）。Q4-4-11の肯定派が34.9％と低い。会社からキャリアの道筋が示されていないにもかかわらず、Q4-4-2の肯定派が66.8％と高く、能力向上への意欲が高い。

　労働組合の活動に対する評価に関する設問は、次の3群を用意した（図表6-30～32）。それらの変数も、統合（合成）して因子変数化した。これらの回答結果も、5件尺度法の回答も、「肯定派」「どちらともいえない」「否定派」として割合を再計算している。

---

81) 村上（2020）と厚生労働省（2019：192）より気づきを得て、心理的資本の4つの設問を上から順に「楽観性」「効力感」「希望」「回復力」として選定した。

図表6-30 【組合組織コミットメント】（α=0.746）

設問	肯定派 %	否定派 %
Q8-1私は職場集会では活発に意見を出している	16.8	49.6
Q8-2私は今後もこの組合に所属したい	59.9	10.9
Q8-3私は、組合活動は大切・意義ある活動だと思う	73.6	8.3
Q8-4私は組合主催の行事にはよく参加している	33.6	34.4
Q8-5私は職場集会にはできる限り参加している	75.2	8.8
合計平均	51.8	22.4

出所：筆者作成

図表6-31【組合活動満足度】（α=0.921）

設問	肯定派 %	否定派 %
Q8-6組合は将来を見通した活動をしている	54.8	14.8
Q8-7組合の方針は信頼・信用できる	63.0	10.6
Q8-8組合役員に親しみを感じる	51.6	13.7
Q8-9組合役員と気軽に話し合える	55.6	12.1
Q8-10組合役員は組合員の声に耳を傾けている	65.1	8.5
Q8-11組合役員は組合員の立場に立って主張している	66.3	8.0
合計平均	59.4	11.3

出所：筆者作成

　組合組織コミットメント（図表6-30）では、図表6-7で述べたように、組合満足度の平均値が72.50点であっても、また、図表6-8からPP型が48.2%の組織であっても、「Q8-1私は職場集会では活発に意見を出している」の肯定派は16.8%しかなく（否定派は49.6%もいる）、「Q8-4私は組合主催の行事にはよく参加している」の肯定派も33.6%である（否定派は34.4%と上回っている）。

　組合活動満足度（図表6-31）では、労働組合への信頼（Q8-6とQ8-7を足した肯定派58.9%）および組合役員に対する信頼（Q8-8からQ8-11を足した肯定派59.7%）も、共に高いことが示されている。ただ、設問群内の肯定派（否定派）の割合—肯定派の50%台と60%台、否定派の10%台と1桁台の違いから、評価傾向の質の違いが見られる。組合や役員に対する全体的信頼感を持っているが、個別の活動等にはやや難を示しているように見える。

　心理的契約は、企業と労働者間だけでなく、労働組合と組合員間にも取り交わされているものと考える必要がある。組合員一人ひとりは、自分は組合に加盟しているのだから、労使関係、すなわち雇用取引で発生するさまざまな問題から、労働組合によって守られるべきものであると考える。しかし、現実は、

図表6-32 【組合との心理的契約度】（α＝0.951）

設問	肯定派 %	否定派 %
Q8-12組合は長期雇用の維持・確保の機能をしっかりと果たしている	72.7	5.5
Q8-13組合は賃金・労働条件の維持・向上の機能をしっかりと果たしている	71.4	10.6
Q8-14組合は福利厚生制度の維持・向上の機能をしっかりと果たしている	68.1	10.9
Q8-15組合は経営との対等性や独立性をしっかりと確保している	63.1	11.9
Q8-16組合は職務・職位・職場の安定確保の機能をしっかりと果たしている	69.9	7.3
合計平均	69.0	7.8

出所：筆者作成

　組合員であっても雇用不安からは逃れられず、むしろ、組合員（正社員）であるがゆえに厳しい業績管理によってサービス残業や長時間労働、メンタル不全・ハラスメント問題に直面するという理不尽さを、労働組合による心理的契約の不履行だと実感することになり、それが「組合員の組合離れ」を生み出していると解釈すべきであろう。蔡（2002）は、心理的契約の違反がもたらす負の影響を調べた研究を取り上げ、「従業員の無断欠勤や離職、努力水準の引き下げによる低い職務成果、組織への忠誠心の撤回などの直接的原因になっている…損失を被る本人だけでなく他の従業員のモラルや忠誠心にも負の影響を及ぼし、集団的な職務怠慢をもたらす」（p.77）ことを指摘している。この指摘は、労働組合にも向けられたものでもあると解釈すべきであろう。

　組合との心理的契約度（図表6-32）の結果は幸い、今回の回答組合員は、組合との心理的契約は履行されているとする肯定派が69.0％を占めている。

(5)　ドライ化する労使関係に不安をつのらせる

　図表6-18の「模範的働き方」から図表6-32の「組合との心理的契約度」までの各設問の全体単純集計と合成変数の値を考察する。模範的働き方は労働成果と心理的安寧に区分されるが、労働成果の肯定派の平均48.1％より心理的安寧の肯定派の平均52.2％のほうが高い（図表6-18）。回答組合員は仕事より生活を優先している実態が見える。

　組織コミットメント（図表6-20）の設問の中で「Q4-3-2この会社や組織に必要なら、どんな仕事でも引き受ける」が39.6％と低いのは、近年、企業不祥事の発生が多々垣間見られることから、コンプライアンスに対する意識が働いたものと想定される。また、存続（功利）的コミットメントの小計平均の肯定派

が70.2％と、他の組織コミットメント小計平均の肯定派とくらべて大きい値を示していることは、もはや日本の大企業労働者においても割り切った関係性が現実であることが示されたものいえよう。心理的契約度（図表6-21）においても、合理主義・金銭契約志向の肯定派が42.1％と否定派の24.5％より高いことから、昨今の労使関係はドライなものなっている証拠であろう。

　組織コミットメントの存続（功利）的コミットメントや心理的契約度の合理主義・金銭契約的志向のような傾向は、企業側が心理的契約の不履行（日本的雇用慣行からの脱却）を図っていることに対する組合員・労働者側の防御姿勢の現れであろう。1990年代以降、進展する心理的契約違反に対して、個人的な判断に任せるのではなく、労働組合としてどのような再締結をすることが望ましいのか、モデルケース的な提示まで含めて、対抗策を示していくことが望まれる。

　職務満足度の設問（図表6-25）の中で、賃金・人事制度の運用が適切さに欠けると考える否定派が30.7％（肯定派も39.8％のみ）であることは、成果を出してそれが認められ、かつ昇給・昇格に結びつく人は、相対処遇によって一部に限定されることから発生する事態とも考えられる。

　職場の自主管理度の設問（図表6-26）の中で、「Q6-5職場では、配置転換に関する決定が、上司と部下たちとの会議（職場懇談会など）によって決められている」の否定派が40.5％と肯定派の27.3％を上回っている結果から、経営側の人事権が職場レベルでも確立していることが読み取れる。しかし、職場の自主管理度の肯定派の平均値が41.1％であったことは、筆者の想定を超えて、職場自治体制が整っていることを想起させてくれる値であった。

　組織における働きがい（図表6-27）の肯定派の平均値の高さ（55.3％）から、経営者を信頼し、自分の仕事に誇りをもって、職場の仲間とも連帯感を抱いていることは読み取れるが、賃金・人事制度に対する信頼感は39.8％と高くない。このことから、会社に対する満足度が高いからといって、賃金・人事制度に対する信頼感には結びつかないことが読み取れる。

　キャリア自律度（図表6-29）に関しては、自分の仕事を通して能力の向上をはかりたいと考えているが、しかし、どのように経験を生かしていけば、専門的スキルを高めることができるのか確信が持てていないことが読み取れる。

　今回のアンケート回答者が、労働組合に対する理解度の高い人たちであることが推測されるにもかかわらず、職場集会での発言度が低く、組合行事への参加度も低いという組合組織コミットメントの状態（図表6-30）は、もはや組合活動を動員主義的に運営する困難さを示しているといえるだろう。幸い、今回の回答組合員は、組合との心理的契約は履行されているとする肯定派が69.0％を占めていた（図表6-32）。これは、自分にとっては、心理的契約は履行されているとの判断からであろう。しかし、世間一般では「労組機能不全論」や「労使関係終焉論」に代表されるように、組合との心理的契約は不履行と受け止められているはず。アンケートの回収率が高まれば、組合との心理的契約の肯定派の割合は確実に減少すると考えておくべきであろう。

第2節　個別労使交渉・協議力（発言力）が影響をもたらす合成変数を探る

(1)　個別労使交渉・協議力（発言力）は何をもたらすか

　本節では、組合員アンケートの分析にあたって、目標管理・人事考課制度の事前準備からフィードバック面接までの面談にかかわる合成変数を統合し、さらに【個別労使交渉・協議力（α =0.939）】という変数を用意した。また、その合成変数を平均値の上下でグループ化（カテゴライズ）した変数【個別労使交渉・協議力高低】を作成した。そして、この変数をベースにして分析を行っていくことにする。これによって、組合員・労働者の個別的労使関係での個別労使交渉・協議（発言力）を高める労働組合活動が、いかに緊要なものであるのかを、明らかにすることができる、と考えるからである

　はじめに、個別労使交渉・協議力（発言力）の高低別に各合成変数の平均値を比較した場合に、有意な差があるかどうかを確かめるために、差のｔ検定を行った。その結果が図表6-33である（表の見方は第4章の図表4-7と同じである）。心理的契約度の合理主義・金銭契約志向を除き有意水準にあり、個別労使交渉・協議力（発言力）が高いグループの人たちは、低いグループの人たちより、会社や組合に対する評価を示す合成変数の平均値が高いことを示している。

　ただ一つ、心理的契約の合理主義・金銭契約志向の平均値が、個別労使交渉・

図表6-33　個別労使交渉・協議力の高低別による各合成変数の平均値比較

グループ統計量 個別労使交渉・協議力高低	度数	平均値		等分散性のためのLevene の検定 有意確率	2つの母平均の差の検定 t値	自由度	有意確率両側p値
働き方タイプ 労働成果=(Q411+Q412+Q413)/3 低い(平均以下)	114	2.8567	等分散を仮定する	0.133	-8.501	239	0.000
高い(平均以上)	127	3.7900	等分散を仮定しない		-8.446	227.266	0.000
働き方タイプ 心理的安寧=(Q414+Q415+Q416)/3 低い(平均以下)	114	3.0556	等分散を仮定する	0.220	-7.115	239	0.000
高い(平均以上)	127	3.8110	等分散を仮定しない		-7.154	238.988	0.000
エンゲージメント=(Q421+Q422+Q423+Q424+Q425+Q426+Q427+Q428)/8 低い(平均以下)	114	3.1864	等分散を仮定する	0.187	-9.675	239	0.000
高い(平均以上)	127	4.0659	等分散を仮定しない		-9.627	229.772	0.000
組織コミットメント=(Q431+Q432+Q433+Q434+Q435+Q436+Q437+Q438)/8 低い(平均以下)	114	3.1206	等分散を仮定する	0.781	-8.871	239	0.000
高い(平均以上)	127	3.9596	等分散を仮定しない		-8.845	232.768	0.000
組織コミットメント愛着的側面=(Q431+Q432)/2 低い(平均以下)	114	2.9430	等分散を仮定する	0.346	-8.018	239	0.000
高い(平均以上)	127	3.8622	等分散を仮定しない		-7.971	228.439	0.000
組織コミットメント規範的側面=(Q434+Q435)/2 低い(平均以下)	114	3.2149	等分散を仮定する	0.294	-7.380	239	0.000
高い(平均以上)	127	4.0000	等分散を仮定しない		-7.345	230.163	0.000
組織コミットメント存続的側面=(Q435+Q436)/2 低い(平均以下)	114	3.6667	等分散を仮定する	0.024	-4.603	239	0.000
高い(平均以上)	127	4.2559	等分散を仮定しない		-4.554	218.644	0.000
心理的契約内部キャリア開発志向=(Q441+Q442+Q447+Q448+Q4411+Q4412)/6 低い(平均以下)	114	2.7719	等分散を仮定する	0.888	-7.870	239	0.000
高い(平均以上)	127	3.6010	等分散を仮定しない		-7.880	237.296	0.000
心理的契約合理主義・金銭契約志向=(Q443+Q444+Q445+Q446)/4 低い(平均以下)	114	3.2215	等分散を仮定する	0.098	0.331	239	0.741
高い(平均以上)	127	3.1890	等分散を仮定しない		0.334	237.856	0.738
心理的契約長期雇用志向=(Q449+Q4410)/2 低い(平均以下)	114	3.4474	等分散を仮定する	0.796	-5.819	239	0.000
高い(平均以上)	127	4.0906	等分散を仮定しない		-5.820	236.358	0.000
WLB満足度=(Q451+Q452+Q453+Q454+Q455)/5 低い(平均以下)	114	3.3000	等分散を仮定する	0.414	-8.193	239	0.000
高い(平均以上)	127	4.1118	等分散を仮定しない		-8.164	231.872	0.000
職務満足度=(Q471+Q472+Q473+Q474+Q475+Q476+Q477+Q478)/8 低い(平均以下)	114	2.8717	等分散を仮定する	0.698	-8.758	239	0.000
高い(平均以上)	127	3.7707	等分散を仮定しない		-8.732	232.814	0.000
心理的資本度=(Q421+Q413+Q422+Q412)/4 低い(平均以下)	114	2.9386	等分散を仮定する	0.114	-8.750	239	0.000
高い(平均以上)	127	3.8799	等分散を仮定しない		-8.697	228.093	0.000
組織における働きがい=(Q431+Q452+Q463+Q472+Q473+Q474+Q476)/7 低い(平均以下)	114	3.0338	等分散を仮定する	0.222	-9.143	239	0.000
高い(平均以上)	127	3.8819	等分散を仮定しない		-9.114	232.542	0.000
キャリア自律度=(Q437+Q438+Q441+Q442+Q4411+Q4412)/6 低い(平均以下)	114	2.9020	等分散を仮定する	0.872	-8.536	239	0.000
高い(平均以上)	127	3.7874	等分散を仮定しない		-8.523	234.664	0.000
個別的労使関係 上司との関係=(Q455+Q261+Q262)/3 低い(平均以下)	114	3.3187	等分散を仮定する	0.000	-12.361	239	0.000
高い(平均以上)	127	4.4724	等分散を仮定しない		-12.057	182.501	0.000
個別的労使関係 同僚との関係=(Q263+Q264+Q265)/3 低い(平均以下)	114	3.1608	等分散を仮定する	0.004	-14.303	239	0.000
高い(平均以上)	127	4.3885	等分散を仮定しない		-14.026	197.062	0.000
目標管理・人事考課制度満足度=(Q321+Q322)/2 低い(平均以下)	114	2.6009	等分散を仮定する	0.150	-9.410	239	0.000
高い(平均以上)	127	3.8150	等分散を仮定しない		-9.378	232.155	0.000
職場チームワーク=(Q2113+Q2214+Q2312+Q2513)/4 低い(平均以下)	114	2.6732	等分散を仮定する	0.163	-11.277	239	0.000
高い(平均以上)	127	3.9035	等分散を仮定しない		-11.248	233.308	0.000
職場の自主管理度=(Q61+Q62+Q63+Q64+Q65+Q66)/6 低い(平均以下)	114	2.6067	等分散を仮定する	0.406	-8.587	239	0.000
高い(平均以上)	127	3.5433	等分散を仮定しない		-8.560	232.554	0.000
(労働)時間管理度=(Q2112+Q2212+Q247+Q2512)/4 低い(平均以下)	114	2.4890	等分散を仮定する	0.990	-12.683	239	0.000
高い(平均以上)	127	3.8031	等分散を仮定しない		-12.739	238.823	0.000
二重帰属満足度=Q7+Q9 低い(平均以下)	114	129.7895	等分散を仮定する	0.008	-5.996	239	0.000
高い(平均以上)	127	153.9370	等分散を仮定しない		-5.899	205.293	0.000
組合組織コミットメント=(Q81+Q82+Q83+Q84+Q85)/5 低い(平均以下)	114	3.1140	等分散を仮定する	0.779	-5.973	239	0.000
高い(平均以上)	127	3.6268	等分散を仮定しない		-5.980	237.147	0.000
組合活動満足度=(Q86+Q87+Q88+Q89+Q810+Q811)/6 低い(平均以下)	114	3.3933	等分散を仮定する	0.521	-4.938	239	0.000
高い(平均以上)	127	3.8766	等分散を仮定しない		-4.953	238.341	0.000
組合との心理的契約=(Q812+Q813+Q814+Q815+Q816)/5 低い(平均以下)	114	3.5351	等分散を仮定する	0.659	-4.266	239	0.000
高い(平均以上)	127	4.0252	等分散を仮定しない		-4.269	236.801	0.000

出所：筆者作成

協議力（発言力）が低い人たちが高く、個別労使交渉・協議力（発言力）が高い人たちは低いという結果は、有意水準ではないものの、個別労使交渉・協議力（発言力）が低い人たちは、会社と組合員の関係性を割り切った関係にしており、個別労使交渉・協議力（発言力）が高い人たちは、会社と組合員の関係性が情緒的であることを示しているように推測される。

　この点については、山岡（2006）が「業績主義的な人的資源管理施策によって従業員の金銭契約志向が強められれば、組織に対する情緒的コミットメントの強化は負の影響を受ける」（p.84）と示唆していることと符合する。だとすれば、組合員の個別労使交渉・協議力（発言力）を強化することが、従業員の金銭契約志向（割り切った関係性）を防止し、組織に対する情緒的コミットメントの強化に結びつく可能性を示しているとも解釈できよう。この点についての検証は、今後の課題となった。

　つぎに、各合成変数の因果関係や相互関係を図で表現する共分散構造分析（パス解析）[82]を行った。まず、個別労使交渉・協議力（発言力）は、どの合成変

82）共分散構造分析とは、観測データの背後にある、さまざまな要因の関係を分析する統計手法（豊田2007：2）である。パス図の見方は、変数間の矢印「→」は因果関係を示し、「↔」は相関関係（共変関係）を示すものである。その変数間の矢印に添う値は、標準化係数（因果係数）で、-1～+1までの範囲で関係性を示すものであり、すべて有意水準（p <0.05％）の値であることを確認している。変数の右肩上の小さな数字（決定係数）の見方は、例えば図表6-34でいえば、【個別的労使関係上司との関係】の右肩の数値は、【個別労使交渉・協議力】から影響を受ける部分が0.67を占めていることを現しており、その他の変数から影響を受ける誤差の部分が1.00－0.67＝0.33であることを示すものである。eは誤差変数を意味し、eの後ろの番号は単なる記号であり意味はない。図の下側に1行で表記した記述は、モデル全体の適合性を評価するものである。カイ2乗値は、構成されたパス図は正しいのか検定するもので、帰無仮説の立て方が通常とは逆になっているので、表示されている確率の値が高いほど望ましい結果であることを示している。なお、帰無仮説とは、ある変数が他の変数と関係がない（差がない）とする仮説である。この仮説が棄却される（関係がある、差があるとする）確率を、これを有意確率または危険率と呼び、一般的には5％以下が利用される。つまり、誤差が5％以下ならば、「間違いの可能性はごくわずか」と解釈して良い（帰無仮説を棄却する）ことになるものである。また、分析に使用したソフトのSPSSやAmosは、小数点の前の0を略して0.000を.000と表記するため、そのまま使っている。
　GFI（Goodness of Fit Index）以降の値が適合度指標を示すもので、1に近いほど説明力のあるパス図であるとみなす。同じくAGFI（修正適合度指標）やCFI（比較適合度指標）も、値が1に近いほどデータへの当てはまりがよいとされている。
　RMSEA（Root Mean Square Error of Approximation）は一般に0.05以下であれば当てはまりがよいとされ、AIC（情報量基準）は、複数モデルを比較してモデルの説明力と安定性を相対的に比較する場合の指標で、最も値の低いモデルを選択することになる（小塩2004：193-194、豊田2007：18、豊田・前田・柳井1992：176）。

図表6-34　個別労使交渉・協議力から労働成果までのパス解析図

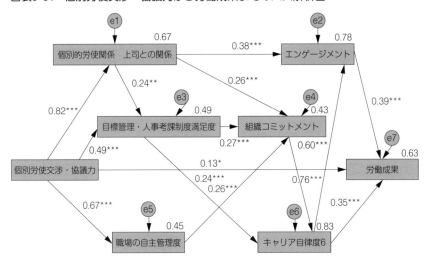

*P<0.05　**P<0.01　***P<0.001

カイ2乗値＝31.633 自由度＝14 確率＝.005 標準化推定値 GFI＝.967 AGFI＝.916 CFI＝.922 RMSEA＝.072 AIC＝75.633
出所：筆者作成

数と因果関係の経路を通じて、労働成果（働く意欲が高まっている＋仕事の生産性
が高まっている＋自分の仕事の業績が上がっている）に結びついていくのかを探った。
なぜこのような解析を試みるのか。それは、本調査研究の目的である、先進的
労働組合が生み出している個別的労使関係での新たな労使関係が、価値及び効
果を生み出すものであるのか、それを確認しておきたいからである。その結果
が図表6-34である。

　個別労使交渉・協議力（発言力）は、個別的労使関係の上司とエンゲージメ
ントを経由して労働成果に結びついていく。さらに、個別労使交渉・協議力
（発言力）は、目標管理・人事考課制度満足度から組織コミットメントやキャリ
ア自律度を経由して、労働成果に影響を及ぼしていることがわかる。もう一方、
個別労使交渉・協議力は、職場の自主管理度を経て組織コミットメントへ、そ
こからキャリア自律度とエンゲージメントを経由して労働成果に影響をもたら
していることがわかる。標準化係数の値もすべて有意水準であり、当該パス図

図表6-35　組織コミットメントを除去した場合の個別労使交渉・協議力から労働成
　　　　　果までのパス解析図

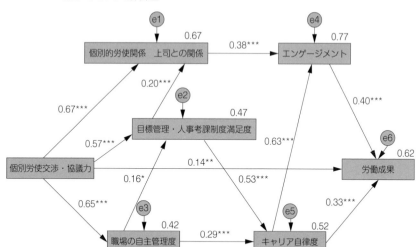

*P＜0.05　**P＜0.01　***P＜0.001

カイ2乗値＝17.991 自由度＝9 確率＝.035 標準化推定値 GFI＝.979 AGFI＝.934 CFI＝.950 RMSEA＝.064 AIC＝55.991
出所：筆者作成

の適合指標の結果も問題ないものとみなせよう。

　しかし、図表6-34内をよく見ると、組織コミットメントから労働成果にパス
が通っていない。有意確率が0.243で有意水準にならないからである。そこで、
組織コミットメントの変数を除去して、図表6-35のようなパス解析図を作成す
ると、確率は0.005⇒0.035、GFI は0.967⇒0.979、AGFI は0.916⇒0.950、
RMSEA は0.072⇒0.064、AIC は75.633⇒55.991へと適格性が高くなった。

　その理由を探るべく、組織コミットメントの4要素を独立変数、労働成果を
従属変数にする重回帰分析をおこなって、どのような因果関係になるのか探っ
た。その結果が図表6-36である。存続（功利）的側面が労働成果に対して、有
意の負の影響（標準化係数ベータ：-0.283）にあることが示された。これまでの
先行研究で示されていた組織コミットメントの要素の中に、労働成果に対して
相矛盾するものがあることが判った。

図表6-36　組織コミットメント 4 要素による労働成果への重回帰分析

モデルの要約

モデル	R	R2乗	調整済み R2 乗	推定値の標準誤差
1	.774ª	0.600	0.593	0.62436

分散分析ª

モデル		平方和	自由度	平均平方	F 値	有意確率
1	回帰	138.493	4	34.623	88.817	.000ᵇ
	残差	92.389	237	0.390		
	合計	230.882	241			

係数ª

モデル		非標準化係数 B	標準誤差	標準化係数 ベータ	t 値	有意確率	共線性の統計量 許容度	VIF
1	(定数)	0.883	0.180		4.907	0.000		
	組織コミットメント愛着(情緒)的側面=(Q431+Q432)/2	0.269	0.061	0.275	4.442	0.000	0.441	2.265
	組織コミットメント規範的側面=(Q434+Q435)/2	0.317	0.089	0.296	3.547	0.000	0.242	4.137
	組織コミットメント存続(功利)的側面=(Q435+Q436)/2	-0.267	0.066	-0.283	-4.048	0.000	0.346	2.889
	組織コミットメントキャリア追及的側面=(Q437+Q438)/2	0.424	0.051	0.479	8.386	0.000	0.518	1.930

a. 従属変数 働き方タイプ　労働成果=(Q411+Q412+Q413)/3

出所：筆者作成

図表6-37　WLB 満足度高低と模範的働き方高低をクロス集計

			模範的働き方高低 低い(平均以下)	高い(平均以上)	合計
WLB満足度高低	低い(平均以下)	度数	100	8	108
		%	92.6%	7.4%	100.0%
	高い(平均以上)	度数	75	59	134
		%	56.0%	44.0%	100.0%
合計		度数	175	67	242
		%	72.3%	27.7%	100.0%

カイ2乗検定

	値	自由度	漸近有意確率(両側)
Pearson のカイ 2乗	40.061ª	1	0.000

出所：筆者作成

　また、ワークライフバランスは労働生産性を高めるという報告をよく耳にする昨今である。しかし、本調査研究では WLB 満足度も図表6-34と図表6-35に包含されることがなかった。そこで、その理由を探るべく WLB 満足度高低と模範的働き方高低をクロス集計してみた。その結果が図表6-37である。確かに

図表6-38　時間外労働長短と勤続年数長短の、模範的働き方高低とのクロス集計

| | | | 模範的働き方高低 | | |
			低い(平均以下)	高い(平均以上)	合計
時間外労働長短	短い(平均以下)	度数	127	42	169
		時間外労働長短の%	75.1%	24.9%	100.0%
		模範的働き高低の%	72.6%	62.7%	69.8%
	長い(平均以上)	度数	48	25	73
		時間外労働長短の%	65.8%	34.2%	100.0%
		模範的働き高低の%	27.4%	37.3%	30.2%
合計		度数	175	67	242
		時間外労働長短の%	72.3%	27.7%	100.0%
		模範的働き高低の%	100.0%	100.0%	100.0%

カイ2乗検定			
	値	自由度	漸近有意確率(両側)
Pearson のカイ 2乗	2.247[a]	1	0.134

| | | | 模範的働き方高低 | | |
			低い(平均以下)	高い(平均以上)	合計
勤続年数長短	短(平均以下)	度数	90	42	132
		勤続年数長短の%	68.2%	31.8%	100.0%
		模範的働き高低の%	51.4%	62.7%	54.5%
	長(平均以上)	度数	85	25	110
		勤続年数長短の%	77.3%	22.7%	100.0%
		模範的働き高低の%	48.6%	37.3%	45.5%
合計		度数	175	67	242
		勤続年数長短の%	72.3%	27.7%	100.0%
		模範的働き高低の%	100.0%	100.0%	100.0%

カイ2乗検定			
	値	自由度	漸近有意確率(両側)
Pearson のカイ 2乗	2.477[a]	1	0.116

出所：筆者作成

WLB満足度が低い人たちは模範的働き方も低い人たちであり、92.6%と圧倒的にその割合は高いのだが、しかし、WLB満足度が高い人たちで模範的働き方も高い人たちは44.0%と半数を下回り、むしろWLB満足度が高い人たちの中にあって模範的働き方が低い人たちのほうが56.0%と多いという結果となった。

　そこで、確認のために時間外労働長短と勤続年数長短の、模範的働き方高低とのクロス集計を行ってみた。その結果が図表6-38である。いずれも有意水準ではないものの、上段の表のように、時間外労働が短いのに模範的働き方も低いとなる人たちが75.1%（行の%）を占めており、時間外労働が長くて模範的働き方が低いという人たちの65.8%（行の%）を上回っているのである。つぎに、

　下段の表のように、勤続年数では、短くて模範的働き方の低いという人たちの68.2%（行の%）を、長くても模範的働き方は低いとする人たちは77.3%（行の%）と上回っているのである。本来ならば逆になるべきと思えるのだが、どうしたことであろうか。また、上段表の模範的働き方の高い人たちの中にあって、時間外労働が長い人たちが37.3%（列の%）もいる。一方、下段表の模範的働き方が高い人たちの中で、勤続年数が長い人たちは37.3%（列の%）しかいないのである。どうも、時間外労働だけの単純な短縮も、勤続年数の長さも、労働成果や心理的安寧（well-being）の向上とは結びついていないのではないかと想定される結果となった。この点は、今後サンプル数を増やしての追跡調査が望まれる。

　そしてつぎに、個別労使交渉・協議力（発言力）から二重帰属満足度へとは、どのような合成変数と因果関係の経路を通して結びついていくのかを探った。二重帰属満足度の要因が何であるのか探る必要性については、すでに第3章3節で述べたところであるが、重要なことなので改めて振り返っておくことにする。それは、栗田（1994）が指摘したように、二重帰属満足度は、日本の労働者の価値観に組織志向的性格、すなわち職場秩序の共同体的特質を代位する指標であり、尾高（1995）が指摘するように二重帰属満足度の高いタイプの人たちこそ、労働組合を支える人たちであるからである。

　その結果が図表6-39である。個別労使交渉・協議力（発言力）から、目標管理・人事考課制度満足度を経て二重帰属満足度に影響をもたらしていることが明らかとなった。もう一方で、個別労使交渉・協議力から、組合組織コミットメント→組合活動満足度→組合との心理的契約を経て、二重帰属満足度に影響をもたらすことも明らかとなった。また、すべての標準化係数が有意水準であり、適合性の高いパス図となっている。そればかりか、目標管理・人事考課制度満足度が、組合活動満足度と組合との心理的契約へ影響を与えている、という関係性が明らかとなった。

　さらに確認のため、組合評価に関連する合成変数の中で、直接的に二重帰属満足度に影響をもたらしているものを探るべく重回帰分析を行ってみた。その結果が図表6-40である。組合組織コミットメントと組合活動満足度の2変数は有意でなく、影響力もほぼゼロに近い（標準化係数ベータは0.059と0.067）こと

図表6-39　個別労使交渉・協議力から二重帰属満足度までのパス解析図

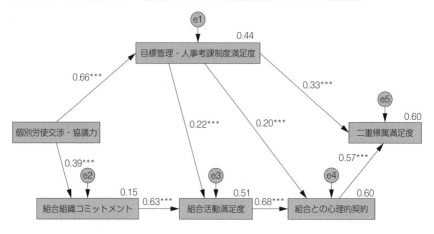

*P<0.05　**P<0.01　***P<0.001

カイ2乗値=4.636 自由度=7 確率=.704 標準化推定値 GFI=.994 AGFI=.981 CFI=1.000 RMSEA=.000 AIC=32.636

出所：筆者作成

図表6-40　組合評価に関連する合成変数に限定した二重帰属満足度に対する重回帰分析

モデルの要約

モデル	R	R2乗	調整済み R2 乗	推定値の標準誤差
1	.724a	0.524	0.518	23.18410

分散分析a

モデル		平方和	自由度	平均平方	F 値	有意確率
1	回帰	141019.382	3	47006.461	87.453	<.001b
	残差	127925.643	238	537.503		
	合計	268945.025	241			

係数a

モデル		非標準化係数 B	標準誤差	標準化係数 ベータ	t 値	有意確率	共線性の統計量 許容度	VIF
1	（定数）	35.072	7.870		4.456	0.000		
	組合組織コミットメント=(Q81+Q82+Q83+Q84+Q85)/5	2.756	2.878	0.059	0.958	0.339	0.530	1.888
	組合活動満足度=(Q86+Q87+Q88+Q89+Q810+Q811)/6	2.830	3.318	0.067	0.853	0.394	0.322	3.107
	組合との心理的契約=(Q812+Q813+Q814+Q815+Q816)/5	23.132	2.451	0.638	9.436	0.000	0.437	2.287

a. 従属変数 二重帰属満足度=Q7+Q9

出所：筆者作成

図表6-41　組合との心理的契約度の高低と二重帰属満足度4タイプとの行列クロス表

| | | | 二重帰属満足度4タイプ (PP型・PC型・CP型・CC型) | | | | |
			CC型	CP型	PC型	PP型	合計
組合との心理的契約高低	低い(平均以下)	度数	40	4	39	23	106
		組合との心理的契約高低の%	37.7%	3.8%	36.8%	21.7%	100.0%
		二重帰属4タイプ(PP型・PC型・CP型・CC型)の%	83.3%	21.1%	65.0%	20.0%	43.8%
	高い(平均以上)	度数	8	15	21	92	136
		組合との心理的契約高低 の%	5.9%	11.0%	15.4%	67.6%	100.0%
		二重帰属4タイプ(PP型・PC型・CP型・CC型)の%	16.7%	78.9%	35.0%	80.0%	56.2%
合計		度数	48	19	60	115	242
		組合との心理的契約高低の%	19.8%	7.9%	24.8%	47.5%	100.0%
		二重帰属4タイプ(PP型・PC型・CP型・CC型)の %	100.0%	100.0%	100.0%	100.0%	100.0%

カイ2乗検定

	値	自由度	漸近有意確率(両側)
Pearson のカイ2乗	71.887[a]	3	0.000

出所：筆者作成

　が示された。組合との心理的契約度だけが有意で、標準化係数ベータは0.638と強い影響力を示している。つまり、二重帰属満足度に影響を与えているのは、組合との心理的契約度（図表6-32）であり、組合組織コミットメント（図表6-30）でも組合活動満足度（図表6-31）でもないということがわかった。

　組合との心理的契約度と二重帰属満足度の関係性は、組合との心理的契約度の高低と二重帰属満足度4タイプの名義尺度にして、図表6-41のようにクロス集計すると、より具体的に理解できる。行のパーセンテージに示された、組合との心理的契約度が低い（不履行だと思っている）人たちの中で、CC型（不平不満型）の人たちは37.7％と一番高く、組合との心理的契約度の高い（履行されていると思っている）人たちの中で、CC型（不平不満型）の人たちは5.9％と一番低い割合を示している。一方、列のパーセンテージに示されているCC型（不平不満型）の人たちの中で、組合との心理的契約度が低い（不履行だと思っている）人たちの割合が83.3％と一番大きく、PP型組合（二重帰属型）の人たちの中で、心理的契約度の高い（履行されていると思っている）人たちの割合が80.0％で一

図表6-42　目標管理制度の運用納得度と二重帰属満足度4タイプのコレスポンデンス分析

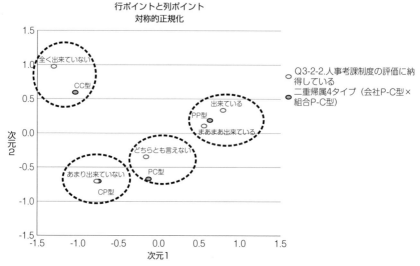

出所：筆者作成

番大きい。CP型の中でも、心理的契約度の高い（履行されていると思っている）人たちの割合は78.9％と大きいものの、4タイプに占めるCP型の構成割合は11.0％でしかない。この結果から、労働組合が重視（または育成）するべきは、PP型であることがわかる。

　図表6-42と図表6-43は、名義尺度の目標管理制度の運用納得度と人事考課制度の評価納得度に対する二重帰属満足度4タイプの変数間の関連を示すコレスポンデンス分析[83]の結果である。制度の納得度と4タイプが図の破線囲みのように関係していることがわかる。PP型は目標管理・人事考課制度の納得度の高い人たちと、CC型は目標管理・人事考課制度の納得度の低い人たちと、対応

---

[83] コレスポンデンス分析（対応分析）とは、2つの変数間の関連を示すときにつかわれる（小塩2011：245）。図表6-11における次元1の軸は二重帰属満足度4タイプのデータを行に、次元2の軸は設問「Q3-2-1目標管理制度の運用に納得している」の5件尺度のデータを列に、図表6-43では次元1の軸は二重帰属満足度4タイプのデータを行に、次元2の軸には設問「Q3-2-2人事考課制度の評価に納得している」の5件尺度のデータを列に並び替えて図解したものである。

図表6-43　人事考課制度の評価納得度と二重帰属満足度4タイプのコレスポンデンス分析

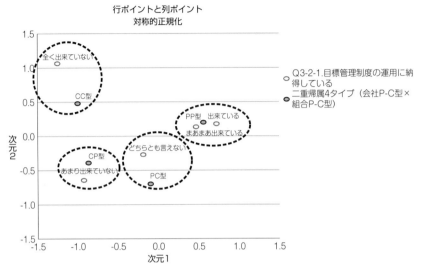

出所：筆者作成

関係が近いことが視覚的にわかるように配置されてくる。

　図表6-34と図表6-35のパス図を眺めていると、個別労使交渉・協議力（発言力）から個別的労使関係の上司との関係に、標準化係数が0.82と0.67になっていて強い結びつきが読み取れる。そこで、どのような上司との部下との関係性が望まれるのか明らかにするために、「Q2-2-11　目標設定が、上司からの押し付けとなっている」と「Q2-5-9　期末の面談がノルマ管理・業績管理のようになっている」の5件尺度の回答を「1.全くその通り」と「2.ややその通り」を足して「その通り」に、「4.やや違う」と「5.全く違う」を足して「違う」の2件尺度の変数に再割り当てして、労働成果の高低別と二重帰属満足度の高低別のクロス集計をおこなってみた。その結果が図表6-44である。

　破線で囲んだように、表の上段のクロス表では、「目標が上司からの押し付け」になっていると判断する人たちは85.2％が、「期末面接がノルマ・業績管理」になっていると判断する人たちは71.6％が、「働き方タイプ労働成果が低い」ことを示している。表の下段のクロス表では、「目標が上司からの押し付

図表6-44 「目標設定が上司からの押し付け」と「期末の面談がノルマ管理・業績管理」
の、働き方タイプ労働成果高低別と二重帰属満足度高低別とのクロス集計

クロス表

			働き方タイプ労働成果高低		合計
			低い(平均以下)	高い(平均以上)	
目標設定が上司からの押し付け	その通り	度数	23	4	27
		%	85.2%	14.8%	100.0%
	違う	度数	114	132	246
		%	46.3%	53.7%	100.0%
合計		度数	137	136	273
		%	50.2%	49.8%	100.0%

カイ2乗検定

	値	自由度	漸近有意確率(両側)
Pearson のカイ 2乗	14.684[a]	1	0.000

			働き方タイプ労働成果高低		合計
			低い(平均以下)	高い(平均以上)	
期末面接がノルマ・業績管理	その通り	度数	48	19	67
		%	71.6%	28.4%	100.0%
	違う	度数	73	105	178
		%	41.0%	59.0%	100.0%
合計		度数	121	124	245
		%	49.4%	50.6%	100.0%

カイ2乗検定

	値	自由度	漸近有意確率(両側)
Pearson のカイ 2乗	18.271[a]	1	0.000

クロス表

			二重帰属満足度高低		合計
			低い(平均以下)	高い(平均以上)	
目標設定が上司からの押し付け	その通り	度数	16	11	27
		%	59.3%	40.7%	100.0%
	違う	度数	88	159	247
		%	35.6%	64.4%	100.0%
合計		度数	104	170	274
		%	38.0%	62.0%	100.0%

カイ2乗検定

	値	自由度	漸近有意確率(両側)
Pearson のカイ 2乗	5.772[a]	1	0.016

			二重帰属満足度高低		合計
			低い(平均以下)	高い(平均以上)	
期末面接がノルマ・業績管理	その通り	度数	42	25	67
		%	62.7%	37.3%	100.0%
	違う	度数	55	124	179
		%	30.7%	69.3%	100.0%
合計		度数	97	149	246
		%	39.4%	60.6%	100.0%

カイ2乗検定

	値	自由度	漸近有意確率(両側)
Pearson のカイ 2乗	20.851[a]	1	0.000

出所：筆者作成

け」になっていると判断する人たちは59.3%が、「期末面接がノルマ・業績管理」になっていると判断する人たちは62.7%が、「二重帰属満足度が低い」と回答している。

　一方、「目標が上司からの押し付け」とは違うと判断する人たちは、「働き方タイプ労働成果が高い」は53.7%、「二重帰属満足度が高い」は64.4%となっている。「期末面接がノルマ・業績管理」ではないと回答している人は、「働き方タイプ労働成果が高い」は64.4%、「二重帰属満足度が高い」は69.3%となっており、その割合が大きいことが示されている。

(2)　目標管理・人事考課制度の運用力が問われる

　これまでの分析結果から考察するに、目標管理・人事考課制度の各面談状況を合成した変数、個別労使交渉・協議力（発言力）が、労働組合運動の目的といってもよいであろう労働成果や二重帰属満足度も高める効果があることがあきらかであり、今日の労働組合にとって、目標管理・人事考課制度を逆活用して、組合員・労働者が個々人の個別労使交渉・協議力を高めていく取り組みが、何より緊要な課題であることが明らかとなった。それを示すのが、図表6-45である。表示されている標準化係数の値のすべては有意水準である。これまで示してきたパス解析図の中で、最も適格性の高いバス図である。個別労使交渉・協議力（発言力）の発揮が、上司との人間関係と目標管理・人事考課制度満足度を高め、そして会社と労働組合両者への二重帰属満足度を高めて、労働成果を上げていくことが示されている。

　なぜ二重帰属満足度を高める必要があるのかは、繰り返しになるが、企業別組合では、単独の組合満足度より、二重帰属満足度を重視することが求められるのは、尾高（1995）の指摘するところである。当然ながら、企業別組合であるからといって、会社満足度だけが高ければよいことにもならない。共に高いPP型の組合員であることが望まれるのは当然であろう。

　図表6-36で、組織コミットメントの存続（功利）的側面が負の相関となったことは、存続（功利）的コミットメントが、次のように解釈されていることからも妥当なことであろう。高木・石田・増田（1997）において、存続（功利）的コミットメントが「組織に残ることにメリットがあると感じるから、そうす

図表6-45　個別労使交渉・協議力から労働成果への最適なパス解析図

*P<0.05　**P<0.01　***P<0.001

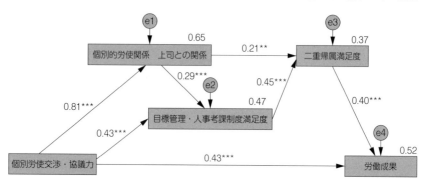

カイ2乗値＝2.989 自由度＝3 確率＝.393 標準化推定値 GFI＝.995 AGFI＝.975 CFI＝1.000 RMSEA＝.000 AIC＝26.989
出所：筆者作成

るという意味内容を含んでいる」(pp.269-270) と述べている。高木 (2003) においても、「存続的要素は組織にとって望ましいものではないことが示されている…職場の良好な人間関係と存続的要素との間には負の関連が報告されている」(p.150) と述べている。本調査においても、存続 (功利) 的コミットメントの肯定派の割合が図表6-20で示されたように、他の3因子 (愛着 [情緒] 的側面、規範的側面、キャリア追求的側面) の肯定派の割合よりも高いことから、存続 (功利) 的コミットメントが高まっても、労働成果にマイナスの要素でしかない、と解釈してよいであろう。以上のことを合わせて考えると、単純に組織コミットメントが高いことを、企業にとって良いこととすることはできないことが本調査研究で確認されたといえよう。

　組織コミットメントの存続 (功利) 的側面とその他の3側面の関係性は、心理的契約度の合理主義・金銭契約志向とその他の2志向と類似の概念なので、同じことがいえるかどうか心理的契約度の3志向を独立変数、労働成果を従属変数にした重回帰分析を行ってみた。その結果が図表6-46である。内部キャリア開発志向から労働成果に対しては有意で強い影響力 (準化係数ベータ：0.652) を示したが、合理主義・金銭契約志向から労働成果に対しては有意水準が

図表6-46　心理的契約度の3志向による労働成果への重回帰分析

モデルの要約

モデル	R		R2乗	調整済み R2乗	推定値の 標準誤差
1		.679[a]	0.461	0.454	0.72300

分散分析[a]

モデル		平方和	自由度	平均平方	F値	有意確率
1	回帰	106.473	3	35.491	67.896	<.001[b]
	残差	124.408	238	0.523		
	合計	230.882	241			

係数[a]

モデル		非標準化係数		標準化係数	t値	有意確率	共線性の統計量	
		B	標準誤差	ベータ			許容度	VIF
1	(定数)	1.430	0.309		4.633	0.000		
	心理的契約 内部キャリア開発志向	0.698	0.061	0.652	11.540	0.000	0.709	1.411
	心理的契約 合理主義・金銭契約志向	-0.122	0.062	-0.094	-1.965	0.051	0.981	1.019
	心理的契約 長期雇用志向	0.016	0.060	0.015	0.266	0.791	0.713	1.403

a. 従属変数 働き方タイプ　労働成果＝(Q411+Q412+Q413)/3

出所：筆者作成

0.051のため、"傾向"にあるとしか言えないものの、負の影響力（標準化係数ベータ：-0.094）にあることが示された。

　組織コミットメントの存続（功利）的側面と心理的契約度の合理主義・金銭契約志向の標準化係数ベータが労働成果と負の相関を示したことから、近年の、成果・業績主義への無作為な（被考課者訓練抜きの）移行は、企業に対してもマイナスの効果をもたらすことが想定される。

　すでに、多くの研究で、日本の組合員・労働者は、会社の心理的契約の不履行に不服をいだいていることが指摘されている。蔡（2002）によれば、心理的契約の違反は、「相手に経済的な損失をもたらすだけでなく、場合によっては相手の感情的な側面にも負の影響を及ぼしうる」（p.775）としている。若林・山岡・松山・本間（2006）においては、「成果主義的な人事制度の下では、…組織コミットメント低下や、年功制弱体化を受けて若年層では取引契約的傾向が高い」（p.35）と述べている。前述したように、金銭契約志向は組織コミットメントの情緒的コミットメントと負の相関関係にある（山岡2006：84）とも述べている。

　そのような一般的傾向の中にあって、本調査研究の対象者のように、大企業

労働者で平均勤続が13.4年、年齢では40代以上が52.2%を占めている。神代（1983）がいう良好な雇用機会の希少性説に裏打ちされてPP型タイプの組合員が多数を占めており、図表6-46が示すように心理的契約度のキャリア内部開発志向が強い影響力を持っている。そして、キャリア自律度が高い（図表6-29）組織であれば、組織コミットメントの存続（功利）的側面の値が高く（図表6-20）、心理的契約度の合理主義・金銭契約志向の肯定派が否定派より多く（図表6-21）とも、問題は少ないと解釈されよう。

　ただし、図表6-3において、勤続年数が長い人の方が、勤続が短い人より心理的契約度の低い人が多いことが有意水準であることから、日本的雇用形態が幻想となっていることを自覚していることは既定の事実といえよう。だとすると今後、より成果・業績主義へと経営の重心を移していくことで、組合員・労働者の心理的契約度の合理主義・金銭契約志向がより高まって、その人たちの割合が増加すれば、心理的契約度が高いことが労働成果に負の相関関係をもたらして、企業経営全体に悪い影響をもたらす可能性がある、と解釈できるのではないだろうか。言い換えれば、心理的契約度は、内部キャリア開発志向が高いものと、合理主義・金銭契約志向の高いものとでは、組織コミットメントと同じく、まったく違った結果をもたらす、といえよう。

　今後、当該労組においても全数調査等によって、若年層組合員（CC型タイプ）のサンプル数が増えたり、ゼロサム社会でかつコロナ下で成果・業績主義的人事制度がさらに推進され、リモートワークで個別労使交渉・協議力（発言力）が高まらず、個別的労使関係の上司との関係が希薄化したりすることが当然視される。さらにそこに、自己効力感の低い日本人のメンタリティーから生まれる「承認欲求の呪縛」（太田2019）を考慮すると、成果・業績管理を強めることが、業績達成にストレートに結びつけることは容易ではないだろう。組織コミットメントの存続（功利）的側面や心理的契約度の合理主義・金銭契約志向がより高まることで、労働成果や二重帰属満足度の低下に、確実に結びついていく危険性を感じさせる。

　図表6-40や図表6-41の結果が示す通り、組合との心理的契約度が二重帰属満足度や二重帰属満足度4タイプに強く影響していることから、労組リーダーがくみ取らなければならないことは、組合活動満足度や組合組織コミットメント

を組合員に求めるより、組合との心理的契約度を重視しければならないとの自覚である。組合との心理的契約が不履行になっていると考えている人がCC型で、二重帰属満足度の低い人たちであることが明らかになったからである。今回の回答組合員のように、組合へのシンパシーを強く感じる人たちだけが、組合との心理的契約が守られていると考えている人たちなのである。このことは、「日本企業の従業員は、企業が心理的契約の不履行をおこなっていると考えている」（服部2013a：155）とすれば、日本の多くの組合員は、"労働組合が賃金・労働条件の維持向上を怠っている⇒労働組合も組合員との心理的契約を不履行している"と見なして、それゆえに、組合員の組合離れが起こっていると考えるべきであろう。

　ただし、今後、労組リーダーが組合員との心理的契約度を重視するとしても、従来型の組合との心理的契約を履行することは、今日の経済的・社会的諸事情を考えると現実的には難しいであろう。組合員が会社との心理的契約度の合理主義・金銭契約志向や組織コミットメントの存続（功利）的側面を高めているとしても、日本経済の現実を考えるならば、これまでと違う、新たな組合との心理的契約の更新・再締結を図っていくことを考慮しなければならない。[84)]

　あわせて、図表6-44に示されたように、どんなに目標管理・人事考課制度が、制度的に完成度（客観性、納得性、公正・公平性）が高くても、それを職場で運用する上司の制度運用力やリーダーシップの民主度が高くないと、労働成果には結びつかない。また、同じく二重帰属満足度にも結びつかないということは、労働組合にとっても会社や上司の問題であると済ましている場合ではないことが示されている。なぜならば、そのような目標管理・人事考課制度の導入に合意したのは労働組合であり、むしろ制度導入に積極的に働きかけたとすれば、なおさらである。労働組合の側としても、被考課者訓練などを実施して組合員・労働者の目標管理・人事考課制度に対する理解力や運用力を、確実かつ継続的に高めて、働きがいのある仕事・職場にしていく責任が問われているといえるだろう。そして、以上のような視点をもって図表6-39や図表6-45をもう一度振り返り眺めれば、パス図が語らんとしている真の意図を解釈できるであろう。

84）新たな組合との心理的契約の更新・再締結の方法を探っていくにあたり、図表6-40において示された通り、【組合組織コミットメント】と【組合活動満足度】が【二重帰属満足度】との間に因果関係が見られなかった。そこで、【組合組織コミットメント】と【組合活動満足度】を下記パス図内に示した3変数（【組合役員との信頼関係度】【組合組織運営への信頼】【組合活動参加度】）に分割して、組合員の労働組合に対する信頼感は、組織運営に対するものとして生まれるのか、それとも組合役員個人に対するものとして生まれるものか、またそれらが【組合に対する総合満足度】とどのように結びついているのか探ってみた。

図表6-47　組合役員との信頼関係度からのパス解析図

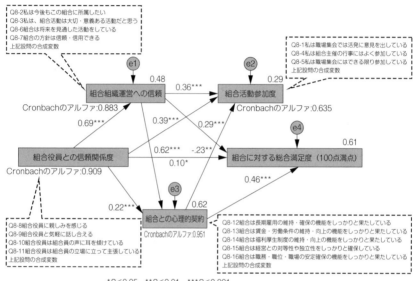

*P＜0.05　**P＜0.01　***P＜0.001

カイ2乗値＝.319 自由度＝1 確率＝.572 標準化推定値 GFI＝.999 AGFI＝.992 CFI＝1.000 RMSEA＝.000 AIC＝28.319

出所：筆者作成

　【組合に対する総合満足度】を高める要因は、【組合役員との信頼関係度】であることが分かった。それ共に、2つの注目すべき点が明らかとなった。1つ目は、【組合役員との信頼関係度】【組合組織運営への信頼】【組合との心理的契約】から【組合に対する総合満足度】へは正の影響を及ぼしているが、【組合活動参加度】と【組合に対する総合満足度】との間は標準化係数が0.00で関係性がみられない（矢印を引けない）。具体的に述べると、職場集会や組合イベントへの参加度やその場での発言度が高まったとしても、組合に対する評価（満足度）を高めることには結びつかないのである。2つ目は、【組合との心理的契約】から【組合活動参加度】へとは負の影響（-.23）を及ぼしており、【組合との心理的契約】が高まると、【組合活動参加度】は低くなることを示している。このことが示している意味は、春闘等で労働組合がどんなに頑張っても、【組合に対する総合満足度】は高められるが、組合員の【組合活動参加度】は高められない、むしろ低下させるだけ、と解釈される。このような構造になってしまったのは、春闘に代表される組合活動が組合役員による請負代行システムであったため、組合員は依存的体質を身に着けてしまったからだ、といえよう。新たな組合との心理的契約の更新・再締結にあたって、気をつけなければならない事柄である。

第3節　職場自主管理活動がもたらす成果を探る

　さらに、本調査研究のもう一つの仮説である職場における自主管理活動の存在が、労働成果とどのような経路を通じて結びつくのかを探査した。その結果が図表6-48である。

　職場の自主管理度から、職場のチームワークやエンゲージメント、キャリア自律度を経由して労働成果に結びついていることが示された。表示された標準化係数もすべて有意水準であることを確認しており、パス図の適応度も高いものとなっている。

　図表6-49は、職場の自主管理度と二重帰属満足度の関係性を示したパス図である。目標管理・人事考課制度満足度や組合活動満足度、組合との心理的契約を経由して二重帰属満足度に結びついている。表示された標準化係数もすべて有意水準であり、パス図の適応度も問題ないものとなっている。

　そこで、本調査研究の2つの仮説である、個別労使交渉・協議力（発言力）と職場の自主管理度を一度に配列した場合に、二重帰属満足度と労働成果にどのように結びついていくのか探索してみた。その結果、図表6-50に示されたような関係性になっていることが明らかとなった。標準化係数もすべて有意水準で、適応度も問題ないものと考えてよいであろう。

　さらに、職場での自律的職場集団が、企業にもたらす成果について確認しておくことにする。各合成変数の平均点の上下でカテゴライズして高低の名義尺度にして、クロス集計してみた結果が図表6-51である。

　図表6-51内において、No.26、No.27、No.28、No.30を除いて、すべて同じパターンとなっている。職場自主管理活動の高い（平均点以上）人と各合成変数の高い人（平均点以上）の割合が大きく、職場自主管理活動の低い（平均点以下）人と各合成変数の低い人（平均点以下）の割合が小さい、というパターンである。No.27は、設問の「Q2-2-11目標設定が、上司からの押し付けとなっている」と「Q2-5-9期末の面談がノルマ管理・業績管理のようになっている」の逆質問の合成変数【不本意な目標管理制度 $\alpha=.669$】のため形態パターンは違うが、内容は同じことを示している。

図表6-48　職場の自主管理から労働成果へのパス解析図

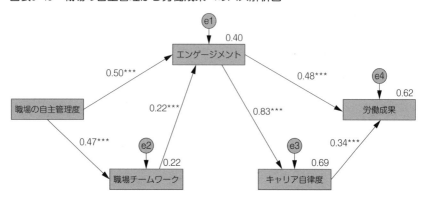

***P<0.001

　カイ2乗値＝4.678 自由度＝4 確率＝.322 標準化推定値 GFI＝.992 AGFI＝.971 CFI＝.994 RMSEA＝.027 AIC＝26.678
出所：筆者作成

図表6-49　職場の自主管理度から二重帰属満足度へのパス解析図

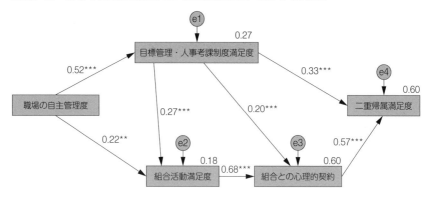

**P<0.01　　***P<0.001

　カイ2乗値＝5.432 自由度＝3 確率＝.143 標準化推定値 GFI＝.991 AGFI＝.955 CFI＝.981 RMSEA＝.058 AIC＝29.432
出所：筆者作成

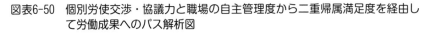

図表6-50　個別労使交渉・協議力と職場の自主管理度から二重帰属満足度を経由して労働成果へのパス解析図

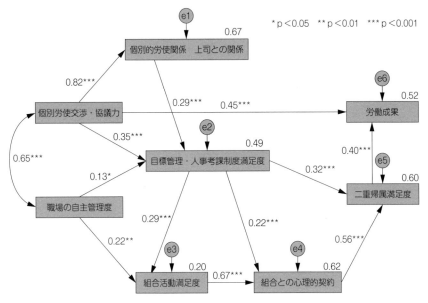

カイ2乗値＝33.185 自由度＝15 確率＝.004 標準化推定値 GFI＝.966 AGFI＝.917 CFI＝.915 RMSEA＝.071 AIC＝75.185

出所：筆者作成

　したがって、明らかに形態パターンが違うのは No.26と No.28と No30である。No.26は、職場自主管理活動と時間外労働時間の高低のクロスであり、職場自主管理活動の高低共に時間外労働時間が短い人が多く、むしろ職場自主管理活動の低い人のほうが、時間外労働が少ないといえるものになっている。ただし、これだけは漸近有意確率（両側）が0.093で、p＜0.05の有意な効果ではなく p＜0.1水準の傾向性となっている。

　No.28は、No.26とは逆で、職場自主管理活動の高低共に会社満足度の割合が高く、しかし、職場自主管理活動の低い人の満足度より、職場自主管理活動の高い人の会社満足度が高くなっていることがわかった。

　No.30は、職場自主管理活動の高低別に二重帰属満足度4パターンとのクロス集計をしたもので、職場自主管理活動の高低共に PP 型の割合が高いものの、

図表6-51　職場自主管理活動の高低別と各合成変数とのクロス集計

No.1　事前準備高低

職場自主管理高低		低い(平均以下)	高い(平均以上)	合計		値	自由度	漸近有意確率(両側)
職場自主管理度高低	低い(平均以下)	58.5%	41.5%	100.0%				
	高い(平均以上)	33.0%	67.0%	100.0%	Pearsonのカイ2乗	24.620[a]	1	0.000

No.2　期首面接高低

職場自主管理度高低		低い(平均以下)	高い(平均以上)	合計		値	自由度	漸近有意確率(両側)
	低い(平均以下)	59.2%	40.8%	100.0%				
	高い(平均以上)	27.0%	73.0%	100.0%	Pearsonのカイ2乗	34.388[a]	1	0.000

No.3　期中上司コミットメント高低

職場自主管理度高低		低い(平均以下)	高い(平均以上)	合計		値	自由度	漸近有意確率(両側)
	低い(平均以下)	58.9%	41.1%	100.0%				
	高い(平均以上)	30.1%	69.9%	100.0%	Pearsonのカイ2乗	31.857[a]	1	0.000

No.4　中間面接高低

職場自主管理度高低		低い(平均以下)	高い(平均以上)	合計		値	自由度	漸近有意確率(両側)
	低い(平均以下)	69.7%	30.3%	100.0%				
	高い(平均以上)	37.8%	62.2%	100.0%	Pearsonのカイ2乗	39.120[a]	1	0.000

No.5　期末面接高低

職場自主管理度高低		低い(平均以下)	高い(平均以上)	合計		値	自由度	漸近有意確率(両側)
	低い(平均以下)	65.5%	34.5%	100.0%				
	高い(平均以上)	25.9%	74.1%	100.0%	Pearsonのカイ2乗	51.628[a]	1	0.000

No.6　フィードバック面接高低

職場自主管理度高低		低い(平均以下)	高い(平均以上)	合計		値	自由度	漸近有意確率(両側)
	低い(平均以下)	54.8%	45.2%	100.0%				
	高い(平均以上)	26.0%	74.0%	100.0%	Pearsonのカイ2乗	32.468[a]	1	0.000

No.7　目標管理・人事考課制度満足度高低

職場自主管理度高低		低い(平均以下)	高い(平均以上)	合計		値	自由度	漸近有意確率(両側)
	低い(平均以下)	64.8%	35.2%	100.0%				
	高い(平均以上)	36.0%	64.0%	100.0%	Pearsonのカイ2乗	31.614[a]	1	0.000

No.8　見模範的働き方(労働成果)高低

職場自主管理度高低		低い(平均以下)	高い(平均以上)	合計		値	自由度	漸近有意確率(両側)
	低い(平均以下)	68.3%	31.7%	100.0%				
	高い(平均以上)	38.7%	61.3%	100.0%	Pearsonのカイ2乗	33.987[a]	1	0.000

No.9　模範的働き方(心理的安寧)高低

職場自主管理度高低		低い(平均以下)	高い(平均以上)	合計		値	自由度	漸近有意確率(両側)
	低い(平均以下)	66.7%	33.3%	100.0%				
	高い(平均以上)	33.7%	66.3%	100.0%	Pearsonのカイ2乗	41.481[a]	1	0.000

No.10　エンゲージメント高低

職場自主管理度高低		低い(平均以下)	高い(平均以上)	合計		値	自由度	漸近有意確率(両側)
	低い(平均以下)	66.7%	33.3%	100.0%				
	高い(平均以上)	26.1%	73.9%	100.0%	Pearsonのカイ2乗	63.029[a]	1	0.000

No.11　組織コミットメント高低

職場自主管理度高低		低い(平均以下)	高い(平均以上)	合計		値	自由度	漸近有意確率(両側)
	低い(平均以下)	60.9%	39.1%	100.0%				
	高い(平均以上)	29.8%	70.2%	100.0%	Pearsonのカイ2乗	36.678[a]	1	0.000

No.12　心理的契約度高低

職場自主管理度高低		低い(平均以下)	高い(平均以上)	合計		値	自由度	漸近有意確率(両側)
	低い(平均以下)	72.0%	28.0%	100.0%				
	高い(平均以上)	30.8%	69.2%	100.0%	Pearsonのカイ2乗	41.165[a]	1	0.000

No.13　WLB満足度高低

職場自主管理度高低		低い(平均以下)	高い(平均以上)	合計		値	自由度	漸近有意確率(両側)
	低い(平均以下)	66.2%	33.8%	100.0%				
	高い(平均以上)	20.1%	79.9%	100.0%	Pearsonのカイ2乗	82.099[a]	1	0.000

No.14　個別的労使関係上司との関係高低

職場自主管理度高低		低い(平均以下)	高い(平均以上)	合計		値	自由度	漸近有意確率(両側)
	低い(平均以下)	54.6%	45.4%	100.0%				
	高い(平均以上)	20.2%	79.8%	100.0%	Pearsonのカイ2乗	47.463[a]	1	0.000

No.15　個別的労使関係同僚との関係高低

職場自主管理度高低		低い(平均以下)	高い(平均以上)	合計		値	自由度	漸近有意確率(両側)
	低い(平均以下)	59.1%	40.9%	100.0%				
	高い(平均以上)	28.3%	71.7%	100.0%	Pearsonのカイ2乗	47.463[a]	1	0.000

出所：筆者作成

No.16　職務満足度高低

職場自主管理度高低		低い(平均以下)	高い(平均以上)	合計		値	自由度	漸近有意確率(両側)
	低い(平均以下)	66.5%	33.5%	100.0%				
	高い(平均以上)	24.9%	75.1%	100.0%	Pearsonのカイ2乗	66.503[a]	1	0.000

No.17　心理的資本度高低

職場自主管理度高低		低い(平均以下)	高い(平均以上)	合計		値	自由度	漸近有意確率(両側)
	低い(平均以下)	57.1%	42.9%	100.0%				
	高い(平均以上)	28.1%	71.9%	100.0%	Pearsonのカイ2乗	32.717[a]	1	0.000

No.18　組織における働きがい高低

職場自主管理度高低		低い(平均以下)	高い(平均以上)	合計		値	自由度	漸近有意確率(両側)
	低い(平均以下)	66.5%	33.5%	100.0%				
	高い(平均以上)	22.8%	77.2%	100.0%	Pearsonのカイ2乗	73.197[a]	1	0.000

No.19　キャリア自律度高低

職場自主管理度高低		低い(平均以下)	高い(平均以上)	合計		値	自由度	漸近有意確率(両側)
	低い(平均以下)	66.8%	33.2%	100.0%				
	高い(平均以上)	33.2%	66.8%	100.0%	Pearsonのカイ2乗	43.391[a]	1	0.000

No.20　職場チームワーク高低

職場自主管理度高低		低い(平均以下)	高い(平均以上)	合計		値	自由度	漸近有意確率(両側)
	低い(平均以下)	64.5%	35.5%	100.0%				
	高い(平均以上)	31.0%	69.0%	100.0%	Pearsonのカイ2乗	42.729[a]	1	0.000

No.21　二重帰属満足度高低

職場自主管理度高低		低い(平均以下)	高い(平均以上)	合計		値	自由度	漸近有意確率(両側)
	低い(平均以下)	56.0%	44.0%	100.0%				
	高い(平均以上)	26.2%	73.8%	100.0%	Pearsonのカイ2乗	35.317[a]	1	0.000

No.22　組合組織コミットメント高低

職場自主管理度高低		低い(平均以下)	高い(平均以上)	合計		値	自由度	漸近有意確率(両側)
	低い(平均以下)	64.0%	36.0%	100.0%				
	高い(平均以上)	42.7%	57.3%	100.0%	Pearsonのカイ2乗	17.536[a]	1	0.000

No.23　組合活動満足度高低

職場自主管理度高低		低い(平均以下)	高い(平均以上)	合計		値	自由度	漸近有意確率(両側)
	低い(平均以下)	56.6%	43.4%	100.0%				
	高い(平均以上)	27.7%	72.3%	100.0%	Pearsonのカイ2乗	32.444[a]	1	0.000

No.24　組合との心理的契約度高低

職場自主管理度高低		低い(平均以下)	高い(平均以上)	合計		値	自由度	漸近有意確率(両側)
	低い(平均以下)	52.8%	47.2%	100.0%				
	高い(平均以上)	29.8%	70.2%	100.0%	Pearsonのカイ2乗	20.437[a]	1	0.000

No.25　労働時間管理度高低

職場自主管理度高低		低い(平均以下)	高い(平均以上)	合計		値	自由度	漸近有意確率(両側)
	低い(平均以下)	57.9%	42.1%	100.0%				
	高い(平均以上)	32.0%	68.0%	100.0%	Pearsonのカイ2乗	25.404[a]	1	0.000

No.26　時間外労働高低

職場自主管理度高低		低い(平均以下)	高い(平均以上)	合計		値	自由度	漸近有意確率(両側)
	低い(平均以下)	72.6%	27.4%	100.0%				
	高い(平均以上)	64.4%	35.6%	100.0%	Pearsonのカイ2乗	2.816[a]	1	0.093

No.27　不本意な目標管理制度高低

職場自主管理度高低		低い(平均以下)	高い(平均以上)	合計		値	自由度	漸近有意確率(両側)
	低い(平均以下)	42.6%	57.4%	100.0%				
	高い(平均以上)	69.6%	30.4%	100.0%	Pearsonのカイ2乗	22.399[a]	1	0.000

No.28　会社満足度高低

職場自主管理度高低		低い(平均以下)	高い(平均以上)	合計		値	自由度	漸近有意確率(両側)
	低い(平均以下)	41.0%	59.0%	100.0%				
	高い(平均以上)	15.0%	85.0%	100.0%	Pearsonのカイ2乗	32.177[a]	1	0.000

No.29　組合満足度高低

職場自主管理度高低		低い(平均以下)	高い(平均以上)	合計		値	自由度	漸近有意確率(両側)
	低い(平均以下)	53.5%	46.5%	100.0%				
	高い(平均以上)	31.0%	69.0%	100.0%	Pearsonのカイ2乗	19.975[a]	1	0.000

No.30　二重帰属満足度4タイプ

職場自主管理度高低		CC型	CP型	PC型	PP型	合計		値	自由度	漸近有意確率(両側)
	低い(平均以下)	30.5%	10.5%	23.0%	36.0%	100.0%				
	高い(平均以上)	8.0%	7.0%	23.0%	62.0%	100.0%	Pearsonのカイ2乗	39.732[a]	3	0.000

職場自主管理活動の低い人は CC 型の割合も30.5％と高い。しかし、職場自主管理活動の高い人の PP 型は62.0％とその割合は、どのタイプよりも高くなっている。

　なお、No.11の組織コミットメントは、4 側面（愛着的、規範的、存続的、キャリア追求的）に分けてクロス集計すると、表としては示さなかったが、存続的側面のみが有意水準にならず、職場の自主管理度の低い人（62.4％）も高い人（70.1％）も、存続的側面の方が大きい値となった。同じく心理的契約度も 3 志向（内部キャリア開発、合理主義・金銭契約、長期雇用）に分けてクロス集計すると、合理主義・金銭契約のみが有意水準にはならず、職場の自主管理度の低い人（54.4％）も高い人（53.8％）も、合理主義・金銭契約志向の方が大きい値となった。

　第 3 節での分析結果をもとに考察すると、職場自主管理活動度の高い職場は、労使に成果をもたらす、といえるであろう。人的資源管理では、社員の自主性を発揮させた職場の自律的な活動を、リーダーシップ論やモチベーション論から、その必要性を語るものの、その活動の主催者には管理職を割り当てるために、どうしてもその職場運営は業務命令的なものとなって、職場の雰囲気は権威主義的（指示命令的）な重たさに包まれる。そのため、有意な効果ではなく傾向性の表れであるが、働き方改革での時間外労働時間の短縮は、職場の自主管理度と関係なく、労働の質的高まりを伴ったものではないようで、単純に喜んではいられないようである。

　しかし、労働組合活動としての職場での自主管理活動は、あくまで労働者の自主性・自律性であるために、そのような権威主義的（指示命令的）な空気は薄れる。No.27のように、職場の自主管理度が低いと思う人たちは不本意な目標管理制度が高いと感じ、職場の自主管理度が高いと思う人たちは不本意な目標管理制度が低いと感じることになる。しかも、A 労働組合 k 分会での自主管理活動は経営権への抵抗でも蚕食でもなく、労使共に許容されるうる職場の労使関係管理となっており、導入が期待されるものであろう。そのことは、次章のメール・インタビュー調査からも明らかになる。

第7章

管理職、組合役員、組合員との
メール・インタビュー調査の結果

　本章では、組合役員、管理職、組合員の３つのアンケートにて、目標管理・
人事考課制度の各面談が個別労使交渉・協議になっている可能性や、職場での
自主管理活動が展開されている可能性のある回答をリストアップし、かつ再質
問を認めるとして氏名とメールアドレスを記入した回答者に、コロナ禍の中で
もあり、メール・インタビューをおこなった結果の報告である。組合役員アン
ケート（有効回答1,664人）においては、被評価者セミナー後に、自身を含めた
同僚の言動の変化について記述し、かつ再質問を認めた回答者の中から20人を
リストアップした。同じく、管理職アンケート（有効回答219人）からは、部下
の言動の変化を記述した４人をリストアップした。組合員アンケート（有効回
答394人）からは、「職場でのチームワーク度」と「職場の自主管理度」が共に
高いカテゴリーを選択し、かつ再質問を認めた38人をリストアップし、メー
ル・インタビューした。
　第１節では、図表7-1の管理職２人（A、Bさん）のメール・インタビュー調
査の結果を報告する。管理職から報告するのは、組合役員より管理職とのほう
が、職場メンバーの動きをリアルに観察していることと、被評価者セミナー後
に、部下にどのような言動の変化が現れたのか、具体的に記述されるものにな
っているからである。被評価者セミナー後に生まれた、部下の上司に対する積
極的コミュニケーション（個別的労使交渉・協議）が、２人の記述からうかがえた。
　第２節は、図表7-2の組合役員（職場委員）４人（C、D、E、Fさん）とのメール・
インタビュー調査の結果である。アンケートへの記述だけでは、個別的労使関
係における交渉・協議を強化・補完する、職場での自主管理活動としての分権
的組合活動は明確にならなかった。しかし、それを示唆するような記述をして
いた図表7-2の４人に質問を繰り返すと、管理職（主査・課長代理・主任）の組

図表7-1　管理職（担当課長）メール・インタビュー者

氏名	性別	年齢	勤続年数	組合加入年数	職種	勤務形態	社員資格	所属分会	役員経験
Aさん	女	44	23	21〜25	共通事務	フレックスタイム制	総合職	L分会	分会役員
Bさん	女	42	19	16〜20	営業・サービス	交替勤務	総合職	L分会	分会役員

出所：筆者作成

図表7-2　組合役員（職場委員）メール・インタビュー者

氏名	性別	年齢	勤続年数	組合加入年数	職種	勤務形態	社員資格	会社役職	所属分会	役員経験	会社満足度	組合満足度	二重帰属度
Cさん	男	38	12	6〜10	営業・サービス	フレックスタイム制	エリア職	主査・課長代理・主任	K分会	部会役員	満足派	満足派	PP型
Dさん	男	43	19	16〜20	営業・サービス	フレックスタイム制	総合職	主査・課長代理・主任	E分会	分会役員	満足派	満足派	PP型
Eさん	女	43	8	6〜10	営業・サービス	フレックスタイム制	エリア職	主査・課長代理・主任	K分会	部会役員	満足派	満足派	PP型
Fさん	女	46	5	1〜5	共通事務	通常勤務	エリア職	一般	A分会	役員経験なし	満足派	満足派	PP型

出所：筆者作成

合リーダーによる職場での自主管理活動の実態が明らかとなってきた。日本の企業別組合では、このような組合役員で会社の下位層の管理職でもある、言い換えれば労働組合と会社に二重帰属的でもある職場リーダーが、組合員を統括する上で大きな力を発揮する組織構造になっている。A労働組合においても、図表4-1（F7会社役職）のとおり、現役組合役員の21%が管理職位（「主査・課長代理・主任」と「担当課長」）にあり、図表5-1（F8組合役員経験）に示されたとおり担当課長も45.3%が組合役員経験者（「過去分会役員をしたことがある」と「過去部会役員をしたことがある」）である。

　したがって、管理職2人と職場委員4人の回答から、ホワイトカラーの職場においても、役付の組合リーダーに導かれた職場での自主管理活動が展開されている、という事実の発見といってもよいであろう。[85]

85）小池（1977a）は、製造業の職長の二重の役割、1つはフォーマルな経営管理者の末端機構の役職者の立場で、もう1つは現場の作業集団の最古参メンバーとして、「職長をリーダーとして職場集団の慣行に基づく、いわば『自律的』な働きを黙認する…そして『自律的集団』─自分たちのしごとのやり方やわりふりは自分たちできめる」（p.205）役割を担っていることを示しつつ、職場の準自律的集団としての存在を明らかにしている。

図表7-3　組合員メール・インタビュー者

氏名	部会	性別	年齢	勤続年数	組合加入年数	組合役員経験	会社職位	会社職種	ダイアログ・レポート活用度	目標管理制度の運用納得度	人事考課制度の評価納得度	会社総合満足度	組合総合満足度	職場チームワーク高低	職場自主管理度高低
Gさん	25部会	男	30代	7	6	現在組合役員（部会・分会役員）	一般	技術	どちらともいえない	まあまあ出来ている	まあまあ出来ている	73	81	高	高
Hさん	21部会	男	20代	6	2	現在組合役員（職場委員）	一般	技術	出来ている	出来ている	出来ている	100	100	高	高
Iさん	31部会	女	40代	4	4	現在組合役員（職場委員）	一般	技術	まあまあ出来ている	まあまあ出来ている	まあまあ出来ている	85	100	高	高
Jさん	20部会	男	20代	4	4	役員経験なし（組合員のみ）	一般	技術	まあまあ出来ている	まあまあ出来ている	まあまあ出来ている	80	80	高	高
Kさん	2部会	男	20代	5	5	役員経験なし（組合員のみ）	一般	営業・サービス	出来ている	まあまあ出来ている	まあまあ出来ている	65	70	高	高

出所：筆者作成

　第3節は、組合員アンケートで再質問を認め、氏名とメールアドレスを記入した組合員98人のなかから、PDCAサイクルの面談に、チームワークで臨んだり、職場運営を自主管理的におこなったりしている可能性の高い回答をしてくれた人たち38人に、コロナ第4波との状況もあり、どのような個別労使交渉・協議や、職場での自主管理活動が展開されているのかをメールでたずねた結果である。回答者は、「職場でのチームワーク度」と「職場の自主管理度」の高い人をリストアップしてのメール・インタビューとしたため、結果、現在組合役員が19人、過去組合役員が6人、役員経験なしが13人であった。その中から返答をいただいた5人（図表7-3）の回答を紹介する。

第1節　個別的労使交渉・協議に直面する管理職

Aさん（女性、44歳、勤続23年、総合職、分会役員経験あり、被評価者セミナー受講経験なし）

　Aさんの被評価者セミナー受講者の変化について、アンケートでの記述は次の通りであった。

　目標管理制度の「事前準備」の変化について、

　　きちんと具体的かつ簡潔に内容をまとめているように感じた。

144

「期首面談」の変化については、

　　具体的かつ簡潔に伝えられるように意識し、自分の考えや『こういうことをしたい』などの思いも伝えようとする姿勢が感じられた。

「中間面談」の変化については、

　　客観的に現状の進捗状況や成果・課題などを捉え、今後どう進めていくかなども前向きに検討しているように感じた。

「期末面談」の変化については、

　　そのような成果につながったかを考え、きちんと伝えるように意識しているように感じた。

「フィードバック面談」の変化については、

　　「なにかアドバイスはありますか」など積極的に質問し、成長しようとする姿勢を感じた。

「日常での仕事の仕方」や「報告・連絡・相談」の変化については、

　　簡潔にわかりやすく伝えようとする姿勢を感じた。途中の段階できちんと報告・相談するように意識しているように感じた。

「仕事へのモチベーション」の変化については、

　　意欲的かつ効率的に取り組む姿勢が感じられた。

「同僚とのコミュニケーション」の変化ついては、

　　周囲にも自分の意見などをきちんと伝えようとする姿勢が感じられた。

　このようなアンケートへの記述に対して、筆者から「ご記入いただいた部下の言動変化は、特定の個人の変化でしょうか、それとも複数の部下の変化でしょうか。また、その『被評価者セミナー』の受講者の変化が、職場全体に影響をもたらしているようなことは」と再質問した。

　それに対してAさんの回答は、

　　複数の部下で感じました。変化の度合いは部下によって異なります。職場全体に影響をもたらしているようなこととしては、意欲的・積極的な姿勢の変化が職場の活性化・周囲との連携強化などにつながっていると思います。

　　また、コミュニケーション（報告・連絡・相談）を適宜とり、わかりやすく伝えようとする姿勢が業務の効率化などにつながっていると思います。

―との返答であった。

Bさん（女性、42歳、勤続19年、総合職、分会役員経験あり、被評価者セミナー受講経験なし）

　Bさんは、アンケートでの「仕事へのモチベーション」の変化について、

　　　　　目標達成にむけて自分に何ができるか、何をするべきか主体的に考えていた。
—と記述していた。

　そこで、筆者から「『目標達成にむけて自分に何ができるか、何をするべきか主体的に考えていた』部下は、特定される人のことでしょうか、それとも『被評価者セミナー』受講者の複数ないしは全般にいえることなのでしょうか。また、そのことを感じられた場面は、目標管理プロセスのどの面談時でしょうか、日常の職場での観察からのことでしょうか」と再質問してみた。

　それに対してBさんの回答は、

　　　　　申し訳ございませんがどの社員が被評価者セミナーを受講したのか把握できていないため正確な回答ができませんが、エリア職登用1〜2年目の社員が全員受講しているのであれば、全員ではなく受講者の複数です。
　　　　　そのように感じられたのは面談時もそうですが、日常でもありました。
　　　　　目標設定面談の際は、こちらからの働きかけが多かったのですが、進捗面談や成果反省面談の際は、自分自身で職場の状況を分析・把握して進めた業務や反省事項等を積極的に話してくれました。
　　　　　日常でも自分の業務だけでなく同じチームメンバーのバックアップをしたり、課題についてどう取り組むか聞いても1・3・6か月サイクルで何をやるかしっかりと考えていて驚きました。
—との返答となった。

　以上2人の管理職の記述は、部下の言動を「被評価者セミナー」の受講前と後とを比較して、明らかな変化が見られたことによる記述であるといえるであろう。

第2節　個別的労使交渉と職場自主管理活動を推進する組合役員

　ここからは、分会・部会・職場委員4名に対するメール・インタビュー調査の結果である。最初のCさんは部会役員（A労働組合では、労組本部の下に地域・

事業別に分会があり、その分会の下にほぼ県単位に部会という組合組織となっている）
で、組合員10人に対して1人の割合で選出される職場委員より上位組織に属する。会社役職も「主査・課長代理・主任」で、職場における下級管理職の立場にある。

Cさん（男性、38歳、エリア職、会社役職は「主査・課長代理・主任」、部会役員、被評価者セミナー受講経験あり）

　Cさんは被評価者セミナーを受講したメンバーの変化を問う設問に、

　　アピールポイントを見出す努力が感じられた

―との短い回答をされていた。

　そこで、「どなたが（誰が）、どなたに（誰に）対して、どのような場面で、どのような内容のアピールをされていたのでしょうか？　5W1Hをお聞かせください」と再質問したところ、次のような回答が届いた。

　　旧チャレンジシートの記載については上長の方針によって記載方法が異なることがあり、どのように記載するのが正しいのかレクチャーされておらず、わからなかったことをよく覚えています。中には記載する項目を決めてくる上長もおりました（部下のチャレンジが全て同じ内容になる）。

　　ユースセミナーにおいて被評価者セミナーを受講し、チャレンジシートの記載例を基に説明いただきました。それだけでなく、チャレンジシートの記載材料の集め方、実施記録の残し方など、自身の記録をしっかり残すことも教わり、現在でも自分なりではありますが、スケジューラの活用やメモなど継続して実施しています。

―との回答になった。

　そこで、さらに「記述されたことは、個人的にされていることなのでしょうか、それとも上司または同僚と一緒になされていることなのでしょうか。もし、後者の場合でしたら、どなた（誰）と、どのような場面で、どのような方法でなされておられるのでしょうか？　5W1Hをお聞かせください」と再再質問した。

　それに対する回答は、

　　月単位で自分の仕事を振り返り、課題の整理やスケジュール確認をおこなっている。主に個人作業です。特に月単位という事ではありませんが、日々の業

務をスケジューラ以外に Excel ファイルで、内容、締め切り、マイルストーン
などを個人的に管理しています。

　半期単位にしていることは、業務成果の共有や個々の仕事量の調整を打ち合
わせている。…担当内で定期 MTG の際に四半期に一度は共有する場を設けて
います。

　特に東京○○○センターでは電話応対のオムニチャネル化・リモートワーク
などについて活発に取り組みをおこなっており、担当者に業務が寄ってしまう
事が多いため、定期的に仕事の振分をおこなっています。

　また、同期の担当者が多いため、担当内で自然と同じ動きができると感じて
います。

　年単位でしていることは、担当の仕事の棚卸。

　ユースセミナー以降自身で主体的にといえるものとは少し離れると思います
が、現在は私の担当では重点施策に基づいた担務表を作成しており、そちらで
担当内の年間のスケジュールや各個人の担務を共有しています。

―と少し集団的動きのように読める内容に変化してきた。

　以上の回答に対して、さらに、「『担当内で定期 MTG の際に四半期に一度は
共有する場を設けています』とのことですが、この定期 MTG は『被評価者セ
ミナー』受講後から、C 様が始められたことなのか、それ以前から開かれてい
たものでしょうか。また、この定期 MGT は、どのような構成メンバーで、主
催者はだれで、どのくらいの時間をかけて行っているものでしょうか」と質問
すると、次のような、C さんが自主的にしているグループ・ミーティングの内
容が明らかになった。

　今の担当と受講した時の担当は違うのでイコールとは言えないのですが、受
講当時、4 年前となりますが、電話受付部門の支援者をしていました。その時
は SV（スーパーバイザー）としてグループ CM の育成、指導を担当していました。

　受講後から個人の発案で以下のメンバーで実施してきました。

　　・直属上長：受付グループ課長
　　・同僚（支援者）：SV（スーパーバイザー）2 名 /CCM（チーフコミュニケー
　　　ター）2 名
　【実施内容】
　　・各輪番 G の SV を集めた月次で SV 会議というものがあり、そこで議論
　　　された内容の共有
　　・CM の育成状況の確認

　　・グループ展開資料の進捗確認
—などをおこなっていました。
【所要時間】
　30分程度
【主催】
　△△△△（自分の氏名を記入：筆者注記）
◆現在
　その後、バックヤードにおいて〇〇〇の業務推進（〇〇〇ではガイドライン担当と呼ばれています）では元々同様の会議体は持たれていましたが、当初は、箇条書きで議事録も無しのような形でしたが、個人タスクや施策進捗を見えるようにMTGをおこなうようにしていきました。
【実施メンバー】
　課長・主査・各担当
　担当業務：端末故障受付業務・光故障受付業務　※それぞれ電話受付、LINE受付、チャット受付などの複数チャネル有り
【実施内容】
　・各施策の進捗状況
　・各個人のタスク／仕事量
—などをExcelで管理しています。
【所要時間】
　1時間
【主催】
　持ち回り担当制
—以上です。

Dさん（男性、43歳、勤続19年、総合職、会社役職は「主査・課長代理・主任」、分会役員、被評価者セミナー受講経験あり）

　Dさんが組合役員を最初に担ったのは10年ほど前で、5年ほど職場委員をして、その後2年弱、部会長を担われ、その後、部会役員よりもさらに上級機関にあたる分会の執行委員3年目という組合キャリアの持ち主である。会社役職は、現在の担当（去年4月より着任）にて主査を担われており、Dさんのチームは彼の他に社員2人、派遣1人、協力社員4人とのことであった。
　「被評価者セミナーが役立った理由、応用できた理由」に対しては、

　　中身ももちろん役に立ったと思いますが（だいぶ昔の事なので正直あまり覚え
ていません……）、それまでこのような話題を上司としか出来ていなかったし、
なかなか職場で議論する事もしにくかったので、このテーマを同世代のメンバー
と議論できた事そのものが以降にも役立ったと思っています。
「週単位でしていること、その内容」については、

　　　　アウトプットの習慣と、それが上司、職場にとってどう映るか（上司の、担当の、
　　　　部門の目標にどう貢献したか）の視点

「月単位でしていること、その内容」については、

　　　　上方向へのアウトプット（上司、部門長）はもちろん、メンバーへのフィード
　　　　バック（評価）を通じてチームワーク、モチベーションの向上に繋げている

「4 半期単位にしていること、その内容」については、

　　　　部門全体に及ぼしたアクションの振り返り（自分、自担当の役割を再認識する
　　　　とともに、役割を全う出来たかの PDCA をおこなう）

「半年単位でしていること、その内容」については、

　　　　目標に対する定量的、定性的な成果の確認。特に定量に関してはメンバーや
　　　　部門と認識を合わせておく事が重要（独りよがりな数字に意味はない）

「年単位でしていること、その内容」については、

　　　　目標そのもの、役割そのものの見直し（見つめ直し）特に、環境、情勢の変化
　　　　に対応できているかの観点を忘れずに

―との記述であった。

　そこで、セミナーはその後も役立っているのか尋ねると、

　　　　それまで評価という話題が何か「個人の事」のようなイメージがありもちろん、
　　　　上長とは面談の機会で話しますが、社員同士で話をするという考えを持ってお
　　　　りませんでした。

　　　　ただ、このセミナーを機に「社員同士で話して良い話題なんだ」という今と
　　　　なっては当たり前の事をその当時、思った（考えが変わった）気がします。

　　　　その意味で5W1H で申しますと、例えば

　　　　いつ：目標設定やフィードバックの機会

　　　　どこ：職場

　　　　だれ：社員同士で「こういう目標にした」「自分はこうした」、「こういうアド
　　　　　　バイスもらった」など話すのが当たり前、むしろそうすべき事、とい
　　　　　　う認識に変わりました。

　実際、部門や担当の目標を達成するとき、役割分担であったり、同じ方向を向いてチャレンジするものですのでそう変わる事でより目標や役割が明確になり、それに向けたチャレンジがしやすくなったと思います。

―との回答が届いた。

　さらに、「『アウトプットの習慣と、それが上司、職場にとってどう映るか（上司の、担当の、部門の目標にどう貢献したか）の視点』とのご回答ですが、これはご自身のことに限定してのことでしょうか？　それとも職場全体でも当てはまることでしょうか？　もし、後者ならば、いつ、どこで、誰と、どのような方法で『視点の確立』をされているのか、5W1H的にお聞かせください」との質問には、

　　自身の視点として、そうしています。

　　評価は評価時期にだけ報告やアピールするものではありませんし、いざ評価時期に慌てても遅いものですので、小さくても週次単位ではアウトプット（上長への報告）をするようにしています。

　　また、上長はその上長に週次、月次で必ず報告をしているはずですので自分がアウトプットした内容がその上へ報告されているか確認する事で自分の活動が部門や担当目標、方針に合致しているという確認にもなると考えています。

　　ですので、

　　いつ：週次

　　どこ：担当内で

　　だれ：上長に

　　どのように：週次報告の機会を確保し報告する

　　⇒1つ上、2つ上への報告資料に載らないようなら方向性が違うかまだ十分ではないか。

　　　なお、自身が報告するだけでなく、メンバーにもさせています。

―との回答になった。

　「『上方向へのアウトプット（上司、部門長）はもちろん、メンバーへのフィードバック（評価）を通じてチームワーク、モチベーションの向上に繋げている』とのご回答ですが、こちらも、ご自身のことに限定してのことでしょうか？　それとも職場全体でも当てはまることでしょうか？　もし、後者ならば、いつ、どこで、誰と、どのような方法で「モチベーション・アップ」に繋げているのか、5W1H的にお聞かせください」との質問には、

　月次の振り返りでは、「自分がこうやった」という報告だけでなくメンバー1人1人の頑張りを「今月、こんな事が出来ましたね」と拾い上げ「ちゃんと見ている」「よくやっている」とフィードバックする事でメンバーに目標を再確認させつつ、モチベーションの維持向上につなげるようしています。

　現在は少人数の担当のため自身がやっている事ですが、以前の担当は大所帯でしたので、各チームのリーダーから実施していました。

　その際の例で言いますと

　いつ：月次

　どこ：担当内で

　だれ：各リーダーから

　どのように：「結果」ではなくメンバーの頑張りを伝える場を設けていました。

―との返答となった。

　さらに、「『部門全体に及ぼしたアクションの振り返り（自分、自担当の役割を再認識するとともに、役割を全う出来たかのPDCAをおこなう）』とのご回答ですが、こちらも、ご自身のことに限定してのことでしょうか？　それとも職場全体でも当てはまることでしょうか？　もし、後者ならば、『PDCAサイクルの振り返り』を、いつ、どこで、誰と、どのよう方法で実施されているのか、5W1H的にお聞かせください」との質問には、

　基本的には自身、もしくは上長やメンバーと、です。

　現在の部門がSEと企画の半々のような担当ですので成果は「部門がどれだけ売り上げを出したか」で、そのために日々、周知であったり勉強会であったり、間接的なアクションをしていますので成果が数字として表れる四半期ごとに、我々のアクションがタイムリーだったか、効果的だったかを振り返っています（そのことをPDCAと書きました）。

　担当柄、当たり前の事ではありますが、

　いつ：四半期ごとに

　どこ：担当内で

　だれ：上長と、またはメンバーと

　どのように：成果と問い合わせ件数、トラブル件数など突合して次の四半期に活かすようしています―でした。

　評価の話ではなく業務の話ですね、これ。まぁ自身が、担当が目標達成するための行動ではありますが。

―との返答になった。

「『目標に対する定量的、定性的な成果の確認。特に定量に関してはメンバーや
部門と認識を合わせておく事が重要（独りよがりな数字に意味はない)』とのご回
答ですが、こちらも、ご自身のことに限定してのことでしょうか？　それとも
職場全体でも当てはまることでしょうか？　もし、後者ならば、『成果の確認』
を、いつ、どこで、誰と、どのような方法で実施されているのか、5W1H 的
にお聞かせください」に対しては、

　　　　正直、これを書いた時、何について書いたのやら忘れてしまいました……。
　　　　担当柄、成果は「売上金額」で定量測定は容易なのですが……

「『目標そのもの、役割そのものの見直し（見つめ直し）特に、環境、情勢の
変化に対応できているかの観点を忘れずに』とのご回答ですが、こちらも、ご
自身のことに限定してのことでしょうか？　それとも職場全体でも当てはまる
ことでしょうか？　もし、後者ならば、いつ、どこで、誰と、どのようことで
等の5W1H 的にお聞かせください」に対しては、

　　　　これも担当柄の事になりますが、企画の性格をもつ部門なら当然やっている
　　　　事で書いた時点では自身の事として書きましたが、職場全体でもそうだと思い
　　　　ます。
　　　　スマートフォンのセキュリティ関連商材の部門ですので、Apple 社や Google
　　　　社の突然の仕様変更が当たり前に起きます。
　　　　一方、商材の技術革新も日々起きる分野ですので以前はそれを売る営業にとっ
　　　　て「これが困る」と思っていたものがある時からは突然解決し、逆に違う場面
　　　　で違う部門が「これが困る」となり我々の部門に求められる支援が、日々とは
　　　　言いませんが少なくとも１年あれば全く変わっています。
　　　　このような外的要因に、普段は担当者レベルの小さなアジャストで対応しつ
　　　　つも組織や役割、制度など大きな変化で対応すべき事は年次のタイミングを逃
　　　　さず提起し実現するようにしています。
　　　　という事で、
　　　　いつ：大きな変化が出来るタイミング（次年度方針を検討する前）を逃さず
　　　　どこ：必要な組織を巻き込んで
　　　　だれ：それが出来る人（権限者）に
　　　　どのように：客観的に説明できるよう準備する―でした。
　　　　これも評価の観点から外れている気もしますが、昨今、変化への対応力も問
　　　　われる資質ですので……いや、苦しいですね……

—との回答が寄せられた。

　さらにその後も、「目標設定やフィードバックの機会に、職場で、社員同士で話すなどして、各人の目標や役割が明確になり、それに向けたチャレンジがしやすくなった、とのことですが、いつごろの、どのような職場で、どのようなメンバーとの間で、どのような日時、場所、機会に話し合われたのか、どのくらいの期間それを継続されたのか、最初の参加者の反応はどうだったのか、抵抗者、消極的な人はいなかったか、いたときどのように説得したのか、上長にはその会議開催をどのように伝え（説得し）たのか、そのときの反応などについてお話を聞かせてください」と掘り下げて尋ねてみた。

　　期待外れな回答な気がして誠に恐縮ですが……

　　私がこうした（働きかけた）、という話ではなく、私も意識が変わり、その前提で接したら周りもすんなり受け入れた、（きっと皆も研修でそう思ったのでは？と思いました）今では会社風土としてそれが当たり前です。という事でした。

　　まず、私自身の Before で言いますと評価（目標設定も含め）は秘め事と言うか、個人が上長と話するものでそのような話は社員同士でしないものだという誤った認識がありました。

　　その時は、私も周りとそのような話をしませんでしたし周りからもそのような話をされた事がありません。

　　まぁ、私が新卒入社した頃は当時の職場が、先輩と言えば契約社員ばかりで、社員がほとんどいなかった事もあるかも知れません。

　　ターニングポイントがこの研修（？）で評価者の目線を踏まえれば、当然、部門の目標にいかに貢献したかそのために自身のコンピテンシーを発揮したか、であり必然的にメンバー間の役割分担や目線合わせなしには成立せず自然と（同担当の）メンバー間で「目標設定、どう書いた？」など話すようになりました。

　　その際、どこまで具体的に話すかに差はあれど、それを嫌がるメンバーはおらず、本当に自然と目標や役割分担を共有するようになりました。

　　上司によっては、「メンバー間で意識合わせしたのか（してないならやり直せ）」という上司もおり、チームで目標達成する以上、当たり前なのだと思うようになりました。この時は、周りが若手の正社員ばかりだったという事もあったかも知れません。

　　後輩が出来、育成する立場になってからはやはりメインは目標設定時になりますが、まず最初にメンバー全員を集め、部門目標、担当目標を達成する上で何をやるべきか、優先順位や具体的手段を意見し合い、では、それを誰がやる

のか、新人には誰が教えるのか、まで決めます。（方向性決めが難しい目標の時は上長に入って頂く事もあります）もちろん、皆で合わせるべきポイントは押さえつつもそれぞれがチャレンジしたい事も尊重するよう気を付けています。

　これは、個人個人で目標を立てれば、つい細かい事（新人の育成など）は目標に現れず、かといって必要なものなので誰かがする事になり、それをする事になったメンバーは「目標外の事をやらされている」と思ってしまいますが、最初から目標のために必要な事、それを分担する事も目標達成への貢献だと認識して臨めばモチベーションをもって業務に当たれると考えています。

　また、メンバーにも恵まれているのでしょうが無関心であったり非協力的なメンバーに出会った事はありません。そのため、説得した、という経験はありません。

　現在は（以前の担当も）年上のメンバーも居ますが幸い長い付き合いのメンバーばかりで本音で話し合える間柄という事もあるかも知れません。

　振り返ってみれば、昔は今ほど評価の事を分かっていませんでしたし今も、きっと分かったつもりになっているだけの気がします。

　ただ、それは皆も同じで、「自分の目標は正しい」といえる人など１人もおらず皆、「自分の方向性は合っているのか確認したい」と思っているからこそ目標を共有する事に協力してくれているのではないか、と思います。

　答えになっているか不安ですが、ともあれ、苦労した記憶はありません。

また、私もこうしたい！と思ってやっているというよりは自身の役割としてこうしている、というのが率直な感覚です。（ひとえに職場、メンバーに恵まれていたという事ですね）

―との回答となり、役付の組合リーダーによる職場での自主管理活動の展開を述べるものであった。

Ｅさん（女性、43歳、勤続８年、エリア職、会社役職は「主査・課長代理・主任」、職場委員、被評価者セミナー受講経験あり）

　Ｅさんは、最初のアンケートにおいて、「日単位にしていること、その内容」として、

　　目標管理、上司・仲間とのコミュニケーションを自主的に図る。

「週単位でしていること、その内容」として

　　担当ミーティングで各人の進捗状況や情報共有、自身の取り組みや結果報告

を実施。

「半年単位でしていること、その内容」として、

　　成果・反省面談にて上司の評価と自己評価の差の確認。その差をなくするための確認

「不定期に随時していること、その内容」として

　　上司や仲間が不在時に起きた事象について、タイムリーに報告・連絡・相談を実施（緊急時）

―との回答であったので、さらに詳しく尋ねてみた。次が、それに対する返答である。

「日単位」においては

　　自身の取り組みとして、スケジューラを利用し、日々の業務について計画・管理をおこなうとともに上司や同僚に見える化を行い状況や日程がわかるようにしている。

　　同僚の進捗確認のため声掛けを行いながら、担当内の状況を把握し、上司へ報告。毎週担当ミーティングで担当目標に対し、それぞれの担務について進捗状況の共有、報告・相談をおこなっています。

「半年単位」では、

　　基本は、自身に関わることです。同僚に関しても協力・連携が必要な業務について困りごとや起こった事象については、成果・反省面談時のみならず普段から上司に相談していますし、結果報告もしています。

「不定期」には、

　　当日欠勤者によるシフト変更が生じたときやお客様のご指摘対応等業務に支障が起きた場合やシステム故障等緊急の場合、上司には電話で状況報告し、同僚には進捗状況など報告を随時 DiSH（社内システムでのスケジュール管理やWeb 会議、申請等行えるシステム）のチームワークやメール等必要に応じて判断し、速やかに対応しています

―との再回答が寄せられた。

　そこで、さらに質問を重ねて、記述された「同僚」とは、職場全体のメンバーをさすのか、もう少し限定された人たちなのか、または、「毎週担当ミーティング」と同じメンバーなのか、職場の構成について再再質問したところ、

　　以前より不定期に行われていた担当ミーティングの場を活用し、毎週おこな

うように意見したものです。最初は主体的に行えませんでしたが、コロナ禍で
コミュニケーション不足を感じたのが大きなきっかけです。

　　基本、毎週木曜日に主査が会議招集をしてくださり、議題がなければキャン
セルになってしまっていたのですが、議題の有無に関わらず自発的に進捗報告
をさせてもらうようにしていますので主催になることもあります。

　　職場全体ではなく、担当課長・主査・社員2人・派遣社員でおこなうミーティ
ングです。同部門の他担当（職場全体）とのミーティングではありません。

―との返答となった。Eさんは、職場ミーティングをEさん自身の主催の場
合と上司の主催の場合とがあるが、役付の組合リーダーによる職場での自主管
理活動の準展開を述べるものといえよう。

**Fさん（女性、年齢46歳、勤続5年、エリア職、会社役職「一般」、職場委員、被評価
者セミナー受講経験あり）**

　Fさんは、「月単位でしていること、その内容」に対して、

　　月末に、ミーティングで当月の振り返りと課題の洗い出し、次月へ向けての
課題への対策等を話し合っている

「4半期単位にしていること、その内容」に対しては、

　　四半期毎に目標を立てて振り返りをしていますが、担当内でおこなっている事。

「不定期に随時していること、その内容」に対しては、

　　登壇後に登壇について振り返り、課題がある場合はどう改善していくのかを
考えている。

―以上が最初のアンケートでの記述であった。

　そこで、月末におこなっているミーティングは個人的に上司となされている
ことなのか、職場のメンバーと一緒にされていることなのか尋ねてみた。

　　担当している研修のメンバーとおこなっております。また、営業部の方が入
る事もあります。通常、上司は入らないです。

　　登壇したインストラクターが予め担当した研修についての所感を指定のフォ
ーマットに入れており、そこで、自分が登壇しなかった研修の状況も知る事が
出来ます。

　　そこには登壇したインストラクターが感じた課題が書かれている場合もあり
ます。

　さらに、四半期毎の振り返りも同様なのかたずねたところ、

　　個人的に目標を立てて、四半期が終わったら振り返りをして結果を入力します。
　そして、その研修のリーダーがコメントを入れます。誰かと一緒にはしていな
　いです。また、フォーマットがあるので、そちらに目標と振り返りを入力して
　おります。

―とのことであった。

　また、セミナー登壇後の振り返りについても、

　　私のいる研修センターでは、ショップスタッフに対しての研修をおこなって
　おります。なので、自分がインストラクターとして登壇した際には、上記の様
　に振り返りをおこなっております。

　　現在は全て遠隔研修となっておりますので、この場合も登壇というのか分か
　りませんが、研修を行った後振り返り等をおこなっております。これは自分で
　おこなっております。

―とのことであった。

　しかし、月末のメンバーとの振り返りと課題の洗い出し、次月へ向けての課
題への対策等の話し合いは、職場で定められた行事（仕事）として公式に開か
れているものか、それとも自主・自律的に非公式的におこなっているものなの
かを質問すると、

　　月末MTGですが、リーダーが中心になって自主的におこなっているものです。
　なので、おこなっていないチームもあるようです。

　　そして、被評価セミナーがどのように役立ったかですが、知っている事だけ
　どいつの間にか抜けていた事や、こういった確認も必要なのかなど、改めて気
　づいた事と、新しく知った事があり、目標設定をする時や自己評価をする時の
　考え方の土台となりました。

―との回答になり、Fさん自身による主催ではないが、リーダー役との協働に
よる非公式的な職場ミーティングを展開していることがわかる内容である。

　以上4人の組合役員とのメール・インタビュー調査をまとめると、仕事の振
り分けや仕事の進捗状況の報告、仕事の優先順位や具体的手段およびそれを誰
がやるのかの決定など、職場集団内での上司と部下たちとの会議（交渉・協議）
の実態であること。自律的な職場が運営されている自主管理活動が明らかとな
ったといえるであろう。

第3節　職場・個人レベルでも経営参加する組合員

　成果主義の賃金・人事制度がもたらした目標管理・人事考課制度での各面談は、まさしく小池の言うところの、職場・個人レベルでの経営参加のフォーマ⁸⁶⁾ル化であり、発言の保障であり、労働力取引の規制の強化システムであることを明らかにするために、組合員アンケートの回答者のうち職場運営を自主的におこなっている可能性の高い方々に下記3質問をおこない、返答された38人のうち5人の回答内容は次の通りであった。

【質問1】あなたが目標管理・人事考課制度の各面談にて、これまで上司と交渉・協議したことで、一番力をいれたことは、どんなことでしたか。また、交渉・協議の結果・成果は、どうなりましたか。

　　Gさん：「自身の成果へのフィードバックに対して、ステップアップに必要な要素をヒアリングし、更なる成果を生み出しやすい環境作りに力を入れています」

　　Hさん：「目標管理については、目標設定していたことに対して、面談以外でも随時進捗を共有することを意識してます。人事異動に関しては、面談の際に将来の異動希望先について、自分のスキル有無を考えて、なるべく今までの経験が活かせる部署の希望を伝えています。結果としては、都度相談していることで人見知りでも上司と話しやすくなった気がしています。人事異動に関しても、今後のことを考えて経験しておくと良い部署などを教えてくれており、自分が知らなかった部署についても知ることができて視野が広がっているので、助かっています」

　　Iさん：「自身が対応している内容、進捗状況を課長に話し、理解していただきました。自担当が特に注力している案件に自分が関われていないことについては、協力していないのではなく、直属の主査から指示がないためであることを課長に説明し、理解していただきました」

　　Jさん：「一番力をいれたこと：定量的な表現、周囲に評価された成果をピックアップして説明。結果、成果：自身が納得できる範囲の妥当な評価」

---

86) 小池（1974）は、労働者の経営参加を、「参加をもっとも率直に解すれば、自分に深くかかわることを決めるときに、自分も発言する、ということであろう」（p.76）として、そして、「昇進と配転が、最も大切な参加の対象となる」（p.77）としている。

Ｋさん：「要求は特になし。協議については、担当のチームワークの強化のため
に自身がどういった役割、立ち振る舞いをするべきか事前にすり合わせを実施
致しました。事前に自身の取る行動についてお伝えしておくことで、『動きやす
い？間違ってないか？』といった心理になりづらくなっていると感じている」

　問１に対する回答を考察すると、Ｇさんの回答は、「フィードバックに対して、
ステップアップに必要な要素をヒアリングし、更なる成果を生み出しやすい環
境作りに力を入れています」、と実にシンプルな回答であるが、このＧさんの
対応こそ、目標管理・人事考課制度を自己の成長に結びつけるものとして活用
している証拠であろう。

　Ｈさんの回答も、「目標管理については、目標設定していたことに対して、
面談以外でも随時進捗を共有することを意識しています」とあり、目標管理制
度を上司との共有事項にして、共働での達成事項にしていることがうかがい知
れる。さらに、Ｈさんは「人事異動に関しては、面談の際に将来の異動希望
先について、自分のスキル有無を考えて、なるべく今までの経験が活かせる部
署の希望を伝えています」としており、これは、小池（1979a）が指摘する、個
人レベルでの経営参加の最大のポイントであるとした「昇進と配転」への発言
である。そして、その発言が、「人見知りでも上司と話しやすくなった気がし
ています」だけでなく「人事異動に関しても、今後のことを考えて経験してお
くと良い部署などを教えてくれており」と、「昇進と配転」への可能性を高め
ることに結びつけていることがうかがい知れる。

　Ｉさんの回答は、自分の仕事の「進捗状況を課長に話し、…協力していない
のではなく、直属の主査から指示がないためであることを課長に説明し、理解
していただきました」と回答し、面談を通して上司の誤解や部下観察の欠ける
部分を自ら補い、評価の公平性を確保していることがうかがい知れる。

　同じく、Ｊさんも「一番力をいれたこと」として「定量的な表現、周囲に評
価された成果をピックアップして説明」していることをあげて、その「結果、
成果」として「自身が納得できる範囲の妥当な評価」を得ることができた、と
回答しており、面談を上司の人事考課に結びつける部下の側からの情報提供を
していることがわかるものである。

　Ｋさんの回答は、「要求は特になし」と回答しているものの、「協議につい

ては、担当のチームワークの強化のために自身がどういった役割、立ち振る舞いをするべきか事前にすり合わせを実施致しました」と、面談を上司が自分に対してどのような役割や行動を果たすことを期待しているのかを確認する場にしている。また、そのような事前の行為によって、「事前に自身の取る行動についてお伝えしておくことで、『動きやすい？間違ってないか？』といった心理になりづらくなっていると感じている」と記述している。少し難解な表現ではあるが、面談等を通じて上司へのコミュニケーションを積極的におこなって、自分の仕事の進め方が、上司の期待や求めている行動と結びついたものであることをアピールするものにしていることが推測される。

　以上の回答は、いずれも、個別労使交渉・協議という形式張ったものではないが、しかし、自分の要望を上司に伝え、協力や支援を取り付ける面談にしていることがわかるものであった。

【質問2】面談の事前準備から各面談（期首、中間、期末の面談）、期中での上司コミュニケーションにおいて、職場の仲間と共同していることはどんなことでしょうか。

　　Ｇさん：「期首目標設定で、担当内で意識合わせを実施しています」

　　Ｈさん：「私の部署では各ラインに分けられていて、業務を一緒に行うチームのような形なのですが、チーム内でメンバーの業務をカバーしあうようになっている為、悩んだ際にすぐに相談できるようになっております」

　　Ｉさん：「職場の担当の人たちには、自身が情報を得た内容、問題点、対応をどうしたか伝えるようにしています。自身の担務で解決が難しい案件は、主査に相談しながら進めるようにしています」

　　Ｊさん：「タレマネに関する課長からのフィードバックの共有。タレマネに関して何について話したか、どこを修正指示頂いたか（みんなで書き直しを減らすため）」

　　Ｋさん：「仲間同士のコミュニケーションは、チャレンジシートの書き方についての相談程度」

　問2に対する回答を考察すると、Ｇさんの回答、「期首目標設定で、担当内

87）タレントマネジメントの略。タレント（従業員）の持っているスキルや能力を最大限活かすための、戦略的な人材配置や育成等をおこなう人事マネジメントのこと。

で意識合わせを実施」は文字どおり、期首面接内容を、職場の仲間と共同していることが示されている記述である。

　Hさんの回答はよりリアルで、「チーム内でメンバーの業務をカバーしあうようになっている為、悩んだ際にすぐに相談できるようになっております」との回答で、目標管理制度がチームワーク運営になっていることがわかるものとなっている。

　Iさんの場合は、「職場の担当の人たちには、自身が情報を得た内容、問題点、対応をどうしたか伝えるようにしています」とチームワークと共に、「自身の担務で解決が難しい案件は、主査に相談しながら進めるようにしています」との回答になっていて、上司をよき相談相手にしていることがうかがい知れる。

　Jさんも、「タレマネに関する課長からのフィードバックの共有。タレマネに関して何について話したか、どこを修正指示頂いたか（みんなで書き直しを減らすため）」とし、仲間同士で面談結果を共有していることが述べられている。

　Kさんも、「仲間同士のコミュニケーションは、チャレンジシートの書き方についての相談程度」と遠慮気味ながら、事前準備等で相談し合っていることを示している。

　いずれの回答も、面談の事前準備から各面談（期首、中間、期末の面談）、期中での上司コミュニケーションにおいて、職場の仲間と共同していることをうかがい知れる内容であった。

【質問3】あなたの職場での職場運営※は、どのような上司と部下との会議で決めているか、会議の名称や開催サイクルや時間、参加者の範囲などを教えてください。また、その会議にて、どのような内容の討議や決定をしているか、教えてください。（※職場運営とは、仕事の内容や方法の決定、仕事の分担や目標の決定、能率増進策の立案および決定、職場規律の設定、配置転換に関する決定、有給消化に関する決定等をいいます）

　　Gさん：「管理者間で週一程度で情報共有の実施（朝会）。各チームごとに定期的なミーティング（毎朝～月2回）。月1回担当全体でのミーティング実施」
　　Hさん：「仕事の分担については、業務内容が幅広い為、事前にラインごとに大まかな担当が割り振られております。有休消化については、特段制約は無く、

基本的には各個人で有休を使いたいタイミングで使えるようになっております」

Ⅰさん：「仕事の分担は、課長と主査（リーダーとサブリーダー）が、各担当者の業務進捗状況や対応可否判断をし、作業指示をしています。目標決定は主査（リーダー）から説明と提案がなされ、それについて全員で質疑やコメントを出して整理し、リーダーが取り纏めています。能率増進策の立案と決定、職場規律設定、配置転換に関する決定は、課長から説明と提案がなされていると思います。有休消化は、課長から担当者全員に定期的に消化状況の説明と計画的取得の指示がありますが、自身は計画的に取得しているので、特に何も言われていません」

Ｊさん：「課長主査間で月１回、それで決まったこと社員へトップダウン（共有）。社員が感じた課題等は課長主査に都度報告、それについてもこの会議で話合われる。会議名称：主査課長 MTG。→開催サイクル：月一度程度。→参加範囲：課長と主査。会議内容：担当全体の翌月のスケジュール決め、重点施策等の進捗確認、役割分担等」

Ｋさん「担当 MTG 実施（担当課長以下）毎週火曜日13:30-14:30。内容：各担当からの短期計画表（その月のタスクの進捗共有）、営業ノルマへの進捗確認、各種周知、担当からの相談を実施する場として機能」

　質問３に対する回答を考察すると、Ｇさんの回答は、「管理者間」での「週一程度で情報共有の実施（朝会）」と、「チームごと」の「定期的なミーティング（毎朝～月２回）」。そして、「月１回担当全体でのミーティング実施」と、３階層での職場運営が自主的におこなわれていることを示すものであった。

　Ｈさんの回答からは、職場の自主運営の様子はうかがえないものであった。

　Ｉさんの回答では、「目標決定は主査（リーダー）から説明と提案がなされ、それについて全員で質疑やコメントを出して整理し、リーダーが取り纏めています」との記述で、目標決定が全員参加での質疑応答から決まっていくことが示された。

　Ｊさんの回答からは、「課長主査間で月１回、それで決まったこと社員へトップダウン（共有）」されて、それに対して「社員が感じた課題等は課長主査に都度報告」されて、再度課長主査間会議（会議名称：主査課長 MTG）で職場運営が取り決められている職場であることが示された。部下の側には職場運営方針等を説明され、それに対する意見は受け付けるものの、しかし、それは労使

協議による合意事項ではなく経営の専権事項となっている職場のようである。

　Kさんの回答からは、職場運営が「担当 MTG 実施（担当課長以下）毎週火曜日13:30-14:30」にて、その内容は「各担当からの短期計画表（その月のタスクの進捗共有）、営業ノルマへの進捗確認、各種周知、担当からの相談を実施する場として機能」していることが示された。週1の全員ミーティングで、職場運営が図られている様子がうかがい知れる。

　以上5名の回答者にさらに、記述内容を深堀りすべく再質問した。JさんとKさんの返答を紹介する。

JさんとのQ&A

【質問1】にて、ご回答いただいたことは、期末面接でのことだと解釈してよろしいでしょうか。差し支えない程度で、どのような話し合いであったのか具体的に教えていただけないでしょうか。

　　　期末面接です。タレマネにチャレンジプロジェクトの取り組みを記入していた。面談で説明するように指示されたので具体的な取り組みとその成果（どのような部署とやり取りをして、施策実施に取り付けたか、施策の効果は何時間分の稼働削減につながった等）について話した。

【質問2】にて、「タレマネに関する課長からのフィードバックの共有」と「タレマネに関して何について話したか、どこを修正指示頂いたか（みんなで書き直しを減らすため）」との回答でしたが、どのような面談の後でのことなのか、また、共有の場への参加者の範囲や人数を教えてください。

　　　期首、期末面談等タレマネの入力が必要な面談の時期に、雑談（自担当は席がフリーなので隣になった人と）。大体5人くらいで話をしていると、周りのひとが集まってくるので5人×2回ほどで計10人くらい。

【質問3】に関連して、「社員が感じた課題等は課長主査に都度報告」とのことですが、これは個々におこなっていることですか、それともミーティングの場が設けられてのことでしょうか。また、社員から問題提起されて、主査課長会の会議で決定等が変更・修正されたようなことはありませんでしたか。あれば、

それはどのようなものだったのか教えてください。

> 報告の場は基本設けられていない。基本個別相談。担当内ミーティングで発言する場合もあるがその MTG は基本的に周知の場で課題報告用ではない。決定等が変更・修正されたかどうかはわからない（決定したものに対して反論したケースを自分は知らない為）が決定に関して社員の意見は反映されていると感じる。（担務割や夜勤メンバーの調整等）

　Jさんの再回答から、タレントマネジメントに関する面談に備えて、職場の仲間との協議がされている実態が明確になった。また、職場運営全般に関しては、担当内ミーティング内で議論されることはないようだが、決定には個別相談で述べた社員の意見が反映されていると実感していることがわかる。

Kさんとの Q&A

　【質問1】で、「事前にすり合わせを実施」したとのことですが、期首面接の前の事前準備として面談なされたことだと解釈してよろしいでしょうか。差し支えない程度で、それは具体的にどのような内容の話し合いであったのか、教えていただけないでしょうか。

> 期首面談そのものが、事前すり合わせのイメージです。面談時に行動について事前共有しておくと、とても動きやすいと感じたという意味になります。

　【質問2】にて、「仲間同士のコミュニケーションは、チャレンジシートの書き方についての相談程度」とのことでしたが、これも差し支えない程度、どのようなメンバーと、何人ぐらいで、どのようなシートの書き方について相談したのか、教えてください。

> 同担当の主査や、周囲の担当と、ここの部の目標の解釈ってこういうことだよね？　個々のデータを目標にするべきと思うけどどうか？　もうチャレシ書いた？　などといった会話をしてます。

　【質問3】にて、毎週火曜日午後1時間程度で、担当課長以下の全員によるミーティングとのことですが、参加者は何名になりますか。また、そのミーティングで、何か印象に残っている相談や決定をしたことがあるかと思います。

それを教えていただけないでしょうか。

　　　参加者は法人企画担当全員。9人です。担当MTGは議論の場ではなく、主に業務の進捗共有の場として機能しているため、印象に残るような決定や相談は原則ございません。

　　　ただ、都度、担当から相談したいことがあれば持ち寄って、全員で回答していくという時間もあります。例えば、店舗に向けた施策についてや、副賞選定について、事業部長に報告をするための資料のレビューなど、場合によって内容は変わりますが、都度相談ができる場となります。（あまり相談は多くない印象です）

　Kさんの再回答から、目標管理・人事考課制度がノルマ管理や目標の押し付けなどではなく、メンバーの一員として組織目標を自主的に背負っていくことや、そのために自分たちは何をしていくべきか、さらに職場の仲間9人が目標管理の進捗状況を、報告・相談し合って進めている様子をうかがい知ることができる。

　以上、2人という少ない事例ではあったが、A労働組合でのアンケート結果で示された、目標管理・人事考課制度を有効活用しているとの数量的回答の内実をうかがい知れる、質的回答になっていると受け止めてよいであろう。

第8章

本調査研究のまとめ
—— 「我々は」の時代から「私は」の時代へ

　本調査研究のまとめにあたり、各章ごとの内容を繰り返すのはできるだけ避けて、全体を通しての論点を取り上げて、その含意するところは何かを中心に述べていくことにする。

　第1節では、これまでの日本の労使関係の研究史において、個別的労使関係が、日本の労使関係の中で、どのように説明されてきたのか、再度総括的に取り上げる。第2節では、個別的労使関係が労働者側に、決して不利な領域ではないことを述べる。そればかりか、あえて個別的労使関係に踏み込んでいくことの必要性を、成果主義の賃金・人事制度での目標管理・人事考課の各面談の広がりから述べる。また、それによって進む労働力の個人取引において、存続（功利）コミットメントや合理主義・金銭的な心理的契約志向に傾斜することを防ぎ、愛着（情緒）的コミットメントやキャリア追求コミットメント、心理的契約の内部キャリア開発志向を維持していくことの必要性を述べる。そして逆に、労使関係を集団的労使関係に限定して捉えていると、労働組合の役割や機能が見えなくなってしまう日本型労働組合主義の限界を指摘する。第3節では、従来の知見—労使関係は集団的労使関係であるとの知見の課題はどこにあったのかについて、個別的労使紛争が多発している問題から述べる。さらに、第4節では、本調査研究での3つのアンケート調査とメール・インタビュー調査で明らかとなった知見—先進的労働組合においては、目標管理・人事考課制度の各面談が逆活用され個別労使交渉・協議となっていること、また、それを保証・補完するものとして職場での自主管理的活動が展開されている実態を示す。そして、第5節では、個別的労使関係にこそ交渉・協議が必要であり、労働組合運動が「我々は」の時代から「私は」の時代にシフトしていることを明らかにする。

第1節　労使関係論に占める集団的労使関係の呪縛

　まず、これまでの日本の労使関係研究史において、個別的労使関係が、日本の労使関係の中でどのように説明されてきたのか、について振り返る。

　友愛会創設時の綱領に示された、労働組合を作る目的は「労働者の地位の改善」であった。大河内（1970）は、それを「労働者の地位の向上は、労働組合のような組織がない限り到底望みえないことを、この人々は（友愛会創設の集いに参加した鈴木文治を含む15人のこと：筆者加筆）は骨身にこたえて知っていた。労働者がまだ一般に一段下位の社会層だとみられていた当時のことで、労働組合でもないかぎり、労働者は雇主に対して自分たちの要求を貫くことはもちろん、上級の監督者に対抗して自己の主張を通すことすら容易ではないのだから、労働者の地位の向上は労働組合の結成と同じことである。そうこの人々はみんな考えていた」（p.1-2）と記している。そして、大河内（1980）において、「会長の鈴木文治を中心とした友愛会が関係した労働争議は、いずれも労使間の身分的差別に対する反発が根本の原因だったといってよかった」（p.287）と重ねて述べている。

　日本の労働組合の出発点にあたり、労働者の地位改善を目的にしていたことについて、栗田（1994）は、それを「日本の近代化の過程は、精神的に濃厚な平等主義によって特徴づけられていることである。社会主義と見違えるほどにその特徴は顕著であり、平等の主張は正義の主張であった。日本労働運動はその最初の段階から労働者に対する処遇の平等要求を基礎としており、その限りで多くの支持者を見出し、有力な運動として一定の成果を残した」（p.18）。「日本の労働問題は、労働者がこの従属的位置を拒否し、その地位から脱出しようとする意志を示すことによって始まるのである。この意志の根元は自由に対する人間的な欲求であったと前提してよいであろう」（p.24）と表現する。さらに栗田は、「あまりに個別的に自由な世界に投入された日本の労働者は、まったく個人的な次元で自由を実現することを強制された」（p.24）ために、日本の労働者の目に見えた自由とは、神島（1961）による「こうして自由観はなによりもまず地位上昇の要求（立身出世！）として発現する」（p.64）との一説を引用

する。そして、「日本的価値観のもとでの自由の現象形態は、日本の労働者に
それを実現する条件として権力に到達するための行動様式を強制するものであ
り、立身・出世主義はこのような日本の労働者の行動様式に対応する信条に他
ならない」（p.25）と示唆する。

　このような日本の労働者の「垂直的な社会移動がその基本的な志向となっ
た」（栗田1994：25）行動様式が、企業別組合や工職混合組合を生み出したと見
るべきであろう。そのため、「労働者にとって自己の位置を確認する基準は技
能や職種ではなく、企業という組織体の中で自分が占めている地位であり、他
の労働者との上下関係が最大の関心となる。当然それを引き上げることに努力
が集中され、努力の成果は地位の上昇によって確認されることになる」（pp.
25-26）とする栗田の知見が重要である、と筆者は考える。

　しかし、この栗田が明らかにした日本の労働者の行動様式は、大河内（1970）
が、「日本の労働組合は、とかく教科書風に描き出されるような近代的な大衆
組織であるよりも、むしろ日本に固有な人間関係や社会風土の中で生み出され
たものであり、その点がまた、日本の労働組合の特徴でもあり脆弱さでもあっ
た」（p.ⅰ）と評価するように、多くの労働問題研究者たちから、日本の労働組
合運動の問題点（弱点）とされてきた。

　そのような視点を持つ労働問題研究者たちには、その後の日本労使関係に見
られた、1950年代の鉄鋼産業の第1次設備合理化で着手された「職分制度」[88]の
導入が、職場運営協議会の廃止によって職場レベルでの組合規制が後退してき
ている情況のもとで、現場管理者により成績査定をテコに従業員を個々的に掌
握しうる体制を強めていこうとするもの（兵藤1982：230）なのに、なぜ受け入
れるのか、理解できない。また、1950年代末の鉄鋼産業の第2次設備合理化に
伴って導入された「作業長制度」[89]や、1960年代の鉄鋼産業の第3次設備合理化
での職分制度にかわる新しい人事制度としての「職掌制度」[90]および「職能給制

88）職分制度とは、敗戦直後の身分制撤廃により社員の処遇は課長、掛長、組長などの役分と基本給
　序列をベースにする方式がとられることとなったが、このような体制のもとでは、「昇格・昇進と
　いった刺激的要素」が欠如しているために、「業務能率に阻害をきたし、さらには従業員の不断の
　向上心を振起する点においても欠くところがあった」という反省のもとに提起されたものである
　（兵藤1982：229）。

度」が、能力主義管理を通じて競争社会としての企業社会を構築しようとする
もの（兵藤1982：242-243）であるのに、黙諾する日本の民間大企業労働組合の
態度が、歯がゆいばかりである。河西（1989）に至っては、「日本の基幹産業
の企業別組合は、賃金問題、雇用問題、労働時間短縮問題など、労働条件の改
善のために、有能な機能はほとんど発揮していない。さらには、これにくわえ
て、企業別組合が、企業の労務管理の補完物とさえなっている。またさらには
組合内民主主義においても欠けるところが大きい」（p.66）ものとなり、もはや
研究の対象にすらならないものとなってしまう。

　以上の大河内、兵藤，河西に代表されるような労使関係論の視野からは、個
別的労使関係で展開されている個別労使交渉・協議は、研究対象領域に含まれ
ることはなかった。[91] それは日本に限らず、世界的に見てもいえることであった。
なぜ、個別的労使関係における個別労使交渉・協議は、労使関係論の中で研究
対象領域に含まれてこなかったのか、ここが重要なことなので、本稿のまとめ
として再度見ておくことにする。

　それは、労使関係論の古典とされてきた、ウエッブ夫妻の『労働組合運動の
歴史』（初版1894年）や『産業民主制論』（初版1897年）以来、労働組合とは「賃
金労働者が、その労働生活の条件を維持または改善するための恒常的な団体で
ある」とされてきたからである。そして、この労働組合の方法論は、集団的労
使関係での「団体交渉」である、と教科書化されてきたからである。したがっ
て、労使関係とは、経営側と労働者側の労働力の集合的取引であるとされ、経

89）作業長制度とは、掛長・工場長などの従来職員層に独占されていた地位に作業長から昇進しうる
　道を開くことによって、現場労働者のモラール・アップを図ろうという期待をこめて導入されたも
　のであった（兵藤1982：232）。外部の学界・労働界の一部からは労働者を経営管理機構に取り組む
　ものとして批判を浴びたが、社内的には青空の見える人事制度として評価をうけることになった
　（神代・連合総研1995：318）。
90）職掌制度とは、全社員について、職掌による相対的位置づけを明確にし、かつ処遇体系もこの職
　掌を柱として組み立てたものであり、能力主義管理の幕開けを告げるものであった（兵藤1982：
　242）。
91）遠藤（1999）は、労使関係論の中に個別的労使関係が取り上げられなかった理由について、「従
　業員間の処遇格差が民間企業内に存在し、査定制度が重要な役割を果たしていること、これを労働
　組合が規制しないこと」（p.12）の「最も重要な理由は、査定制度を研究する理論枠組みを労使関
　係論が欠落させていたにもかかわらず、…それをはっきりと自覚せず、労使関係論から脱却できなか
　った」（p.13-14）からだと述べている。

営側と労働組合との間で行われる集団的労使関係での団体交渉もしくは労使協議という領域でのみ捉えられるもの、とされてきたからである。[92]

　そのため、濱口・海老原（2020）のように、「労働条件の維持向上のために必要なのは、経営者と交渉することです。その際、<u>一人の個人が単独で経営と対峙しても、多勢に無勢で要望が通らないことがほとんどでしょう</u>。そこで、労働者が多数団結して、経営側と交渉する、という戦術がとられます。この団結して交渉をおこなうために、労働組合が必要となります」（p.15、アンダーラインは筆者）、と説明されるのが、今日まで一般常識となった。労使関係論において個別的労使関係が取り上げられ、個別労使交渉・協議がおこなわれているかどうかの研究がされることはなかった。そのような研究を推進することは、アンダーラインした一文のようなことになり、経営側の意図することに与することとなってしまい、ノンユニオニズムを推奨することになるとの不安を抱えていたからではなかろうか。そのため、労働組合の内部においても、人事査定に対する取り組みが進むことはなかった。[93]

第2節　個別的労使関係に踏み込むことの必要性

　たしかに、1人の労働者だけが経営と対峙しても、力を発揮することはできないことは、筆者も認めるところである。しかし、そのような個別交渉を、経営側が全従業員と連続的におこなうことを、"それは多勢に無勢であり、従業員側が交渉力を発揮することはない"と言い切れるものだろうか、との疑問を禁じ得ないのである。例えるならば、柔道での対戦試合のように、従業員側が

92）労使関係を集団的労使関係に限定して位置づけようとする視野には、日本経済の後進性や封建制によって生じた非合理的なものとして日本的労使関係の特質をとらえた日本資本主義発達史における講座派的視点や、園田（1991）が述べる「『外国にあるものが日本にはない』という欠如理論」（p.17）、金子（2006）が指摘する「日本文化論の一国的閉鎖性」（p.333）という見方が背景にあったといえよう。

93）中村（2007）において、労働組合（評価される側）からのアプローチとして、組合員アンケートに基づいて、人事評価制度を逆活用していく必要性と、評価制度の改革案が示された。にもかかわらず、その後、該当する労組で、取り組みが進んだという話は聞いたことがない。

団体戦で挑んでいくのに対して、管理職は、それにたった1人で対戦受けするようなもので、労働者側が圧倒的に不利などと決めつけられるものではないはずである。むしろ、管理職側こそ、成果主義的な賃金・人事制度の登場によって、急遽、個別労使交渉の当事者とされ、矢面に立たされてしまったことに困惑している、というのが本音ではないだろうか。梅崎・中嶋 (2005) では、「被評価者からの批判を回避するために評価者は評価行動を変化させている」(p. 40) とし、「〈評価者負担〉を高めるような人事制度改革では、改革の意図は達成できない」(p.49) としている。また、経営側、特に人事部は、成果主義的な賃金・人事制度へ安易に移行させてしまったことで、従業員に説明・説得する力のない管理職の発露という事態に直面し、苛立ちと反省を覚えているのではないか。中嶋・松繁・梅崎 (2004) では、成果主義を導入し、年齢給を廃止し、より個人の成果を反映する賃金制度へ移行した企業を取り上げ、評価者負担によって、逆に賃金格差を縮小させてしまい、賃金プロファイルを年功化させてしまった事実 (「意図せざる結果」) を報告している。

　考えてみれば、四半期単位で、組織をあげて個別労使交渉・協議することの労力・時間を考えると、たった1つの労働組合と年1回だけ団体交渉することで、全従業員を律することができたこれまでの省力的な労使関係のメリットに、経営側はいまさらながら未練を感じているのではないだろうか。そればかりか、経営側と労働組合との団体交渉で妥結した事柄を (事前の要求事項の取りまとめも含めて)、従業員側に説明・説得する責任を労働組合が負担してくれるという行為は、経営側に代え難いメリットであったはずである。このように、労働力取引を個別取引にすることは、経営側にも危険を伴うものである、と筆者は考える。

　さらに、成果主義になっての目標管理・人事考課制度を熟察すれば、その本質は、部下に仕事を命じ、無理強いすることを管理職に禁止する制度なのである。さらにそればかりでなく、部下一人ひとりの能力開発や仕事での達成感を得られるようにマネジメントして (リーダーシップを発揮して)、部下全員が能動的かつ自律的に会社の目的である事業計画で示した成果達成に貢献する職場や人材へと育成させることを管理者の責任とすることなのである。換言するならば、個別労使交渉・協議となっている目標管理・人事考課制度の各面談、期首

面接⇒中間面接⇒期末面接⇒フィードバック面接に臨む、プレーイングマネージャーである管理職側の疲弊感は相当なものがあるはずである。そのことは、管理職になりたがらない一般社員が昨今多数いることが、見事に証拠立てている。

　石田（2021）は、「日本の雇用関係の実態に肉迫するには HRM（人的資源管理論）を IR（労使関係論）的に研究する」（p.1）ことの必要性を説く。そして、その要点は、「日本の雇用関係を『取引なき取引』の関係から、『取引による合意』の関係に進化させる」（p.1）ことだと提起する。この日本の雇用関係が、「取引なき取引」から「取引による合意」へと切り替えられる制度として目標管理・人事考課制度が登場している、と筆者は認識する。

　しかしそれが、第 6 章で見た組織コミットメントにおける存続（功利）的コミットメントや、心理的契約における合理主義・金銭契約志向を高める形で推進されるならば、労働生産性を高めることはますます困難になるだけであろう。労組主導の被考課者訓練（PP 型組合員の育成）によって、個別労使交渉・協議力（発言力）が高まり、かつ職場の自主管理（民主化）力が高まることで、組織コミットメントの愛着（情緒）的コミットメントやキャリア追求コミットメント、心理的契約の内部キャリア開発志向や長期雇用志向が高まるものとして、維持・発展されることが何よりも求められているといえよう。

　筆者が強調したいことは、「『個人取引』を放置するならば、生活は『低下』する。…『個人取引』がまかり通っているかぎり、労働者同士の激しい競争を抑制することはできない」（木下2021：71-72）と決めつけられるものでもない[94]、ということである。言い換えれば、労使関係論を、個別的労使関係にて捉えなおすことは、ノンユニオニズムにはならない、ということである。むしろ、個別的労使関係での分権的組合活動を見つめる視野を欠き、団体交渉を労働組合の中心的機能として捉えるだけにしていると、企業横断型でなく企業ごとに組織されている企業別組合という組織形態は「日本の労働組合というものが、世界でも異質なガラパゴス的形態…それは世界の中で異端なのです」（濱口・海老

94）マルクス（1818-1883）やエンゲルス（1820-1895）が見ていた19世紀の労働者ならそのようにもいえるであろうが、21世紀においての労働力の価値（価格）は、知識や技能などの付加価値を生み出す力の差によって規定されると見るべきであろう。

原2020：15）と規定されてしまう。そのため、「日本の労働組合は社内に閉じこもっているわけだから、組合員が声を上げたりすると経営から厳しい仕打ちを受けてしまいそうで、戦々恐々としてしまいがちです」（濱口・海老原2020：16）とまで見なさざるを得なくなるから要注意である。このような論理展開は、かつて新自由主義が日本的経営を時代遅れのものと攻撃した理屈とそっくりと、筆者には見える。

　そして、「外につながらない労働組合が、社内だけで労働運動を続けているという片翼飛行は、どのような帰結を見せるのか。協調、なれ合い、そして組合弱化」（濱口・海老原2020：187）と結論づける以外なく、企業別組合に未来を見ることができなくなってしまう。そればかりか、労使関係を団体交渉、すなわち集団的労使関係に限定して捉えていると、労使関係論は、遠藤（2014）のように「機能不全論」どころか「終焉論」に至ってしまう。このようなことから、1990年以降、労使関係の個別化が進むことで、「労務管理」「人事・労務管理」という言葉は、ほぼ使われなくなり、「人的資源管理」と呼ばれる時代となりつつある。そして、HRMのテキストの中で、労使関係を取り上げる「労使関係管理」という章がなくなりつつあることは、すでに述べてきたとおりである。

　しかし、労使関係に問題がなくなったのではない。否、むしろ問題は多発しているのだ。ただし、その問題は集団的労使関係ではなく、個別的労使関係においてなのである。

第3節　近年個別的労使関係に問題が多発

　近年、未組織労働者を中心にした個別的労働紛争[95]が多発しているが、筆者が問題としたいことは、労働組合が当事者として問題解決にあたるものにはなっていないことである。むしろ、労働組合が対処しようとしない、またはできないために、わざわざ法整備して、公的機関に対処させることにしているありさまなのである。したがって、今日の日本での個別的労働紛争問題の解決方法は、ほぼ労働基準監督署や公共職業安定所による関係法令に基づく行政指導等や、

労働局長による助言・指導、紛争調整委員会によるあっせん事項となっている。もちろん、個別労働紛争当事者が、個人加盟ユニオンに駆け込み、団体交渉ごとにすることも増えているが、この場合、問題の解決方法は、第1章で述べたように、企業外から集団的労使関係に持ち込んで、解決へと進んでいく。これは、個別労使交渉・協議がこじれてしまい、第三者に託する以外になくなったからであろう。そのような場合は、これが順当な方法となろうが、そこまで至ると、もはや個別的労使関係での個別労使交渉・協議の領域から踏み出してしまっていることになる。

　なぜ、個別労使交渉・協議の領域外に踏み出してしまわざるを得なかったのか、それを問題にしなければならない。企業内での個別的労使関係での問題処理は、苦情処理委員会やコンプライアンス担当部署の問題で取り上げることはあっても、企業内での個別労使交渉・協議としての組合活動事項として取り扱われ、またその実態が研究される対象にならなかったからである。

　村杉（2013）は、そのような事態になっていることを憂慮し、企業内において、個別的労使関係上に発生する問題の解決に、組合役員が積極的に職場での組合活動もしくは世話役活動として関わっていくことを薦めるものであるが、それはあくまでも組合役員による請負代行としての問題解決にとどまっており、組合員当人が問題解決の主人公になることはない。確かに、個別的労使関係上に

95）厚生労働省の「令和2年度個別労働紛争解決制度の施行状況」によれば、総合労働相談件数は129万782件で前年度比8.6％増、13年連続で100万件を超え、高止まりしている。うち、労働基準法等の違反の疑いがあるもの（労働基準監督署、公共職業安定書等に取り次ぎ）が19万961件、民事上の個別労働紛争の相談が27万8,778件だった。さらに民事上の個別労働紛争相談で、労働局長による助言・指導の申し出たのは9,130件、紛争調整委員会によるあっせんを申請したのは4,255件だった。

　ここで言う「総合労働相談」とは、都道府県労働局、各内、駅近隣の建物など379か所（令和3年4月1日現在）に、あらゆる労働問題に関する相談にワンストップで対応するための総合労働相談コーナーを設置し、専門の相談員が対応したものである。

　「助言・指導」とは、民事上の個別労働紛争（労働条件その他労働関係に関する事項についての個々の労働者と事業主との間の紛争のことで、労働基準法等の違反に関するものを除く）について、都道府県労働局長が紛争当事者に対して解決の方向を示すことで、紛争当事者の自主的な解決を促進する制度である。

　「あっせん」とは、都道府県労働局に設置されている紛争調整委員会のあっせん委員（弁護士や大学教授など労働問題の専門家）が紛争当事者の間に入って話し合いを促進することにより、紛争の解決を図る制度である。

発生する問題を組合役員が問題を取り上げないより、取り上げるほうが良いに決まっている。しかし、その問題解決の場に当の本人はもちろん、関係するその他の当事者でもある職場の労働者が加わることもない。職場において労使関係を必要とする空間領域での問題解決は、その空間内において当事者たちが、労働組合（組合役員）の力を借りて、労使関係問題として取り上げ、解決のための労使交渉・協議をすることが本筋である。筆者が、個別的労使関係での分権的組合活動（自律・当事者型活動）が必要であるとするのは、まさしくこのことなのである。しかも、視野を転ずれば、昨今の成果主義的賃金・人事制度（目標管理・人事考課制度）においては、公式的にその労使交渉・協議をする場を会社が準備してくれているのである。もちろん、人によっては個別交渉・協議が難しい場合もあろう。その場合こそ、職場での自主管理活動として問題を取り上げ、労使ともに Win-Win に解決することである[96]。

　集団的労使関係の集権的組合活動の典型である英国労働運動においても、個別的労使関係に発生する問題は無視できなくなっており、対処策が模索されていることを浅見（2021）が紹介している。英国における個別的労使紛争の増加は、労働組合の後退によって生まれており、労使紛争の新たなる発現形態を研究する必要性があるとするイギリスの労使関係論の4潮流の1つであるマテリアリズムのポール・エドワズである。しかし、エドワズが研究対象とする非組織的な紛争（＝個人的な紛争ないし個人的行動）とは、サボタージュ、無断欠勤、遅刻、規律のゆるみ、離職、転職などを指すが、浅見自身はこの個別的労使紛争の中に、日本では、過労死・過労自殺、バイトテロなどもカウントすべきとしている（浅見2021：257、281-282）。イギリスの労使関係論の4潮流の中で唯一、エドワズは労使関係論の対象領域の中に、非組織的な紛争を含めたものの、イギリス国内では人的資源管理への大きな転換が生じておらず、業績管理主義を実践している職場は、1998年の22％から2004年の29％に増えたにすぎない（浅見2021：166）ためか、エドワズは、個別的労使関係研究の対象領域の中に、人的資源管理の登場に伴う目標管理・人事考課制度の面談を、個別労使交渉とし

---

96) かつての「職場闘争」は、"組合活動の強化は職場にある"の見方までは良かったが、ここをWin-Lose の対決にしたことで結果的に敗北していった。

て包摂して捉えようとする概念の構築にはなり得なかったようだ。

　もちろん、目標管理・人事考課制度が広く普及した日本においても、目標管理・人事考課制度の各面談を、個別労使交渉・協議の場として捉えようとする労働組合は20世紀までは存在しなかった。しかし、21世紀に入り、先進的労働組合においては、目標管理・人事考課制度の各面談を逆活用して個別労使交渉・協議の場にする新しい労使関係の姿を模索し始めたことは第3章から第7章にて取り上げたところである。そして、領域Aにおける個別的労使関係での分権的組合活動を生み出しているという成果を、本調査研究は明らかにできたものと考える。

第4節　解明された知見──個別的労使関係での分権的組合活動

　では次に、本調査研究でのアンケート調査およびメール・インタビュー調査から明らかとなった知見は、どのようなものであったのかについてまとめることにする。

　組合役員アンケート調査から、PP型すなわち二重帰属満足型は今日も健在であり、PP型が40.2%で、CC型が26.1%（組合員アンケートではPP型が48.2%で、CC型が20.6%）であった。労使ともにWin-Winの関係になる個別的労使関係での分権的組合活動を生み出す土壌が備わっている労働組合であることがわかった。回答を求めた組合役員は、組合員10人に1人の割合で選出されている、ほぼ1年交代する職場委員であり、有効回答率が83.3%と高かったこともあり、組合員意識に限りなく近いものと考えられる。その証拠に、組合満足度（100点満点）の平均点が66.65点に対して、会社満足度（100点満点）の平均点は72.52点と組合を上回っている。この点では、組合員アンケートのほうが回答者の偏り（有効回答率8.3%）から、組合シンパシー意識が示され、組合満足度の平均点（72.5点）が会社満足度の平均点が（69.9点）より高いものとなっていた。

　組合役員アンケート調査での重要な結論は、被評価者セミナー（被考課者訓練）が個別労使交渉・協議力（発言力）を高め、個別的労使関係を改善し、二重帰属満足型組合員を育成していること、労働成果を高めることに貢献してい

ることを明らかにしたことである。図表4-6と図表4-7が示すように、被評価者
セミナー（被考課者訓練）の受講の有無別に二重帰属満足度の平均値を比較し、
差のt検定をすることで、受講者の平均値が未受講者のそれと比べて有意水準
で高いということが示されたからである。さらに、受講者後に役立った事柄の
記述（第4章7節）を求めたところ、個別的労使関係（上司との人間関係と職場の
人間関係）の改善に結びつけた記述が散見されたからである。

　また、図表4-9の下段が示すように、二重帰属満足度と個別的労使関係は相
関し、それらを比較すると、上司との人間関係より職場の人間関係の高低（良
し悪し）と相関関係が強いこと、またそれは、二重帰属満足度を従属変数にし
た重回帰分析（図表4-10）からも因果関係にあることが明らかとなった。そして、
職場の人間関係の改善は会社満足度を高めるための喫緊かつ優先度の高い課題
であることが、満足度構造分析の結果（図表4-11と図表4-12）からも示された。
ただし、被評価者セミナー（被考課者訓練）が、職場での自主管理活動を生み
出しているとの記述については、アンケートの記述の中からは見出すことがで
きなかった。

　管理職（担当課長）アンケート調査（第5章）からは、被評価者セミナー（被
考課者訓練）は、部下の側の上司に対する言動を変化させていることが、各面
談における変化の有無の選択肢回答と、「どんな変化を感じましたか」との質
問への記述回答の内容から明らかとなった。あわせて、被評価者セミナー（被
考課者訓練）を受けた管理職自身の成長にも役立っていることが、自身の活用
の仕方をたずねた質問への回答からも示された。

　組合員アンケート調査（第6章）からは、目標管理・人事考課制度の各面談
が個別労使交渉・協議となっている実態が明らかとなった。被評価者セミナー
（被考課者訓練）でレクチャーされたことで、目標管理・人事考課制度の面談を
逆活用して、管理職に人事考課のプロセスや結果についての説明責任を求め、
情報公開を求めていた。仕事の進め方も目標管理制度を活用して自己管理でき
るものにするという個別労使交渉・協議がおこなわれていることがわかった。
さらに、目標管理・人事考課制度の各面談が、個別労使交渉・協議となってい
るだけでなく、それらを相互に補完するものとして職場での自主管理活動（自
律的職場集団）が形成されることも明白となった。

　個別労使交渉・協議力（発言力）の高低が、各面談や会社・組合評価の各合成変数の平均値の高低差の違いとなって表れることも、差の t 検定の結果（図表6-33）明らかになった。また昨今、会社側は従業員に対して会社への組織コミットメントを強く求める。それを受けて従業員は一生懸命に組織コミットメントしようとする。しかし、その努力や貢献に見合うと感じられる評価・処遇を受けられているとは受け止めていないようである。むしろ、不満を積み重ねている状況が読み取れる。図表6-36が示すように組織コミットメントの存続（功利）的側面が負の相関にあることや、図表6-37が示すように WLB 満足度は模範的働きと結びついていないのである。また、有意ではないが時間外労働の長短に関係なく、模範的働き方が低い人たちの割合が大きくなること（図表6-38の上段）から、ワークライフバランスを求めれば求めるほど、目標達成や高評価獲得をあきらめざるを得ない現実に直面しているのではないか。またそこには、目標達成に労働時間の長さを必要とする現実があるのではないかと思われる。あわせて、やはり有意な値ではないものの、勤続年数の長短に関係なく、模範的働き方が低い人たちの割合が大きい（図表6-38の下段）ことから推測されることは、中高年の昇進・昇格・昇給が困難になっていることの表れであろう。[97]

　さらに、図表6-39のパス図に示された個別労使交渉・協議力（発言力）が二重帰属満足度に結びついていくプロセスと、図表6-40の重回帰分析や図表6-41のクロス集計からも、二重帰属満足度には組合との心理的契約が強く影響をもたらしていることも明瞭となった。また、図表6-42と図表6-43で示されたクロスポンデス分析からも、目標管理・人事考課制度の納得度が二重帰属満足度4タイプと結びついている（納得度が高いと PP 型、納得度が低いと CC 型と近似する）ことも確認することができた。そして、目標管理・人事考課制度の運用度を労使双方で高めていく必要性が図表6-44の結果から推測されることとなった。

　あわせて、労働成果や二重帰属満足度には職場の自主管理度も影響をもたら

97）近年ではその代表的賃金システムとして年功的昇給を可能な限り抑制した基本給の昇降給方式である「ゾーン別昇降給管理」が増加している。等級内の過年度の基本給額をゾーン別に区別し、高賃金ゾーンに厳しく、低賃金ゾーンには寛大な昇給を可能にして、年功的昇給を抑制する方式（石田2020：14-15）である。

していることが図表6-48と図表6-49のパス解析図からも明らかとなった。したがって、職場の自主管理度を高める職場懇談会を労使で進めていくことの意味や価値が明確となった。

　組合役員・管理職へのメール・インタビュー調査からは、個別労使交渉に直面する管理職の記述が明らかとなり、組合役員からは個別労使交渉と職場での自主管理活動の実態が示された。その取り組みの中で、管理職位にいる組合役員の役割が重要で、かつそのリーダーシップ発揮が原動力であることも確かとなった。今後、組合活動活性化のために、領域Aにおける個別的労使関係での分権的組合活動を推進して時のキーマンとなるのが、組合員でありながら管理職位にいる人たちであり、彼・彼女らを組合役員に抜擢できるかどうかがカギとなろう。職場委員クラスの役員選出を現場に任せてしまい、若年化させ、かつ毎年交代させてしまっていることの危険性と共に、労働組合が気づかないといけない事柄である。

　組合員へのメール・インタビュー調査からも、その個別労使交渉・協議の内容や、職場でのチームワークや職場運営の自主管理活動が展開されていることは明らかにできたものと考える。しかし、具体的内容まで深く聞き出すことが、インタビュー件数も含めてできておらず、メール・インタビューの限界を感じざるを得なかった。今後に、コロナ禍問題が収束したならば、フェイス・ツー・フェイスでのインタビュー調査にて補完する必要性を残すものとなった。

　以上の本調査研究（3つのアンケート調査およびメール・インタビュー調査）から明らかになったことを、表現を変えてまとめると、賃金決定が産業レベルではおこなわれなくなって企業レベルに、いや個人レベルにまで大きくシフトしたことは、労使関係においてマイナス要因だけではない、ということである。目標管理・人事考課制度が確立されていく過程は、仕事が労働者主導でおこなわれていくようになることを意味するものでもある。敗戦後の日本の労働組合運動の再出発にあたり展開された、労働者自主管理闘争や職場闘争での思想を、ある意味復刻させるものとして、被評価者セミナー（被考課者訓練）および目標管理・人事考課制度は役割を果たす（起爆剤となる）ものでもある。そして、被評価者セミナー（被考課者訓練）および目標管理・人事考課制度が呼び覚ます思想は、"労働者は企業の歯車ではなく、企業の主体であり、現場の労働者

が企業経営に参画できるのだ”という自覚である。

第5節　個別的労使関係にこそ交渉・協議が必要

　「1990年代以降の日本では、集団的労使関係での労働力取引が失墜し、労使関係論が終焉した」との見方は、あくまでも集団的労使関係にのみ視野を限定した場合にいえることであろう。個別労働紛争が年々増加しているのは、集団的労使紛争による紛争処理機能の低下の裏返しであるとの見方がされるが、それは疑似相関の代表的な見方であろう。個別労働紛争の増加は、労働組合の組織率の高い国や組織であっても起こっていることである。[98] それよりも原因は、これまで労働組合がノンユニオニズムに組み込まれると恐れて上がることをしてこなかった個別的労使関係での個別労使交渉・協議の土俵に上がり、特に目標管理・人事考課制度の面談を逆活用して、個別労使交渉・協議力（発言力）を高めることをしてこなかったからであるといえよう。つまり、まだまだ労使関係論を個別的労使関係の領域にまで視野を拡大するならば、したたかな労使関係を築き上げている。「能力主義管理」[99] を是とする極北の地の住人である日本の労働者のしたたかな姿が読み取れる、というものである。

　そもそも、日本の労働組合の出発点は、労働者が雇われている企業で、社会的地位の相違をなくすことや、共働者（パートナー）の地位を確保することにあり、それによって下層労働者の劣悪な状態から脱することができると考え、組織のあり方として、企業別組合の形態を自然としたものである。したがって、

98）濱口（2000）で、EU の社会政策の意思決定過程では労使団体だけの参加（ソーシャル・ダイアローグ）から、貧困・ホームレス・公衆衛生分野で活動する団体、あるいは女性・高齢者・障碍者・移民・子供・ゲイやレズビアンといった人々を代表する団体などの参加（シビル・ダイアローグ）へと拡大していると指摘していること。両角（2009）では、労働組合の組織率が高いスウェーデン（データブック国際労働比較2018によると79.0％：筆者）を取り上げ、「スウェーデンは集権的な団体交渉システムを有するが、最近は分権化の傾向が見られ、特に賃金については企業・職場レベルで行われる団体交渉や個人別交渉の重要性が高まっている」（p.46）と指摘していること。さらには、遠藤（2021）にて、2005年の在英研究中に「いわゆる個別労使紛争が増加していること、既存の主流大労働組合が個別労働紛争の当事者となった組合員を司法手続きで支援していること、を知った」（p.245）としていることなどから、十分に推測できる。

99）日経連能力主義管理研究会報告（1969）『能力主義管理―その理論と実践』日本経営者団体連盟

日本の労働者にとって、労使関係とは、所得の分配問題であるばかりではなく、人としての権利と尊厳に関する問題であった。[100] よって、日本の労働者が、人事考課や査定を認めることは、企業側が労働者の管理や組織運営のための仕組みとして整備しただけではなく、労働者の側もそれを拠り所として権利を主張する仕組みに読み替えていくためのものでもあったのである。労働者が企業内部（職場）で、経営参加していくためのものであったのだ。目標管理・人事考課制度の各面談を個別労使交渉・協議に変え、課・係・班レベルに設けられた全員参加の職場懇談会等による自律的職場集団の形成で、不履行となった会社との心理的契約の更新を図るという、企業別組合ならでの規制力を作り出している、といえるであろう。そして、何よりも人権を主張し、共働者（パートナー）の地位を確保するためには、それを実現する労使関係は、団体交渉や労使協議によって維持・確保される関係だけでなく、個別的労使関係においてこそ維持・確保されることが必要となるのである。

　本調査研究は、これまで長年労働界で誰もが認める組織率の低下とパラレルな関係にあるとされた「組合員の組合離れ」に、有効な打開策が打ち出せなかったのは、これまでの労働組合活動が、領域Ｂと領域Ｃ、および領域Ｄに囚われており、領域Ａでの組合活動を欠落させていたことを理論的に明らかにし、かつ実際に領域Ａでの新たな組合活動（個別労使交渉・協議や職場での自主的管理活動）が形成されつつあることを明らかにした。そこから得られた結論は、領域Ａでの個別的労使関係での分権的組合活動が、「組合員の組合離れ」に対する打開策となりうるということである。言い換えるならば、労働者一人ひとりがその仕事に誇りを持ちながら、上司と部下・同僚との関係において共

---

100) それを二村（1987）は、「工場労働者はこれまで長い間なじんだ農工商身分よりさらに低いものとされた。労働者は一般社会においてだけでなく、経営内でも差別された。…しかし、彼等も自分自身が、下層社会の一員として、あるいは企業内で底辺に位置づけられることを当然とか、あるいはやむを得ないこととは考えなかった。…日本のブルーカラー労働者は、労働者であることを何とかやめたいと思っている人びとであった。自分がだめなら、子供に教育を受けさせ、労働者であることをやめさせたいと思っている人びとであった」（pp.87-88）と述べている。
　また、日本の労働者の団結の性格を、「労働争議を検討すると、日本の労働者が労働組合に何を求め、何を期待していたのかがよく分かる。道徳的あるいは感情的な争いと思われるものが少なくないのである。…その本音とは何かといえば、『不当な差別に対する怒り』とでもいうほかないものである。…労働運動の理念でも、労働条件の改善といった経済問題より、社会的地位の向上、人間解放といった呼びかけに強い共感を寄せている」（p.86-87）と、二村は述べている。

生しうる職場を作り出す―これが個別的労使関係での分権的組合活動であり、労働組合運動も、「我々は」の時代から「私は」の時代にシフトしたということである。それはまた、集団的労使関係だけではなく個別的労使関係での土俵においての「闘い方」を模索しない労働組合に未来はないことを示すものになったといえよう。[101] そして、春闘機能不全論は集団的労使関係で見た場合にいえることであり、個別的労使関係での春闘はこれから始まっていくのである。そして、個別的労使関係で労使関係終焉論など、ありうるはずもないのである。

　以上の結論は、まだまだ１つの仮説にすぎないかもしれない。しかし、黒田（1988）が、「活動の質を問い直し、職場の労働者の処遇と生産・労働の在り方を変革すべく、『働く人々がその仕事に誇りを持ちながら共生しうる』職場ルールの現代日本的形態を模索することが必要…この課題は既に本稿の領域を超えている。ただ出口は塞がれていない。それは何よりも職場そのもののなかにある」（p.321）との示唆に対して、労使関係論を個別的労使関係の領域にまで視野を拡大するならば、したたかな労使関係をまだまだ築き上げていけるであろうことを示せたのではないかと考える。そればかりか、石田（2012a）が託す、「労使関係論の今日的課題は、経営管理とコミュニケーションという名を冠せられた場面が実は労働力取引の場であることを構造的に叙述できるかどうかにかかっている」（p.28）、との期待と、橋元（2020）が問う、「組合員の個別賃金決定に労働組合はどう関わっているのか」（p.9）、そして、「組合員とともに、査定や人事考課などの面談過程をどれほど有意義なものにしているのか」（p.13）との問いに対して、１つの知見を示せたのではないかと自負している。

101）集団的労使関係の「土俵」として、今後も堅持されるべきものとして、産業（資本）の民主化と生み出した付加価値の成果配分、さらに労使関係におけるルール作りがあることは重々承知している。ここで述べたいことは、仏を作って魂を入れるのは職場であり、さらに個々人の個別労使交渉・協議にかかっている、ということなのである。それは、組合活動で組合役員が担うべきものと、組合員一人ひとりが担うべきものとを明確に役割分担する必要がある。組合役員がすべての組合活動を担うことなどできるものではない。誤解を恐れずに述べるならば、いかに一人でも多くを組合活動に巻き込み、主体性を発揮して組合活動を担ってもらう状況を生み出すか、ということである。

おわりに

　筆者は、かつて平成版「労働組合の意義と機能」として、西尾力（1996）『労働組合「超」活動法─BEST 主義リーダーシップ』労働組合活性化研究所を上梓した。そして同書の中で、次の３つを労働組合の意義としてあげ、それを活動の目的とすることを推奨した。

①自分たちの所属する会社を「良い会社」にする。

②労働者の集団からプロフェッショナルの集団をめざす。

③集団及び個別の労使関係に発生する問題を、マネジメント力で労使対等を実現し、問題解決する。

　そして、上記３つを実現するために、労働組合として発揮すべき機能として次の４つを掲げた。

(1)人材育成機能

(2)コミュニケーション機能

(3)メンタルヘルス機能

(4)良質の労働力（プロフェッショナル）づくり機能

　しかし、平成版「労働組合の意義と機能」には、下記３点のような限界があったと反省していた。

１）「組織率の低下」と「組合員と組合離れ」に歯止めをかけられなかった。非正規労働者の組織化の意義や価値を十分に提示できていなかった。

２）衰退する春闘にかわるムーブメントを起こせなかった。成果主義に対抗する組合活動として、個別春闘のための「被考課者訓練」[102]を提起したものの組合

102）被考課者訓練の必要性を、西尾力（2000）『組合員の立場から見た「目標管理・人事考課制度」傾向と対策─どうしたら評価制度の公正性を確保し、納得性を高められるか』j.union 研究所にて起草した。

活動の大勢にできなかった。

3）平成版労働組合の意義と機能の実現を、主に集団的労使関係での集権的組合活動で担えるものと考えていた。図表1-1で示した労働組合の領域「D」での活動で、組合活動の活性化（業態転換）を目指していた。領域「A」の活動（個別労使交渉・協議と職場での自主管理活動）への洞察が不足していた。

　この反省を踏まえて、本稿では、これら3つの限界を超えていく活路を模索し、令和の時代の労使関係においては、成果主義型の賃金・人事制度への改革に対抗できる個別労使交渉・協議力（発言力）と職場の自主管理（民主化）力を高めること、すなわち、組合員一人ひとりから職場集団までの領域において、自律・当事者型の分権的組合活動を推進する必要性とその根拠を明らかできたものと自負している。言い換えれば、性別・身分にかかわらずすべての労働者が、担当職務を通して活躍する職場を作り出すには、個別労使交渉・協議力（発言力）や職場での自主管理（民主化）力を高めていくことが、一番の解決策である。ダイバーシティ＆インクルージョンの実現にも、この一点から突破され、全面展開されることを示し得たものと考えている。しかも、今日ではパートタイマーであっても基幹化されて（本田2005：63）、動態的課業管理（PDCAサイクル）や人事査定下に置かれる時代であり、個別労使交渉・協議力（発言力）は、成果主義の時代を生きることになった雇用労働者に求められる新たな労働運動＝発言（Voice）運動といえよう。

　しかし、以上の本稿の結論に対して、労働者が個別的労使関係に組み込まれると、集団的労使関係から切り離されて、ノンユニオニズムになるのではと危惧し、個別的労使関係での分権的組合活動の危険性・脆弱性を心配する意見が、まだ根強く残っているのではないかと推測する。

　そこで、そのようにとらえる人に、是非考えて欲しいことがある。

　それは、ならば日本の労働者および労働組合のすべきことは、集団的労使関係から個別的労使関係において賃金、処遇、仕事の進め方・仕方を決めることを必然とする動態的課業管理や人事査定を拒否すべきだったのに、なぜそれをしてこなかったのか、ということである。そればかりか、戦後に労組からの要求で普及した生活保障給の典型といわれた電産型賃金体系に、能力給の割合が約20％強組み込まれていたことや、なぜ職務給の導入に反対して職能給に賛成

して能力主義管理を受け入れていったのか、ということである。

　日本の企業という組織では、個別的労使関係において労働者は、実は決して弱い立場ではないのである。松山（2018）は、「フォロワーたる労働者はもはやかつてのように、資本家にただ盲従するだけの存在ではない」（p.2）と指摘する。そればかりか、中根（1967）が指摘するように、「タテ」社会の組織におけるリーダーと集団の関係は、保護は依存によって支えられ、温情は忠誠によって応えられている（pp.136-137）ため、リーダーの情的なメンバーへの思いやりは、常にメンバーへの理解を前提にすることから、メンバーの説、希望を取り入れる度合が大きい（p.138）ものであった。そのため、日本的リーダーは、どんなに能力があっても、他の社会のリーダーのように、自由に自己の集団成員を動かして、自己のプラン通りに他の成員を強い、意向をおさえてまでことを運ぶことはできない。いいかえれば、リーダーの権限が非常に小さい。外部の者が考えるほど、そのリーダー個人は、権力をもっていないのが普通である。そのリーダーの権力であるかにみられるものは、実は、その集団自体のものであり、リーダーはその代表者といったほうが適切な場合が圧倒的に多いのである。日本の場合、極端にいえば、リーダーは集団の一部にすぎないのである（p.138-140）。

　さらに、"上司から部下への命令というのは、命令を受けた部下がその命令を受容したということで成り立つ"とするチェスター・バーナードの権限受容説も考慮したならば、リーダーと部下との相対的な力関係によって、リーダーのあり方が決まってくる。日本的社会集団においては、組織が個人に優先している。リーダー（また上にある者）に対して部下の力が強い、ということがいえよう（中根1967：142-144）。また、日本のリーダーほど、部下に自由を与えうるリーダーというものは、他の社会にはちょっとないであろう。これは同時に、驚くほど自由な活動の場を与えている組織である（p.152）との中根の指摘や、先に紹介した松山（2018）のフォロワーの強さの指摘は、個別的労使関係での分権的組合活動が日本の労働者には、むしろねらい目であることを示唆するものであろう。

　ただし、中根（1967）が指摘するように、日本の職場集団におけるリーダーとメンバーの関係性を見極め、把握することができなければ、また、近年注目

されるようになったフォロワーシップ論への着目がなければ、個別的労使関係
に労働組合が踏み込むことなどできない相談であったであろう。そして、それ
がゆえに、これまでの労働組合は、人事査定に対する取り組みを進めてこられ
なかった理由といえよう。

　さらに、本稿を読み終えても、今日における労働組合に差し迫る下記のよう
な課題に対しては、それではどのように対処するのか、との疑問を持たれた読
者もおられよう。

①組織率の低下（非正規労働者を組合員にするモチベーションが働かない）

②テレワークの時代は業績管理（考課）がさらに拡大

③キャリア自律の大合唱によるエンプロイアビリティ能力の自己責任化

④格差拡大（雇用の多様化と流動化）と副業のススメ（原則解禁）

⑤フリーランス・ギグワークという新手の低賃金個人事業者の増大

⑥組合員の組合離れ（組合役員のなり手の無さ）

　そこで、本稿の締めくくりにあたって、これらの課題をどのように筆者は捉
えているのか述べて、提言に代えたいと思う。

　上記①から⑥の課題にたいして、本質的に対応するには、それを一言でまと
めると、労働組合モデルを、現行の賃金・労働条件引上げモデルから、社会関
係資本（ソーシャル・キャピタル＝人々の協調行動を活発にすることによって、組織の
生産性を高めることのできる「信頼」「規範」「ネットワーク」といった仕組み）モデル
に切り替えることであろう。

　なぜならば、これまでの賃金・労働条件引上げモデルのままでは、①の課題
である非正規労働者を組合員にしようとすると、非正規労働者の賃金・労働条
件の引上げ（同一労働同一賃金）にするために正規労働者の賃下げや労働条件を
低下させることにつながらないか、雇用調整の必要性が生じたときの防波堤や
緩衝帯が失われるのではとの不安が組織内に生まれ、組織化モチベーションが
働かないからである。

　そして、労働組合を社会関係資本（ソーシャル・キャピタル）モデルにするた
めには、「良い会社」とはどのような組織体なのか、労使で経営理念の共有を
はかることである。そのために、労働組合としてのしっかりとした意見を持つ
必要がある。会社が作成して提示してくる経営理念やビジョンをただ受け止め

ているだけでは（労働組合としての意見を持たなければ）、これまでと何ら変わることはないであろう。

　労組としての意見を持つとき参考にすべきものがある。それは、経済同友会企業民主化研究会編（1947）『企業民主化試案―修正資本主義の構想』同友社と、日経連能力主義管理研究会（1969）『能力主義管理―その理論と実践』日経連出版部である。当時の経営者の経営哲学がとても参考になる。昨今の経営者の軽薄さ（アメリカかぶれ）とは雲泥の差がある。

　②の課題であるテレワークの時代の業績管理（考課）は、ますます拡大するであろう。したがって、労組主催の被考課者訓練の実施と実施後の実施レベル確認のアンケート調査とインタビュー調査を繰り返し、制度が本来の目的通りに運用されているのか、また労働力の個別取引に規制力が働いているか、活動しながら調査し、調査しながら活動していくことが求められる。もちろん、目標管理・人事考課制度の各面談を通して、業績達成に必要な労働時間がどれだけものになるのか、そのことの交渉・協議もわすれないようにしていただきたい。

　③の課題である組合のキャリア自律支援は、どうしても個々人の自由と自己責任によるエンプロイアビリティ能力の開発になりがちで、資格修得的学習になってしまいがちである。しかし、日本の雇用システムは新卒一括採用方式なので、採用にあたって職務（ジョブ）遂行能力が求められていないし、配属された職場で、毎年動態的に課業設定されながら、上司や先輩から OJT されて、キャリア形成がされるスタイルである。このようなメンバーシップ型雇用のキャリア形成なので、自己責任でキャリア開発する習慣が身についていない。そのため「学ぶ時間（余裕）がない」との依存的発言が多々見られる。したがって、個別労使交渉・協議（目標管理・人事考課制度の各面談）力を育成して、会社の要求と自分のキャリア目標の折り合いをつけていく力がなにより必要である。

　あわせて、組合活動のメニュー化で注意すべきは、主とする組合活動は個別的労使関係の領域から外れないようにすることである。個別的労使関係で当人が主人公になる機会や場が用意されていないと、つまり個別的労使関係から外れた活動となると、組合員が組合や役員にサービスを求めるよう（依存的）になってしまうからである。

　ただし、個別的労使関係において、個々人だけでの取り組みでは限界—個別労使交渉・協議に得手不得手もあることから、②と③の課題は、職場労使懇談会等による職場での自主管理活動によって個別労使交渉・協議を補い、職場でのチームワーク力と労働時間管理力を高めることが求められよう。さらに、有給消化率を高めるためにも、職場内での職務互換力の形成とワークアウト・ミーティング（顧客価値や付加価値に結びつかない業務をやめる職場懇談会）の実施や、職場横断的な自律小集団活動（ERG：Employee Resource Group ＝組織の中で共通の特性や人生経験に基づいて職場で一緒に働く少数派従業員の集団的発言）を促進していくことが求められている。

　④の格差拡大の課題は、「働き方改革」に関連するものである。昨今の動きを見ていると、メンバーシップ型雇用へのネガティブキャンペーンとともに、ジョブ型雇用とは似て非なる「限定社員」を作り出し、1国2制度（正社員と非正規社員）から1国3制度（無限定正社員と限定正社員と非正規社員）へと移行させ、平均賃金水準のさらなる低下に結びつこうとしている。このような「働き方改革」に、労働組合がどのように対処すべきであろうか、それが問われている。労働組合が取り組むべきは、多様な働き方と賃金を組み合わせ、現行の1国2制度（正社員と非正規社員）から、1国1制度（全員多様な正社員）にすることである。それこそが、パートタイム労働者にも人事査定や動態的課業設定をもとめる雇用システムを基本とする、日本に求められている「働き方改革」である。ジョブ型雇用の大合唱に惑わされて、1国3制度（無限定正社員と限定正社員と非正規社員）の流れに乗っかって、雇用の多様化と流動化に（無為に）棹さしてはならない。

　副業のススメ（原則解禁）も、働き方改革の目玉として、副業がもたらす多様化やスキル向上、閉鎖・同質化した組織でのイノベーションが期待されている。しかし、副業研究の第一人者の川上淳之は、「本業の仕事で得られるものが十分でないときに、副業は保有される。…副業を保有する目的が収入目的であるという状況は、決して望ましい状態ではない…その証拠に収入目的による副業は、それが正社員であっても非正社員であっても、副業を持っている人よりもそもそも副業を希望していない人のほうが高い幸福感を得ている」（川上2021：282）と指摘している。さらに、副業を必要とするワーキング・プアの増

加を示唆しつつ、「労働環境の整備・社会福祉政策の代替として自助による副業を促すことは、ウェル・ビーイングの改善という視点において、決して望ましいとはいえない」(p.296)との指摘しており、労働組合は耳を傾ける必要がある。

　⑤の課題は、雇用という形態にこだわらない自由で柔軟な新しい働き方の可能性を感じさせるものの、その一方で、最賃も有給休暇も社会保障費用の負担もない、実に企業にとって使い勝手の良い、新手の非正規労働者という個人事業者数を増やすだけの、新しい資本主義の巧妙な搾取策としか、筆者には思えてならない。

　⑥の組合役員のなり手の確保は、以上述べてきた組合活動をリードする役員育成もかねて、組合役員（グループ労組の役員を含む）のリーダーシップ開発プログラム（職場討議・集会の進め方、労使交渉・協議の進め方、職場での組合活動の進め方等のカリキュラム）は必須である。またそれは、将来には民主的リーダーシップを発揮する管理職へと育成させるという長期戦略をも持って、取り組んで行くことが望まれる。

　以上、本稿を読了後に読者の脳裏に浮かび上がる疑問を想定して、筆者なりに応えてみたももの、筆者が想定し得ない疑問を残しているものと思われる。それらの課題は、今後、個別的労使関係論が独自の学問体系として見なされるためにも、労働組合の実際の活動や行動を整序して、探求する理論的な枠組み（研究対象への方法論的な探求）の精度の向上と事例数を確保することで、克服されるものと考えている。

　しかし、本稿では、労使関係研究に次のような新たな知見を示せたのではないかと自負している。

　(1)資本主義下の企業における上司と部下との関係の中に、労使関係を必要とする空間領域は存在し、消滅することはない。特に、日本は「タテ」社会の人間関係（中根1967）であるために問題が生まれ続ける。

　(2)上司と部下との関係において生まれる問題が、人的資源管理の枠内（制度）で解決されしまうことなどあり得ない。

　(3)個別的労使関係にこそ、もはや集団的労使関係では失われてしまった労働組合の存在価値や、緊張感を持った新たな労使関係（新たなユニオニズム）を

作り出していく、労働組合活動を発展させていく可能性がある。

　(4)どのような時代の企業経営になろうとも、職場には労使関係の調整を必要とする空間領域が生まれているから、組合員一人ひとりが「職場の主人公」となって、領域Aにおける個別的労使関係に発生する問題を解決する組合活動の機会や場を用意する必要がある。

　(5)その機会や場として、目標管理・人事考課制度の各面談を逆活用して労使交渉・協議にすることや、職場リーダーを中心にした職場での自主管理活動が用意されていけば、労働組合活動の再活性化は可能となる。

　以上の5つの知見をまとめると、労使関係とは企業と労働組合との間に存在する関係だけではなく、資本主義社会である以上、1対1の上司と部下との間に、労使関係を必要とする空間領域が存在し、労働組合の存在価値や機能は、その空間領域に新たに生まれるものも含めて存在し続ける。集団的労使関係での集権的組合活動は、個別的労使関係での分権的組合活動が活発化することで蘇生され、逆に、その個別的労使関係での分権的組合活動は、集団的労使関係での集権的組合活動によって保証・補完されることで活発になる、というものになろう。

　そしてさらに、本稿がなし得た労使関係研究における新たな貢献は何かと問われるならば、次の9項目があげられよう。

　(1)賃金決定が産業レベルではおこなわれなくなって（春闘が機能不全になって）、企業レベル、さらには個人レベルにまで大きくシフトしたことは、労使関係においてマイナス要因だけではない。つまり、目標管理・人事考課制度が確立されていく過程は、仕事が労働者主導でおこなわれていくようになる。

　(2)敗戦後の日本の労働組合運動の再出発にあたり展開された、企業の民主化を求めての生産管理闘争（＝経営協議会体制の確立）や、工職身分格差撤廃、さらにはその後展開された「職場闘争」の思想を、ある意味復刻させるものとして、目標管理・人事考課制度の各面談は役割を果たす（起爆剤となる）。

　(3)被評価者セミナー（被考課者訓練）によって目標管理・人事考課制度が呼び覚ます思想は、"労働者は企業の歯車ではなく、企業の主体であり、現場の労働者が企業経営に参画できるのだ"という自覚が持てる。

　(4)日本の労働者が、人事考課や査定を認めることは、企業側が労働者の管

理や組織運営のための仕組みとして整備しただけではなく、労働者の側もそれを拠り所として権利を主張する仕組みに読み替えていくものであり、労働者が企業内部（職場）で、経営参加していくことができる。

(5)目標管理・人事考課制度の各面談を個別労使交渉・協議に変え、課・係・班レベルに設けられた全員参加の職場懇談会等による自律的職場集団の形成で、不履行となった会社との心理的契約の更新を図るという、企業別組合ならではの規制力を作り出していく。

(6)人権を主張し、共働者（パートナー）の地位を確保するためには、それを実現する労使関係は、団体交渉や労使協議によって維持・確保される関係だけでなく、個別的労使関係においてこそ維持・確保される。

(7)組織率の低下とパラレルな関係にある「組合員の組合離れ」に、これまでの労働組合活動が有効な打開策を打ち出せなかったのは、領域B・領域C・領域Dに囚われており、領域Aでの組合活動を欠落させていたことを理論的に明らかにした。

(8)先進的労働組合では、領域Aでの新たな組合活動（個別労使交渉・協議や職場での自主的管理活動）が形成されつつあることを明らかにした。

(9)春闘機能不全論は集団的労使関係で見た場合にいえることであり、個別的労使関係での春闘はこれから始まっていく。個別的労使関係で労使関係終焉論など、ありうるはずもない。

以上のまとめをもって本稿を締めくくるが、個別的労使関係での分権的組合活動論への批判を含め、今後の労使関係研究の再度の拡大・深化を期待すると共に、それによって、企業別労働組合の未来が切り拓かれることを切に願いたい。

謝辞

　本書の刊行にあたっては「國學院大學課程博士論文出版助成金」の交付をうけた。ここに謝意を表する。

　また、本書の上梓に至るには、65歳から始めた大学院での研究活動において、修士課程では法政大学大学院連帯社会インスティテュートでの中村圭介教授、博士課程では國學院大學大学院経済学研究科での橋元秀一教授、本田一成教授（現武庫川女子大学教授）、高木康順准教授から数々のご指導・アドバイスを受けた。そのことを抜きに本書の実現はあり得なかった。

　さらに、調査研究にあたって快諾いただいた A 労働組合と j.union 株式会社の協力抜きにもあり得なかった。

　ここに、あらためて感謝申し上げたい。

　　2023年１月吉日

　　　　　　　　　　　　　　　　　　　　　　　　　　　　　著　者

参考文献

浅見和彦（2021）『労使関係論とはなにか——イギリスにおける諸潮流と論争』旬報社

石田光男（2002）「人事管理の成果主義化とその意義」関西国際産業関係研究所・中条毅編『日本の雇用——産業構造と労使関係の再編』中央経済社

石田光男（2003）『仕事の社会科学』ミネルヴァ書房

石田光男（2009a）「日本の人事制度改革」石田光男・樋口純平『人事制度の日米比較——成果主義とアメリカの現実』ミネルヴァ書房

石田光男（2009b）「日本企業の人事改革と仕事管理——正社員の雇用関係」石田光男・願興寺晧之編『労働市場・労使関係・労働法』明石書店

石田光男（2012a）「労使関係論」『日本労働研究雑誌』No.621、4月号

石田光男（2012b）「序章　本書の目的と方法」「石田光男・寺井基博編『労働時間の決定——時間管理の実態分析』ミネルヴァ書房

石田光男（2012c）「第6章　日本の雇用関係と労働時間の決定——労使関係論の深化」「石田光男・寺井基博編『労働時間の決定——時間管理の実態分析』ミネルヴァ書房

石田光男（2014）「雇用関係の理論と方法のために」埼玉大学経済学会『社会科学論集』143号11月号

石田光男（2020）「日本の雇用関係とその課題」『JCM』全日本金属産業労働組合協議会2020年冬号 No.320

石田光男（2021）「労働研究の方法的革新のために」日本経済学連合編『21世紀における持続可能な経済社会の創造に向けて』Vol.1/No.1

稲上毅（1978）「二重帰属意識とキャリア志向——ヒューマン・ソサエティ」『時の法令』財務省印刷局1022号

稲上毅・井出久章（1995）「企業別組合の諸類型——経営参加行動からみた類型化」稲上毅編『成熟社会のなかの企業別組合——ユニオン・アイデンティティとユニオン・リーダー』日本労働研究機構

氏原正治郎（1954）『季刊労働法』第4巻3号9月号初出、氏原正治郎（1961）東大社会科学研究所『日本の労使関係』東京大学出版会、所収

氏原正治郎（1968）『日本の労使関係』東京大学出版会

氏原正治郎（1979）「団体交渉と労使協議——わが国における経営参加の一つの問題」『現代日本労働問題』東京大学出版会

梅崎修・中嶋哲夫（2005）「評価者負担が評価行動に与える影響——『人事マイクロ・データ』と『アンケート調査』の統計分析」『日本労働研究雑誌』労働政策研究・研修機構 No.545、12月号

A労働組合機関誌1998年～2014年

A労働組合定期大会議案書1995年～2020年

X労働組合運動史第1巻2010年

江口匡太（2007）「労働者性と不完備性——労働者が保護される必要性について」『日本労働研究雑誌』労働政策研究・研修機構 No.566、9月号

戎野淑子（2006）『労使関係の変容と人材育成』慶應義塾大学出版会

遠藤公嗣（1999）『日本の人事査定』ミネルヴァ書房

遠藤公嗣（2011）「非正規労働者の組織化──企業内組合と個人加盟ユニオン」『経営論集』明治大学経営学研究所第58巻第3号

遠藤公嗣（2014）「労務理論の到達点から考える労使関係」『労務理論学会誌』労務理論学会第23号

遠藤公嗣（2021）「研究回顧」『経営論集』明治大学経営学研究所第68巻第4号

大河内一男・氏原正治郎・藤田若雄（1959）『労働組合の構造と機能──職場組織の実態分析』東京大学出版会

大河内一男（1970）『暗い谷間の労働運動──大正・昭和（戦前）』岩波新書

大河内一男（1980）『大河内一男集第三巻　労使関係論』労働旬報社

大須賀哲夫（1965）「労使へのいわゆる『二重忠誠論』批判」『労働科学』41(8)

太田肇（2019）『「承認欲求」の呪縛』新潮新書

小木曽道夫（2012）『SPSS によるやさしいアンケート分析』オーム社

小塩真司（2011）『SPSS と Amos による心理・調査データ解析〔第2版〕』東京図書

尾高邦雄（1995）「労働者意識の構造」『尾高邦雄選集　第四巻』夢窓庵

金子晋右（2006）「園田英弘編著『逆欠如の日本生活文化──日本にあるものは世界にあるか』国際日本文化研究センター紀要『日本研究』32巻

岸保行（2011）「Ronald Dore が見た日本の工場：日本とイギリスの工場の克明な実態比較調査から何がみえてきたのか──経営学輪講 Dore（1973）」『赤門マネジメント・レビュー』10巻4号 p.313 https://www.jstage.jst.go.jp/article/amr/10/4/10_100403/_pdf/-char/ja、2021/06/21アクセス

木下武男（2021）『労働組合とは何か』」岩波書店

楠田丘（1987）『職能資格制度』産業労働調査所

久谷與四郎（2010）「『春闘』の意味と役割、今後の課題」『日本労働研究雑誌』労働政策研究・研修機構 No.597、4月号

熊沢誠（1977）「配置の柔構造と労働者の競争──小池和男『わが国労資関係の特質と変化の対応』によせて」『日本労働協会雑誌』日本労働協会1月号

栗田健（1979）「企業別組合の内部からの変革課題」『賃金と社会保障』旬報社1979年8月号

栗田健（1990）「日本的労使関係論をめぐって──高橋祐吉・河西宏祐・熊沢誠氏の近著を読んで」『歴史学研究』青木書店第610号

栗田健（1994）『日本の労働社会』東京大学出版会

栗田健（2005）「『日常的な労働組合』の研究(下)」『大原社会問題研究雑誌』No.558/ 5月号

黒田兼一（1988）「競争的職場秩序と労務管理──『能力主義管理』を中心にして」戦後日本経済研究会編『日本経済の分水嶺』分眞堂

黒田兼一（1992）「戦後日本の労務管理と競争的職場秩序──『職能資格制度』を中心に」日本経営学会編『世界経済構造の変動と企業経営の課題』経営学論集第62集、千倉書房

桑原靖夫（1984）「国家の盛衰と労使関係──80年代労使関係研究のための覚書」『日本労働協会雑誌』日本労働協会4・5月合併号

桑原靖夫（1988）「日本的経営論再考──『協調的』労使関係の基底にあるもの」『日本労働協会雑誌』日本労働協会 No.342、1月号

小池和男（1974、1975）「労働者の参加──職場における労働組合1〜3」『経済評論』日本評論社1974年10月号、11月号、1975年1月号

小池和男（1976）「わが国労資関係の特質と変化への対応」『日本労働協会雑誌』日本労働協会6月号

小池和男（1977a）『職場の労働組合と参加』東洋経済新報社

小池和男（1977b）「企業別組合の発言力──熊沢誠氏の批判に答えて」『日本労働協会雑誌』日本労働協会4月号

小池和男（1983）「序説―ホワイトカラー化組合モデル――問題と方法」日本労働協会編『80年代の労使関係』日本労働協会

神代和欣（1983）『日本の労使関係』有斐閣

神代和欣・連合総合生活開発研究所（1995）『戦後50年　産業・雇用・労働史』日本労働研究機構

厚生労働省（2019）『令和元年版労働経済の分析（労働経済白書）――人手不足の下での「働き方」をめぐる課題について』

斎藤智文（2008）『働きがいのある会社――日本におけるベスト25』労務行政

嵯峨一郎（2002）『日本型経営の擁護』石風社

佐藤厚（2011）『キャリア社会学序説』泉文堂

佐藤博樹（1991）「労働者の価値観・行動様式の変化と労働組合の対応」『日本労働研究雑誌』日本労働研究機構379号

佐藤博樹（1999a）「『UI運動』の成果と労働組合の課題」『連合総研レポート』連合総合生活開発研究所、No.132

佐藤博樹（1999b）「総論」「職場労使関係の国際比較」研究委員会『職場労使関係の国際比較に関する調査研究報告書（職場の苦情処理に関する調査研究）』日本労働研究機構＝連合総合生活開発研究所

佐野嘉秀（2002）「パート労働の職域と労使関係――百貨店の事例」仁田道夫編『労使関係の新世紀』日本労働政策・研究機構

島津明人（2014）『ワーク・エンゲージメント――ポジティブ・メンタルヘルスで活力ある毎日を』労働調査会

下田平裕身（1987）「多様化・個性化時代の労使関係」労政トップ・フォーラム編『揺れ動く日本的労務哲学――新しい労使関係の創造』日本リーダーズ協会

白井泰四郎（1968）『企業別組合　増訂版』中公新書

鈴木竜太（2013）「組織と個人のキャリアの関係――日本人の関係性のキャリア論」金井壽宏・鈴木竜太『日本のキャリア研究――組織人のキャリア・ダイナミクス』白桃書房

鈴木良治（1994）『日本的生産システムと企業社会』北海道大学図書刊行会

須藤康介・古市憲寿・本田由紀（2012）『文系でもわかる統計分析』朝日新聞出版

園田英弘（1991）「逆欠如理論」『教育社会研究』第49集

平恒次（1977）「日本型企業別労働組合賛美論」『中央公論』3月号

高木郁郎（1982）「日本の企業別組合と労働政策」『講座　今日の日本資本主義7――日本資本主義と労働者階級』大月書店

高木浩人（2003）『組織の心理的側面』白桃書房

高木浩人・石田正浩・増田圭（1997）「実証的研究――会社人間をめぐる要因構造」田尾雅夫編『「会社人間」の研究――組織コミットメントの理論と実際』京都大学学術出版会

田窪正則（2009）『SPSSで学ぶ調査系データ解析』東京図書株式会社

蔡芒錫（2002）「心理的契約の違反と人的資源管理システムの変革戦略」『組織科学』組織学会 Vol.35、No.3

都留康（2002）『労使関係のノンユニオン化――ミクロ的・制度的分析』東洋経済新報社

寺井基博（2012）「労働時間論の法的考察――立法論の限界」石田光男・寺井基博編『労働時間の決定――労働時間の実態分析』ミネルヴァ書房

戸木田嘉久（1976）「日本における『企業別組合』の評価と展望」『現代の労働組合運動　第7集――巨大企業における労働組合』大月書店

豊田秀樹編（2007）『共分散構造分析［Amos編］――構造方程式モデリング』東京図書

豊田秀樹・前田忠彦・柳井晴夫（1992）『原因をさぐる統計学――共分散構造分析入門』講談社

ドーア，ロナルド（1987）『イギリスの工場・日本の工場――労使関係の比較社会学』山之内靖・永易

　浩一訳、筑摩書房

中嶋哲夫・松繁寿和・梅崎修（2004）「賃金と査定に見られる成果主義導入の効果──企業マイクロデータによる分析」『日本経済研究』第48号

中根千枝（1967）『タテ社会の人間関係』講談社

中村圭介（2007）『実践！自治体の人事評価──「評価される側」からのアプローチ』ぎょうせい

中村圭介・石田光男編（2005）『ホワイトカラーの仕事と成果──人事管理のフロンティア』東洋経済新報社

西尾力（2021）「現代日本の労使関係──市場志向的な人事制度改革の中でも二重帰属意識は健在」『國學院大學経済学研究 第52輯』

仁田道夫（1988）『日本の労働者参加』東京大学出版会

仁田道夫編（2002）『労使関係の新世紀』日本労働研究機構

仁田道夫（2021）「労働運動の歴史」仁田道夫・中村圭介・野川忍編『労働組合の基礎──働く人の未来をつくる』日本評論社

仁田道夫・中村圭介・野川忍編（2021）『労働組合の基礎──働く人の未来をつくる』日本評論社

二村一夫（1987）「日本労使関係の歴史的特質」社会政策学会年報第31集『日本の労使関係の特質』お茶の水書房

野川忍（2021）「労働組合と法──労働組合法」仁田道夫・中村圭介・野川忍編『労働組合の基礎──働く人の未来をつくる』日本評論社

橋元秀一（2020）「組合員の個別賃金決定に労働組合はどう関わっているのか」国際経済労働研究所『Int'lecowk』9月号

服部泰宏（2008）「日本企業における心理的契約の探索的研究：契約内容と履行状況、企業への信頼に対する影響」『組織科学』Vol.42、No.2

服部泰宏（2013a）『日本企業の心理的契約──組織と従業員の見えざる約束〈増補改訂版〉』白桃書房

服部泰宏（2013b）「心理的契約研究の過去・現在・未来──50年間にわたる研究の到達点と課題」『組織論レビューⅠ──組織とスタッフのダイナミズム』白桃書房

服部泰宏（2016）「ルソー『組織における心理的契約』」『日本労働研究雑誌』労働政策研究・研修機構 No.669、4月号

濱口桂一朗（2000）「ソーシャル・ダイアローグからシビル・ダイアローグへ──EU社会政策におけるNGOの役割の拡大」『世界の労働』日本ILO協議会11月号

濱口桂一郎・海老原嗣生（2020）『働き方改革の世界史』筑摩書房

林洋一郎・大渕憲一・田中堅一朗（2002）「組織コミットメントの規定要因に関する研究──公正と報酬知覚の構造とその効果について」『産業・組織心理学研究』第16巻第1号

久本憲夫（1999）「第1部　国内編」『職場労使関係の国際比較』研究委員会『職場労使関係の国際比較に関する調査研究報告書（職場の苦情処理に関する調査研究）』日本労働研究機構・連合総合生活開発研究所

久本憲夫（2004）「労働組合の生きる道──内憂外患をどう克服するのか」『生活経済政策』生活経済政策研究所87号4月

兵藤釗（1997）『労働の戦後史（上）』東京大学出版会

兵藤釗（1982）「職場の労使関係と労働組合」清水慎三編『戦後労働組合運動史論──企業社会超克の視座』日本評論社

平野光俊・江夏幾多郎（2018）『人事管理──人と企業、ともに活きるために』有斐閣

藤村博之（1999）「これでいいのか？労働組合」労使関係常任委員会調査研究報告『職場と企業の労使関係の再構築──個と集団の新たなコラボレーションに向けて』社会経済生産性本部

舟橋尚道（1989）「『労使協調』の現代的意義」『日本労働協会雑誌』日本労働研究機構 No.363、12月号

本田一成（2005）「パートタイマーの組織化の意義──基幹労働力化と処遇整備に注目して」『日本労働研究雑誌労働政策研究・研修機構』No.544、11月号

法政大学大原社会問題研究所（1999）『日本の労働組合100年』旬報社

松山一紀（2013）「帰属意識と忠誠心、そして組織コミットメント」近畿大学『商経学叢』第60巻第1月号

松山一紀（2018）『次世代型組織へのフォロアーシップ論──リーダーシップ主義からの脱却』ミネルヴァ書房

見田宗介（1979）『現代社会の社会意識』弘文堂

宮本光晴（2007）「コーポレート・ガバナンスの変化と日本企業の多様性：人材マネジメントの4類型」労働政策研究・研修機構編『日本の企業と雇用──長期雇用と成果主義のゆくえ』経営組織・働き方と労働組合の課題』

三吉勉（2013）「現代における個別化された労使関係の研究方法について」『日本労働研究雑誌』労働政策研究・研修機構 No.631、特別号

三吉勉（2014）「成果主義的人事制度改革への労働組合の対応：A労働組合の賃金制度改定の事例より」『評論・社会科学』同志社大学社会学会109号

村上隆晃（2020）「働きがいのマネジメント指標『心理的資本』」『第一生命経済研レポート』5月号

村杉靖男（2013）『改訂版　企業内の労使関係──「緊張と信頼」関係の再構築に向けて』日本生産性本部生産性情報センター

ものがたり戦後労働運動史刊行委員会（1998）『ものがたり 戦後労働運動史Ⅴ──1955年体制の成立から安保・三池の前哨戦まで』教育文化協会

守島基樹（1997）「新しい雇用関係と過程の公平性」『組織科学』白桃社31巻2号

守島基樹（1999）「ホワイトカラー・インセンティブ・システムの変化と過程の公平性」東京大学社会科学研究所紀要『社会科学研究』第50巻3号

守島基樹（2004）『人材マネジメント入門』日本経済新聞出版

守島基樹（2007）「評価・処遇システムの現状と課題」労働政策研究・研修機構編『日本の企業と雇用──長期雇用と成果主義のゆくえ』

両角道代（2009）「変容する『スウェーデン・モデル』？──スウェーデンにおける EU 指令の国内法化と労働法『日本労働研究雑誌』No.590、9月号

山岡徹（2006）「個人の心理的契約が組織コミットメントに及ぼす影響について」『横浜経済研究』第26巻第3・4号

山脇一宏・椎塚久雄（2008）「コレスポンデス分析による音楽の特徴認識」『日本感性工学会研究論文集』Vol.7、No.4

連合総研（2004）「H社（情報通信）」「変化する労働政策研究・研修機構編『日本の企業と雇用──長期雇用と成果主義のゆくえ』経営組織・働き方と労働組合の課題」

労働教育センター（1979）『総評組織綱領と現代労働運動』労働教育センター

若林直樹編（2005）『エンプロイアビリティ志向の人的資源管理政策と組織コミットメントの流動化の調査研究』京都大学学術情報リポジトリ

若林直樹・山岡徹・松山一紀・本間利通（2006）「成果主義的人事制度改革と組織帰属意識の変化──関西電機メーカー3社調査に於ける組織コミットメント変化と心理的契約の分析」『京都大学大学院経済学研究科 Working paper』No.j-51

西尾　力（にしお・つとむ）
経済学博士（國學院大學）
中小企業診断士・社会保険労務士
j.union 株式会社名誉会長

1951年、静岡県生まれ。
1969年、静岡県立掛川西高等学校時代に、ベトナム戦争反対のデモに生徒会長として全校に呼び掛けて参加。停学処分に。その処分撤回を求めての抗議デモで校内に立ち入って建造物不法侵入にて逮捕され、退学処分に。その後上京して学生運動に没頭。就職した物流会社にて学生運動の経歴を買われて組合役員になり、16年間組合活動に関わる。
1989年、現 j.union 株式会社を創立（代表取締役に就任）し、労働組合支援事業を展開。
2017年、j.union 社引退後、高校・大学をキセルして法政大学大学院連帯社会インスティテュート入学。
2019年、國學院大學大学院経済学研究科博士後期課程入学。
2022年、古稀にて経済学博士の学位習得。学歴ロンダリングを成し遂げ、静岡の敵を東京で討つ。

著書は、『労働組合「超」活動法』、『組合員の立場から見た「目標管理・人事考課」傾向と対策』、『労使交渉・協議の進め方』、『職場討議・集会の進め方』、『21世紀型労働組合の理論と手法』、『職場での組合活動の進め方』、『続・21世紀型労働組合の理論と手法』、『経営者・管理職のための労働組合活用術』、『美創館労働組合物語　職場の星』、『労働組合「超」活動法　リメイク版』（いずれも j.union 研究所）など。

「我々は」から「私は」の時代へ
——個別的労使関係での分権的組合活動が生み出す新たな労使関係

2023年2月10日　第1版第1刷発行

著　者──西尾　力
発行所──株式会社日本評論社
　　　　　〒170-8474　東京都豊島区南大塚3-12-4
　　　　　電話 03-3987-8621　FAX 03-3987-8590　振替 00100-3-16
印　刷──精文堂印刷株式会社
製　本──井上製本所

Printed in Japan　© NISHIO Tsutomu　装幀／有田睦美
ISBN 978-4-535-52666-2